승계전략과
핵심인재 육성

Succession Strategy & Fostering Core Talent

Succession

PROLOGUE

명목 최고세율 60% 상속세, 중소업체는 가업승계를 포기하고 늙어가는 중소기업은 후계자가 없다. 한 세대만 부자로 살아남거나 부를 유지하더라도 2세의 평판이 좋지 않다면 그들은 부자 집안일 뿐 '명문 가문'이라고 부르기에는 부족하다. '가문'의 포문을 열고자 한다면 적어도 2대, 3대에 걸쳐 부와 명예를 유지해야 한다. "3대 부자의 조건은 부와 명예를 유지할 수 있는 후계자 양성"이다. 탄탄한 재정만 뒷받침 되었다면 선대의 유업遺業을 이어나갈 후계자를 양성하고 인재를 키우는 것이 명문가의 핵심이다.

가업승계는 기업을 후계자에게 물려주는 일이다. 가업승계지원제도에서는 '기업이 동일성을 유지하면서 상속이나 증여를 통해 소유권, 경영권을 다음 세대에게 무상으로 이전하는 것'이라 설명하고 있다. 가업상속, 기업승계, 사업승계, 사업계승이라고도 한다. 상증법상 제도의 이름이 '가업상속공제'로 명명되어 국내에서는 '가업승계'라는 단어로 많이 쓰이고 있다. 다만 '가업승계'는 승계하는 회사가 '가업'이 아닌 경우 해당기업의 승계를 포괄하지 못하는 측면이 있다. 가업승계는 후계자가 누구냐에 따라 '자녀승계, 제삼자 승계, M&A'로 구분된다. '자녀승계'는 승계 CEO가 자신의 자녀에게 회사를 물려

주는 것이다. '제삼자 승계'는 자녀를 제외한 친족이나 임원, 직원, 주주 등에게 회사를 물려주는 것이다. 'M&A'는 기업의 인수나 합병을 통해 매각, 폐업으로 승계하는 것을 말한다. 또한 가업승계의 과정은 크게 '경영권 승계와 지분승계'로 나뉜다. '경영권 승계'는 후계자에게 교육과 승진 등을 통해 경영실무 전반을 물려주는 것을 뜻한다. '지분승계'는 후계경영자가 기업 내에서 법적으로도 실권을 행사할 수 있도록 회사 지분의 일정비율 이상을 물려주는 것이다.

중소기업 창업세대가 경영 일선에서 대거 은퇴하는 시점이 다가오면서 경영공백의 우려가 산업계의 화두로 떠오르고 있다. 아버지가 힘들게 '월화수목금금금' 생활하는 것을 보며 자란 2세들은 같은 어려움을 반복하기 싫어하고 "휴일 없이 일하는 모습이 싫다"며 가업승계를 꺼리기도 한다. 따라서 장기적인 가업승계전략을 마련하고 세대간 교감을 이룰 수 있는 체계적인 후계자 육성 프로그램이 제도적으로나 정책적으로 마련되어야 한다. 승계전략의 일환으로 최고경영자의 선임은 기업의 중요한 의사결정이다. 우리나라 전체 기업 중 "중소기업은 99%를 차지하면서 고용의 82%를 담당"하는 중요한 경제 주체이다. 이들 중소기업이 강한 경쟁력을 바탕으로 선전해 준다면 투자활성화, 고용창출 등을 통해 경제의 활력을 높여줄 수 있다. 그러나 현실에서는 아쉽게도 많은 중소기업이 세대를 이어가며 영속적인 기업으로 나아가지 못하고 있다. 가장 큰 이유 중 하나는 바로 승계의 실패다.

발렌베리가Wallenberg family는 스웨덴의 존경받는 신화이자 삼성이 닮고 싶어 하는 기업이다. 투명한 경영과 사회공헌이 빚어낸 기업 발렌베리는 1856년 창업자 오스카 발렌베리가 스톡홀름에서 엔실다 은행을 창업하면서 시작되어 유럽 최대의 산업왕국 165년 동안 5대에 걸쳐 소위 세습경영을 펼치고 있음에도 불구하고 국민적 지지와 사회적인 존경을 불러일으키고 있다. 발렌베리는 투명성과 사회공헌을 강조하는 경영철학으로 능력 있는 전문경영인으로 하여금 대부분의 소유기업들의 경영권을 일임하고 있으면서도 기업에 대한 장기적인 책임은 적극적으로 받아들이는 '적극적 오너십'을 실행해 나가고 있다. 이처럼 발렌베리는 표면적인 규모뿐만 아니라 경영철학, 기업가 정신, 사회공헌에 이르기까지 우리 경제계에 신선한 화두를 던져주기에 충분하다. 발렌베리 가문은 스웨덴 국내총생산GDP의 30%와 스웨덴 증권거래소 시가총액의 40%를 차지한 것으로 나타났다. 특히 발렌베리 가문은 최고경영자가 되기 위한 필요조건으로 "부모 도움 없이 대학을 졸업하고 해외 유학을 다녀올 것, 해군 장교로 복무할 것"을 갖추고 있다.

　이 책은 최고경영자에서부터 가업승계를 준비 중인 CEO, 가업승계 후계자, 스타트업 CEO, 일반인, 대학생에 이르기까지 가족기업 family business에 대한 이해를 바탕으로 명문 장수기업의 미래를 결정하는 승계전략과 가업승계, 승계계획과 핵심인재 육성의 중요성을 갖는 데 도움을 줄 것이라 기대한다. 책이 출판되기까지 많은 도움을 주신 한올출판사 임순재 대표님과 중소벤처기업 육성에 앞장서시는 관계자분들께 감사의 말을 전한다. 마지막으로 이 책을 펼치는 분들과 명문 장수기업의 성공적인 가업승계와 핵심인재육성을 바라는 모든 분들께 도움이 되었으면 하는 바람이다.

2022년 01월
박경록 벤처기술경영학 박사
오세헌 기계공학 박사

CONTENTS

Chapter 01 명문 장수기업 승계전략과 기업의 영속성

Chapter 02 오너경영의 힘 발휘하는 명문 가족기업

Chapter 03

가업승계는 영속적 성장과 직결되는 제2의 창업

명문 장수기업
승계전략과 기업의 영속성

'명문 장수기업長壽企業'은 기업인CEO의 꿈이다. 기업인이라면 자신이 일군 기업이 세대가 바뀌어도 영속적으로 성장하기를 바란다. 특히 남보다 핏줄이 더 당기는 게 인지상정이어서 가업승계의 대상은 '핏줄'로 이어지기 마련이다. 그러나 가업승계 환경은 호락호락하지 않다. "부자가 삼대三代를 못 간다"는 말이 쉽게 생겨난 게 아니다. 가업 대代물림은 가업승계와 지분승계 등 상속·증여세 어느 것 하나 소홀함 없이 함께 이뤄져야 하지만 현실은 냉혹하기만 하다. '부富의 대물림'으로만 바라보는 반기업적 정서가 만만치 않다. 가시적인 경영성과 없이는 2세라는 이유만으로 승계가 이뤄진 게 아니냐는 색안경에서 자유로울 수 없다.

창업자가 '기업가정신企業家精神, entrepreneurship'으로 무장한 경영자인 것은 틀림없는 사실이지만, 2세 이후로 넘어갈수록 많은 문제가 야기되는 기업을 심심찮게 보이는 것도 사실이다. 그러나 무엇보다 지분을 물려주려 해도 과過한 세금증여·상속세이 큰 부담이다. 한국은 상속·증여세율 최고 50%로 세계적으로 손꼽힐 정도로 높다. 최대주주 주식 할증평가20%까지 더하면 60%로 치솟는다. 자칫 이를 피해 변칙적인 방법을 썼다가는 여론으로부터 비난받기 일쑤이고, 심지어는 주주가치 훼손을 이유로 경영권마저 위협받으니 창업수성이 결코 쉬운 일이 아니다.

명문 장수기업 확인제도는 매출 3천억 원 미만의 중견기업과

명문장수기업 로고(출처: 중소기업청)

중소기업 중 오랫동안 기업을 운영하며 경제·사회적으로 기여한 기업을 선정하는 제도이다. 45년 이상 기업을 운영하면서 경제·사회적 기여도가 높고 지속적 성장이 기대되는 기업을 선정해 홍보·포상하는 제도이다. '중소기업진흥법'에 따라 중소기업만을 대상으로 하였으나 2016년 11월 중견기업도 대상에 포함시키는 관련법이 국회를 통과하였다. 2017년 5월에는 명문 장수기업 대상을 모든 중견기업에서 매출 3천억 원 미만으로 축소하는 내용을 골자로 한 '중견기업특별법' 시행령 개정안이 입법예고되기도 했다. 중소기업청에 따르면 이는 3천억 원 미만 중견기업이 전체 중견기업의 85%이고, 중견기업 지원 정책의 대부분이 이를 기준으로 하고 있으며 규모가 큰 중견기업까지 대상에 포함되면 이중 지원이 될 수 있다는 우려 때문이다. 그러나 중견기업계에서는 범위를 축소하면 글로벌 경쟁역량을 갖춘 중견기업의 성장을 억누르는 것이라고 지적하고 있다.

자동차부품업체를 20년 넘게 운영해 온 S사 대표는 최근 고민이 늘었다. 이제 환갑도 넘어 경영승계 문제를 고민해야 하는데 교사가 된 아들은 제조업에 관심이 없다. 아직은 거뜬하다고 생각하지만 시간이 지날수록 신규 투자에 대한 고민이 깊어진다. 주물업체 대표 P씨는 대학교를 졸업한 아들을 회사에 과장으로 취직시킨 뒤 갈등이 잦아졌다. 일하는 방식과 태도가 빈번히 마음에 들지 않다 보니 대화도 전보다 줄었다. 그는 후계자로 전문경영인을 영입하거나 직원 중에 뽑는 방안을 적극 고려하고 있다. 중소기업의 고령화가 현실로 닥쳐오고 있다. 최고경영자CEO의 고령화는 고용창출·연구개발R&D에 부정적인 영향을 미치기 때문에 대책이 시급한 실정이다.

'Built to Last.' 경영의 대가 짐 콜린스Jim Collins의 베스트셀러 「성

공하는 기업의 8가지 습관」원제인 이 짧은 문장은 기업의 영속성이란 뜻이다. 살아남는 것, 이는 기업의 존재 이유이기도 하다. 즉, 기업은 끝까지Last 살아남기 위해 만들어졌다Built는 것이다. 기업의 지속성장은 창업가의 꿈이자 모든 기업의 지향점이다. 이렇듯 기업의 일차적 목표가 생존과 영속성이라고 해도 사실 오래 살아남기는 쉬운 일이 아니다. 기업의 평균 수명은 30년에 불과하다는 게 통설이다. 대부분 기업이 30년이 되면 도약과 추락이라는 갈림길에 서게 된다. 미국의 최장수 비즈니스 잡지 〈포춘Fortune〉이 선정한 500대 기업 평균 수명도 40년 정도다. 기업 평균수명은 과거에 비해 점점 줄어들고 있다. 글로벌 컨설팅회사 '맥킨지보고서'에 따르면 1930년대 S&P 500대 지수에 등장하는 기업의 평균 수명은 65년 정도였으나 2000년대 이후에는 지수에 계속 머무는 평균 연수가 10년에 불과하다. 특히 한국의 기업은 단명하는 대표주자라고도 한다. 유가증권시장 상장기업 평균 수명은 33년, 코스닥 상장기업은 17년에 불과하다대한상의 조사. 한국 전체 기업 평균 수명은 10.4년에 그친다는 연구 결과도 있다.

기업의 장수는 기업이 초우량 기업으로 성장하기 위한 기초가 된다. 오랜 시간을 버티며 수많은 위험요인을 극복하는 과정에서 만들어지는 강한 체질과 기업문화는 어느 것과도 바꿀 수 없는 재산이 된다. 이 때문에 세기를 넘어 성장하는 기업을 키우는 게 모든 기업인의 꿈이다. 기업 수명이 보통 한 세대에 끝나는 단명임에도 불구하고 10세기가 넘는 역사를 지닌 기업들도 존재한다. 1000년이 넘는 기업은 전 세계에 총 10개가 있다. 200년이 넘는 기업은 41개국에 5천 500여 개가 존재한다. 특히 일본에는 100년 이상 된 기업이 5만 개에 달한다. 미국에서 가장 매출이 많은 기업 중 70%가 100년 가까운 역사를 가진 장수기업이다. 이들 장수기업은 어떤 비밀을 갖고 있을까? 크게 두 가지로 나눌 수 있다.

'한 우물 기업'과 '변신기업'이다. 한 우물 기업에는 '곤고구미'와 '007 제임스 본드'와 함께 떠올릴 수 있는 최고급 총기 제작 업체 '베레타' 등이 있다. 이들은 대부분 소규모 가족기업으로 시작해 여러 세대가 지난 후에도 가족기업이라는 타이틀을 놓지 않고 가문의 전통을 중시하고 있다. 이들은 시대 변화를 읽고 꾸준히 기술을 개발하지만 본업을 중시한다는 기본 개념에 충실하다. 핵심을 잊지 않고 최고가 되기 위해 꾸준히 노력하는 것이다.

반면 '변신기업'은 시대 흐름에 맞게 끊임없이 변신을 추구한다. 미국 장수기업 '제너럴일렉트릭GE'이 대표적인 변신기업이다. 故 잭 웰치 전 GE 회장은 "내 임무는 어떤 사업을 버리고 어떤 사업에 진입해야 하는지를 매일 고민하는 것"이라고 말했다. 이들은 탄탄한 기업이념과 기업문화를 무기 삼아 두려움 없이 새로운 산업에 도전한다. 불확실성이 지배하는 현대 기업사회에서 기업은 영원한 생존을 보장받을 수 없는 존재가 되었다.

현재 수익모델이 탄탄하고 시장지배력이 뛰어난 기업이라 해도 마찬가지이다. 더군다나 생존율이 외국기업들보다 낮은 국내기업들은 당장의 외형적 확장보다 장수하는 비결이 더 중요한 문제가 됐다. 따라서 최근에 미국의 시사주간지 타임지에 실린 일본 건축회사 '곤고구미金剛組'의 장수신화는 우리나라 기업들을 부럽게 하기에 충분하다. 현존하는 세계 최장수 기업으로서 이 회사는 1400년의 기업역사를 자랑하고 있기 때문이다. 특히, 이 회사의 장수비결이 흐름에 적응하는 탄력성에 있다는 사실은 향후 기업이 장수하기 위해 어떠한 전략을 가져야 하는지 시사하는 바가 크다. 최장수 기업은 일본에 있지만 세계적으로 가장 많은 장수기업을 가지고 있는 나라가 바로 이탈리아이다. 이탈리아의 기업들은 모두 소규모로 시작하여 유연한 경영전략을 통해 자체 경쟁력을 키우고 기업간 네트워크를 구축하여 세계적인 명품기업으로 거듭났다. 이 기업들의 성공과 장수 비결은 바로 이탈리아 특유의 전통적 '가족기업 문화'에서 비롯되었다.

위대한 영웅 CEO가 치러야 할
승계전략

위대한 영웅인 최고경영자가 치러야 할 마지막 시험은
후계자를 얼마나 잘 선택하는가와 그의 후계자가 회사를
잘 경영할 수 있도록 양보할 수 있는가이다.

피터 드러커(P. Drucker)

기업의 승계전략이란 '다음 세대에게 기업의 경영상태가 양호하도록 기업의 경영권소유권을 후손에게 물려주는 것과 관계되는 모든 계획과 전략'을 의미한다. 물론 이때의 후손이란 가족구성원 중 어느 누구로 한정하므로, 가족구성원 안에서 승계가 이루어질 것을 가정한다. 먼저 소유권의 승계ownership succession는 누가 기업을 소유할 것인가, 그리고 언제, 어떻게 기업의 소유권을 승계할 것인가에 초점이 맞춰진다. 경영권에 승계Management succession는 누가 기업을 경영하는가, 그 결과 무슨 변화가 일어나는가 등에 초점이 맞춰진다. 경영권과 소유권에 대한 두 과정이 협조가 잘되지 않거나 두 과정이 함께 강조되지 않는다면 승계계획은 실패할 수도 있다. 기업의 승계전략은 하루아침에 이루어지는 이벤트가 아니라 기나긴 하나의 과정으로 보고 있다. 승계전략은 승계의 한 부분으로 다양하게 접근이 이루어지고 있다. 따라서 승계전략에서 논의되는 내용도 다양하지만 주로 논의되는 내용은 ① 승계계획은 수립되어 있는가? ② 오너는 진정으로 현재의 지위를 그만두고 물러날 의지가 있는가? ③ 물러난 후 오너가 할 수 있는 의미 있는 활동은 무엇인가? ④ 승계 후보들을 위한 교육 프로그램은 있는가? 있다면 어떠한 것인가? ⑤ 후계자를 결정하는 요소는 무엇인가? ⑥ 가족구성원 간의 관계는 어떠한가? 등이다.

"기업을 다음 세대에게 넘겨주는 것보다 기업 소유주에게 더 중요하고 힘든 일은 없을 것이다." 왜냐하면 가족구성원의 평생의 희망, 꿈, 야망, 다른 사람과의 관계, 심지어는 죽음을 피해 보려는 개인적인 몸부림 등 이 모든 것들이 승계계획에 담겨 있기 때문이다. 따라서 승계계획은 개인 기업의 미래를 보장하는 가장 중요한 과제가 되고 있다. 또한 치열한 경쟁, 정부규제, 세금 및 기타 문제들보다도 승계계획의 실패는 가족기업의 생존자체에 가장 타격이 큰 위협이 되고 있다. 피터 드러커P. Drucker는 "위대한 영웅인 최고경영자가 치러야 할 마지막 시험은 후계자를 얼마나 잘 선택하는가와 그의 후계자가 회사를 잘 경영할 수 있도록 양보할 수 있는가이다"라며 승계의 중요성을 강조했다. 모든 기업에서 승계는 조직의 발전과 퇴보를 좌우하는 매우 중요한 과정이다. 가업승계는 '개인측면'에서는 소유권 승계, '기업측면'에서는 지속적인 성장, '사회측면'에서는 공동자산이라는 사회적 책임의 의미를 동시에 갖고 있다. 따라서 후계자는 사업, 업무, 프로세스 등 세 분야에서 변화와 혁신을 통해 한 단계 더 성장한 기업을 만들기 위한 열정이 절실히 필요하다. 또한 '창업자는 목수,

목동, 목사'라는 3목牧 마인드로 후계자 가업승계에 임해야 한다. 즉, '목수'처럼 꼼꼼하게 일과 사람을 가르쳐야 하며, '목동'처럼 후계자에게 일을 맡겨 책임감을 갖도록 돌봐줘야 하고, 후계자가 스스로 기업경영에 나설 수 있도록 뒤에서 지혜를 전달하는 조언자로서 '목사' 역할을 해야 한다.

경영자의 세대교체, 즉 가업승계는 기업사에서 대단히 중요한 사건이다. 가족기업Family Business이 주류를 이루고 있는 한국기업의 경우 가업승계로 인하여 대부분의 기업에서는 소유권과 경영권이 함께 이전되고 있다. 또한 최고경영자의 승계에 따라 기업의 최고경영진도 바뀌게 되고, 주요 기업전략도 승계자의 특성에 따라 변경될 가능성이 높다. 특히 가족기업은 가족구성원이 창업하고, 창업자 및 그들의 가족구성원이 소유권을 가지며, 기업경쟁에 대한 감독과 통제를 하고 소유권이 다음 세대로 이어짐으로써 지속적으로 세대 간 가업계승이 이루어질 잠재성을 가진 경영체이다. 이런 가족기업은 가족구성원의 인적자본이 가족기업의 경영 안정성과 생산성에 중요한 영향을 미침으로써 모든 국가의 사회·경제적 측면에서 중요한 역할을 해왔다. 또한 리더의 주요 역할 중 하나는 그들이 속한 조직이나 집단의 문화와 분위기를 창조하고 개발하는 것이다. 리더, 특히 창업자는 한 세대에서 다음 세대로 전달되는 가정assumption에 지우기 어려운 흔적을 남기며 조직은 종종 창업자의 성격을 반영하게 된다. 만약 창업자가 통제를 중요하게 여기는 독재자였다면 그 조직도 중앙집권적이며 하향식 관리 형태를 보일 것이고, 만약 창업자가 참여적이고 팀중심이었다면 그 조직은 분권화되고 개방적인 형태를 보일 것이다.

02

중소기업 가업승계 포기,
최고세율 60% 상속세

　가업승계는 우리 사회가 보유한 자산을 다음 세대로 이전하는 일이나 다름없는 것이다. 게다가 한국 전체 기업 중 95% 이상이 창업주가 1970년대 이후 설립한 중소기업이다. 80대가 된 창업주는 오늘도 기업이 다음 세대를 넘어 살아남을 방법을 고민하고 있다. "중소벤처기업부 통계자료에 따르면 2018년 기준으로 국내 중소기업은 약 660만 개, 전체 근로자 수는 1천700만 명이 넘는다. 머릿수만 따지면 전체 기업의 99.9%가 중소기업이고 전체 근로자 수의 83.1%가 중소기업에서 일하고 있다." 중소기업이 살아야 일자리를 지켜낼 수 있다는 뜻이다. 하지만 대다수 중소기업의 창업주가 80대에 접어들었다는 것이 문제이다. 1970~1980년대 고도 성장기에 30~40대 나이로 사업에 뛰어든 창업주들이 이제 가업승계를 진지하게 고민하는 까닭이다. 이미 2세 경영이 시작돼 부모 세대보다 더 성장한 기업도 속속 나오고 있다. 실제로 재산 상속 자체보다 훌륭한 후계자가 기업 활동을 이어가길 바라는 창업주가 훨씬 많다.

한국경영자총협회2021.02가 발표한 '국제비교를 통한 우리나라 상속세제 개선방안-기업승계 시 Case Study 포함' 보고서에 따르면, 자녀에게 기업 상속 시 우리나라 상속세 명목 최고세율은 60%로 OECD 국가 중 최고 수준이다. 특히 공제 후 실제 부담하는 상속세액은 분석대상 54개국 중 우리나라가 두 번째로 높은 것으로 분석되었다. 해당 보고서는 글로벌 회계법인 KPMG가 Case Study를 통해 지난해 전 세계 54개국에서 자녀에게 1억 유로약1천350억 원 가치의 기업을 물려줄 때 실제 부담하는 상속·증여세액공제 후을 산출해 비교·분석한 것을 토대로 했다. 우리나라에서 자녀에게 기업을 상속할 때 최대주주 주식 할증평가중소기업이 아닌 기업까지 감안하면 명목 상속세율은 60%로 일본보다 높아 사실상 OECD 최고 수준인 것이다. 일본의 경우 직계비속 상속세 명목 최고세율은 일본이 55%로 한국50%보다 높지만, 중견기업과 대기업의 경우 최대주주 주식 할증평가로 상속세 최고세율은 60%까지 높아진다는 것이다. 경영자총협회는 "상속세가 있는 OECD 23개국 중 17개국은 자녀에게 상속할 때 세율을 낮게 차등 적용해 원활한 기업승계를 지원하고 있는 것과는 상반된 모습"이라고 설명했다. 여기에 한국은 가업상속공제 대상이 중소기업과 중견기업 일부로 한정되어 있다. 공제 요건도 외국보다 까다로워 실제 현장에서 활용이 저조한 편이다.

표 1-1_ 직계비속 상속세 명목 최고세율 상위 10개국(2020년)

구분	국가명	상속세 명목 최고세율	직계비속 상속세 명목 최고세율
1	일본	55% [부가세고려 66%]	55%
2	한국	50% [주식할증고려 60%]	50% [주식할증고려 60%]
3	프랑스	60%	45%
4	영국	40%	40%
5	미국	40% [주별 세금 추가 기능]	40% [주별 세금 추가 기능]
6	스페인	34% [부가계수고려 81.6%]	34% [부가계수고려 40.8%]
7	아일랜드	33%	33%
8	벨기에	80%	30%
9	독일	50%	30%
10	칠레	35%	25%

자료: EY한영, Worldwide Estate and Inheritance Tax Guids, 2020; KPMG International, Global Family Business Tax Monitor, 2020

　　중소기업중앙회와 파이터치연구원 보고서2021.03에 따르면, 1970년대 말 창업한 식품 가공 업체 H사의 2세 경영인 B씨는 올해 은퇴를 계획하고 있다. 경영인 H씨는 창업주인 부친에게서 가업을 이어받아 연 매출 1천000억 원대, 종업원 250여 명에 달하는 기업으로 성장시켜 왔다. 2세 경영인 H씨는 은퇴할 나이가 다가오면서 자녀에게 회사를 물려줄지 고민했지만 포기했다. 100억 원이 넘을 것으로 예상되는 상속세가 부담됐기 때문이다. 한국의 상속세 최고세율은 50%인데, 최대 주주 지분을 상속할 경우에는 최고세율이 60%로 올라간다. OECD 최고 수준이다. 결국 H씨는 지분을 다른 기업에 매각하기로 했다. H씨처럼 중소기업들이 과다한 상속세 부담을 견디지 못하고 가업승계를 포기하는 사례가 끊이지 않고 있다.

중소기업들은 "한국 제조업의 실핏줄인 중소기업의 대代가 끊겨 줄폐업 사태가 벌어지면 국내 제조업의 경쟁력 저하와 일자리 감소로 이어진다"며 상속세율 인하를 요구하고 있다. 중소기업중앙회는 25일 기업 상속세율을 지금의 절반 수준으로 낮추면 27만 개의 일자리가 생긴다는 분석 결과를 내놓기도 했다. 과도한 상속세가 가업승계 걸림돌이라는 것이다. 또한 중소기업 대표의 고령화는 빠른 속도로 진행되고 있지만, 상속세 부담으로 원활한 세대교체가 이뤄지지

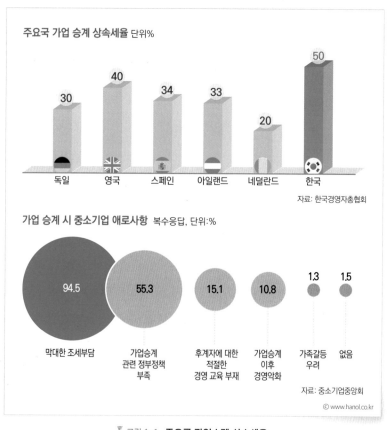

주요국 가업 승계 상속세율 단위%

독일	영국	스페인	아일랜드	네덜란드	한국
30	40	34	33	20	50

자료: 한국경영자총협회

가업 승계 시 중소기업 애로사항 복수응답, 단위:%

막대한 조세부담	가업승계 관련 정부정책 부족	후계자에 대한 적절한 경영 교육 부재	가업승계 이후 경영악화	가족갈등 우려	없음
94.5	55.3	15.1	10.8	1.3	1.5

자료: 중소기업중앙회

© www.hanol.co.kr

그림 1-1_ **주요국 가업승계 상속세율**

승계전략과 핵심인재 육성

않고 있다. 중소기업중앙회가 지난해 중소기업 500곳을 대상으로 '중기 가업승계 실태 조사'를 실시한 결과 76.2%가 '가업승계가 중요하다'고 답했다. 하지만 조사에 응한 대다수 기업94.5%은 가업 상속의 걸림돌로 상속·증여세 등 '막대한 조세 부담'을 꼽았다. 우리나라의 명목 상속세율은 네덜란드20%, 독일30%, 스페인34%, 영국40% 등 주요국보다 훨씬 높다.

전문가들은 상속세 부담이 중소기업 경영자가 회사를 키우겠다는 의지를 꺾고 기업활동을 제약하는 요인이 되고 있다고 지적한다. IBK경제연구소의 '우리나라 가업승계 현황 분석'에 따르면, 2018년 기준 최고경영자가 창업자인 국내 중소·중견기업 5만 1천256개 가운데 CEO가 60세 이상인 기업이 1만 7천21개로 전체의 33.2%였다. 하지만 승계를 완료한 기업은 전체의 3.5%에 그쳤다. IBK경제연구소는 "30년 이상 장수기업의 자산·매출·고용 등 경영성과는 10년 미만 기업의 4~5배 수준"이라며 "가업상속 관련 제도 개선이 필요하다"고 밝혔다. 어느 중소기업 경영자는 "작은 사업이라도 경영노하우가 제대로 이어지지 않으면 기업의 영속성은 쉽지 않다"며 "과다한 상속세 때문에 중소기업이 승계 과정에서 망가지는 일은 없어야 한다"고 말했다. 또 다른 중소기업 경영인은 "해외로 공장을 이전하는 기업인 중 상당수도 과도한 상속세에 대한 부담 때문에 한국을 떠난다"고 말하기도 한다.

중소기업중앙회와 파이터치연구원이 발표2021.03한 '가업 상속세 감면에 따른 경제적 파급 효과' 보고서에 따르면, 기업 상속세율을 50% 인하하면 매출이 139조 원 늘고, 일자리는 26만 7천개 증가하는 효과가 나타난다. 상속세율을 인하하면 세금으로 나갈 돈이 기업에 대한 투자로 연결돼 더 많은 일자리가 생길 수 있다는 것이다. 보고서는 "그리스의 경우 2003년 기업 상속세율을 20%에서 2.4%로 대폭 인하해 가업을 승계한 가족 기업의 투자가 약 40% 증가했다"고 밝혔다. 증여·상속세 인하는 명문 장수기업의 원활한 가업승계를 가능케 해 결과적으로 개인과 기업, 국가경쟁력에도 도움이 될 수 있을 것이다.

03

좋은 기업에서
위대한 기업으로 가는 승계계획

'승계계획succession planning'이란 핵심직위key positon가 공석이 되었을 경우를 대비하여 해당 직위를 승계할 수 있는 적합한 인재를 확보하고 개발하는 프로세스를 말한다. 구체적으로, 핵심 직위에 대한 선별과 승계방식 결정, 잠재적 후계자 발굴 및 개발 등으로 이루어진다. 이직change jobs이 빈번해지는 등 고용환경이 유연해지면서 핵심인재의 관리와 개발에 대한 필요성이 강조되고 유사시를 대비한 승계계획의 중요성이 커지고 있다. 승계계획은 일반적으로 공석 발생 시 의사결정 지연 등의 업무상 비효율을 방지하기 위한 목적으로 시행되며 잠재력 높은 직원의 커리어 플래닝career planning을 돕기 위한 목적으로도 활용된다. 과거에는 승계계획의 대상이 경영진이나 주요 관리직으로 한정되었지만 기업의 부가가치 창출에 기여하는 핵심직위가 늘어나면서 점차 중간관리자로도 범위가 넓어지는 추세이다.

오늘날 거대한 규모를 자랑하는 기업들은 애초의 공기업을 제외하면 대부분 가족기업으로 시작되었다. 가족기업에서의 승계전략, 즉 경영승계는 기업사에서 대단히 중요한 사건 중의 하나이다. 그러나 경험과 직관, 그리고 의욕만으로 출발하는 경우가 많았던 기업들이 변화하는 환경 속에서 생존하고 발전하기 위하여 선진 경영이론과 기법을 도입·활용하고자 노력해 왔다. 각 나라에 관계 없이 수많은 기업들은 승계에 대한 아무런 계획 없이 창업자의 은퇴 혹은 죽음에 다다르고 있다. 가족기업 중 성공적으로 2세대에게 승계하는 경우는 1/3도 안되고, 3세대까지 성공적으로 넘겨주는 경우는 13%에 불과하다는 것이 이를 잘 설명해 주고 있다. 가족기업의 승계전략은 한 가족구성원에서 다른 가족구성원으로 경영권과 소유권이 이전되는 정교하면서도 공식적인 과정process에 관한 것이다. 따라서 많은 학자들은 가족기업의 번영과 영속성을 유지하기 위해 승계계획이 무엇보다 중요하다고 강조하고 있다.

오늘날 2차산업과 3차산업 중심에서 4차산업 중심으로 산업구조가 재편되면서 인적자원의 중요성이 크게 부각되어 왔다. 지식과 정보, 개인의 역량이 회사를 흥하게도 망하게도 할 수 있는 시대를 맞이하여 능력 있는 인력을 확보하고 유지하기 위한 노력은 가히 인재전쟁war for talent이라고 불릴 정도로 치열하다. 승계계획은 이러한 인적자원의 전략적 중요성을 반영한 새로운 인력개발 프로그램이라고 할 수 있다. 승계계획이란 기업의 미래 운명을 짊어지고 나갈 능력 있는 경영자를 양성하기 위한 경력개발프로그램으로서 미래 경영자로서 잠재적 역량을 지닌 사람을 평가하고 선발하여 이들의 역량을 개발·육성하는 일련의 과정을 말한다. 많은 기업에서 실시하고 있는 핵심인력 양성과 차세대 리더 양성프로그램인 승계계획은 약간의 차이가 있는데, 핵심인력 양성은 조직 전 계층을 대상으로 능력 있는 인력을 체계적으로 관리하는 것인 데 반해 승계계획은 조직의 핵심 포스트에 대한 중견 혹은 고급간부 중심의 인력개발 프로그램을 말한다. 넓게 보아 승계계획은 핵심인력 관리의 한 형태라고 볼 수 있다.

짐 콜린스Jim Collins가 쓴 「Good to Great」를 보면 내부승진에 의한 경영자 육성이 외부에서의 경영자 영입보다 기업성공 가능성이 높다고 한다. 짐 콜린스는 외부에서 영입한 CEO는 '좋은 기업good company에서 위대한 기업great company'으로의 도약과 상관관계가 부정적이며, 도약에 성공하지 못한 기업들은 도약에 성공한 기업보다 6배나 자주 외부에서 CEO를 영입한 것으로 나타났다. 승계계획 또는 후계자 양성 프로그램은 기업 내부 인력의 역량강화와 내부승진에 의한 CEO 양성을 목표로 하고 있기 때문에 위대한 기업을 지향하는 기업이라면 고려해 볼 만한 가치가 있는 관리자개발 프로그램이라고 할 수 있다.

가족기업 분야의 연구자들은 승계가 대부분의 가족기업이 직면하는 가장 중요한 문제임에 동의한다. 워드Ward, 1987는 "우리는 가족기업을 다음 가족 세대에게 경영과 통제가 이어지게 될 경영체라고 정의한다"라고 승계의 가능성에 의하여 가족기업을 정의한다. 처칠Churchill과 해튼Hatten, 1987에 따르면 가족기업 계승은 비가족기업과 달리 시장 추구적인 과정이 아니라 비시장조건에 기초한 권력의 이전과정을 거친다고 기업의 소유 및 승계과정을 지적한다.

또한 가족기업 승계는 "창업자로부터 가족구성원 또는 비가족구성원 즉, 전문경영인인 후계자에게 리더십이 넘겨지는 것Beckhard&Burke, 1983"으로 정의된다. 가족기업 이론가들은 또한 창업자 세대에서 다음 세대로의 기업의 지속성은 승계계획에 있다는 것에 동의한다. 넓은 의미로 승계계획은 여러 세대를 통하여 기업의 영속성을 보장할 목적으로 경영에 필요한 모든 것들을 포함하는 평생에 걸친 과정을 말한다. 그러나 승계가 중요함에도 불구하고 많은 가족기업들이 승계계획을 갖고 있지 않거나 행하지 않는다는 것이다. 1955년 이래로 포춘지 선정 500대 기업 중에서 단지 188개의 회사만이 1924~1984년까지 200개 제조업체 중에서 20%만이 자신들의 위치를 유지하였고, 이 중 약 13%만이 동일한 가족에 의해 경영되고 있었다. 이와 같은 많은 가족기업이 살아남지 못하는 이유는 사업의 미성숙, 시장과 기술 환경의 변화, 공급자와 소비자 간의 관계 변화, 경쟁사의 재빠른 전략의 모방 때문인데, 이런 변화들이 기업의 매출과 이익을 감소시킨다. 랜스버그Lansberg, 1989는 '승계음모'가 가족구성원, 경영자, 공급자, 그리고 고객을 포함한 가족체계 내의 이해관계자들에게 어떻게 영향을 주는지 밝히기도 했다.

가족기업은 일반적으로 가족 내에서 경영권과 소유권이 계속 유지되기를 바라지만 잠재적인 후계자의 능력에 대한 현재의 CEO의 신뢰는 승계전략에 많은 영향을 끼치는 '후계자 계발, 가족구성원 간의 건전한 관계'가 가족기업의 승패를 결정하게 된다.

04

승계문제를 피하려는
승계음모(conspiracy)

 가족기업은 비가족기업일반기업, non-family business과는 다른 시스템과 지배구조를 이루고 있으므로 훨씬 더 복잡하며 어려움도 많다. 가족기업은 보통 비가족기업일반기업의 어려움인 자금조달, 기술개발, 마케팅, 종업원 관리 이외에 또 다른 어려움에 직면해 있다. 가족기업이 해결해야 할 추가적인 과제로는 재무전략, 전략적 계획, 가족전략, 그리고 승계전략succession planning 등을 들 수 있다. 이 중 승계전략은 가족기업의 이슈 중 제일 많이 언급되며 연구되는 과제이다. 승계전략은 가족기업의 존폐를 결정하는 아주 중요한 과제로 인식되고 있다. 아로노프 & 워드Aronoff & Ward, 1992에 의하면, "가족기업은 오직 세 가지 문제만 가지고 있는데. 첫 번째 문제는 승계, 두 번째 문제도 승계요, 마지

막 세 번째 문제도 승계다"라고 주장하고 있다. 랜스버그Lansberg, 1988
는 "모든 사람들은 승계문제를 피하려고만 하는데 이 자체가 가장
큰 문제이며 이는 승계음모conspiracy다"라고 주장하였다. 가족기업의
선구자인 단코Danco, 1982에 의하면 만약 스스로 승계전략을 세우지
않으면 당신의 가족과 기업은 변호사의 손에 존폐가 달려 있게 된다
고 주장하였다. 나아가 그는 승계와 관련된 후계자 선발이나 이들의
교육을 무시하는 것은 "가족기업을 안락사시키는 것"이라고 주장하
고 있다. 이처럼 많은 학자들과 컨설턴트들은 가족기업의 번영과 영
속성을 유지하기 위해 승계계획이 중요하다고 강조하고 있다. 가족기
업의 지속적인 성공을 결정하는 가장 중요한 과제인 승계계획의 중
요성은 아무리 강조해도 지나치지 않는 것 같다.

승계전략은 기업의 영속성에 매우 중요한 영향을 끼치며, 여러 문
헌에서도 승계계획의 중요성이 널리 인정되고 있다. 승계전략의 부재
는 창업자-후계자 간의 갑작스런 승계로 인한 권력이동의 지각변동,
후계자 간의 갈등, 상속문제 등으로 매우 큰 어려움에 직면할 수 있
다. 승계계획은 이해관계자 모두에게 뜨거운 감자이며, 승계계획은
방해요소가 많으므로 많은 어려움에 직면하곤 한다. 일반적으로 승
계계획 시 나타나는 문제는 '사람'에 관한 것이다. 승계계획의 어려운
요소로 물려주려는 현 최고경영자의 의지와 기업을 물려받을 후계
자 개인의 능력을 들고 있다. 이외에도 세대 간의 원활한 커뮤니케이
션의 부족, 창업자혹은 현재의 CEO가 승계 자체를 원하지 않음, 기업의 재
무적인 어려움, 다음 세대의 리더십에 대한 불확실성, 가족구성원 간
의 갈등, 다음세대의 경영능력 부족 등을 들고 있다. 구체적인 실례

로 미국의 가족기업 1천143사를 대상으로 조사한 바에 의하면, 가족기업의 39.4%는 향후 5년 이내에 리더가 바뀔 것이며, 향후 10년 이내에 과반수 이상55.7%은 은퇴할 것으로 내다보고 있다. 그러나 현 CEO의 13.4%는 결코 은퇴하지 않을 것이라고 응답하고 있어, "가족기업의 현 CEO는 은퇴하기 싫어하며 기업을 다음 세대로 이전하는 그 자체를 언급하는 것조차 꺼림을 알 수 있었다." 이러한 몇 가지 예는 승계전략의 중요성과 이의 실행의 어려움을 단적으로 보여주고 있다. 승계전략의 준비소홀로 인한 승계실패는 해당 기업은 물론 국가 경제에 큰 손해가 되고 있다. 따라서 훌륭한 승계전략을 성공적인 가족기업의 경영에 반드시 필요하므로, 이의 중요성을 잘 이해하고 이를 실천에 옮기는 것을 가족기업의 영속성과 발전에 매우 필요하다.

♟♟ 효과적인 승계

가족기업에 참여하기 전 어린 나이에 가족의 주말모임, 저녁식사시간에 사업상의 대화를 중심으로 관심을 증대시키고 가업기업에 대한 책임감을 부여시켜 주도록 한다. 가족기업은 권력을 다음세대의 새로운 후계자에게 점차 이전시키면서 가족기업 경영의 새로운 역할에 적응하도록 한다. 이런 역할 재적응 과정은 시간이 걸리므로 점진적으로 진행되는 것이 필요하다. 이 방식은 최고경영자와 후계자 모두 새로운 역할 중 '승계댄스'에 적응하도록 한다. 기업을 떠나는 최고경영자 스스로 변화하는 역할에 적응해야 하며 기업 참여의 수준과 힘을 감소시키고 자신의 궁극적인 통제력의 포기에 대하여 준비해야 한다. 효율적인 기업계승을 위해서는 적절한 시기를 선택하는 것이 중요하며 새로운 후계자가 권력을 잡은 후 현재의 소유자가 가족기업을 은퇴하는 것이 바람직하다. 이양하는 것은 복잡하고도 어려운 과정이지만 은퇴 후 재정적 안정에 대한 계획이 있으면 걱정의 근원을 없앨 수 있다. 후계자가 점차 결정권을 가지면서 부모님은 차츰 새로운 활동을 시작할 수 있다. 창업주는 리더십 이양이 끝나고 난 후 사업체로 복귀하는 건 피해야 한다.

승계결정이 가족과 회사에 알려지는 방식은 결과에 중요한 영향을 미칠 수 있다. 만약 후계자가 단지 부모의 자식이라서 뽑혔다고 생각되면 그 후계자는 시작부터 신뢰와 권위가 없어지게 될 것이다. 반면에 객관적인 기준에 근거하여 계획된 승계과정을 거쳤다고 명백하게 생각된다면 권력이양은 보다 자연스럽게 이루어질 것이다. 일단 결정이 되면 가족과 기업에서 이를 알려고 하는 사람들 모두에게 전달되어야 한다. 이 결정의 메시지가 나머지 가족 구성원들 대부분에게 선택된 사람보다 열등하다는 느낌을 주어서는 안 된다. 승계계획이 확정되면 창업주는 공개적으로 자기가 은퇴할 것이라는 것을 공식화해야 한다. 기업의 임무, 전략, 그리고 가치관은 승계계획의 중요 요소와 함께 동시에 발표되어야 한다. 승계결정이 되면 창업주와 승계자는 사업의 목적과 전략을 다시 한번 명확히 밝히고 업무 이동에 대해 설명하기 위하여 회사에 공동 선언문을 준비시킨다. 창업주의 은퇴 후 계획도 이 공동 선언문의 재용의 일부가 되어야 하는데, 특히 창업주가 계속해서 회사와 관련 있는 역할을 맡았을 때 더욱 그러하다. 이는 혼란의 여지를 없애거나 나아가 창업주의 복귀에 대한 여지를 없애는 것이다.

♟♟ 성공적인 승계

승계의 시기가 중요하다. 만약 뒤를 이을 후계자가 없거나 또는 후계자가 기업에 관심이 없고 경험이 없으며 훈련받지 못한 경우에 승계계획은 소용이 없다. 권력 불균형, 가족갈등, 그리고 후계자에 대한 명확한 선택이 되지 않으면 승계과정을 복잡하게 할 수 있다. 조직적인 차원에서 조직적인 문화, 구조, 그리고 안정에 관련한 요소들 역시 문제가 되는 승계와 관련되는 것으로 나타났다. 마지막으로 환경적인 소란, 요구_{자격취득과 세금}, 그리고 산업으로 진입하기 위한 사전요구사항은 성공적인 승계를 방해할 수도 있다. 가족기업의 승계에서 기업가들과 다음 세대_{coming generation, next generation} 가족구성원 간의 상호적인 역할적응의 연구에서는 승계과정의 윤곽과 창업자와 다음 세대모두의 역할에 대한 이론적 틀을 제시하였으며 비관여의 과정에 초점을 두었다. 창업자가 승계계획에 실패하는 것은 승계에 대한 관심부족, 사업에 대한 애착성과 나이 드는 것의 두려움, 죽음과 은퇴 같은 요인임을 지적했다.

♟♟ 과정으로서의 승계

연구자들은 승계가 사건보다는 과정이라고 동의하는 편이다. 승계는 단순히 바통baton을 전해주는 단계가 아니라 후계자가 기업에 들어가기 전에 시작하는, 반복적인 다중단계 과정이다. 지속적인 회사의 번영, 삶의 질, 그리고 가족 역동성은 승계에 중요하다. 가족관계와 생물학적인 필연성은 기업매각의 대안으로 승계의 가능성을 열어준다. 후계자의 선택과 훈련, 개발, 그리고 경영권 이전은 가족기업의 핵심이며, 이것은 기업과 가족 모두에게 매우 중요하다. 승계과정은 기업의 경영, 전략 그리고 관리의 변화가 계획되고 이루어지는 것이다. 이런 승계는 가족관계와 생물학적인 현실에 의해 기인된다. "사람

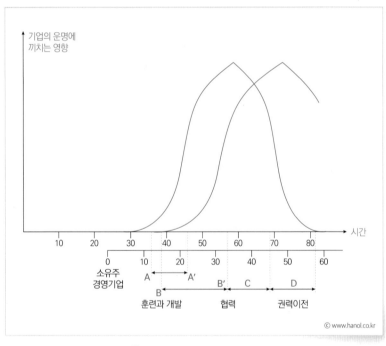

Ⅰ 그림 1-2_ **세대들의 생애주기**

자료: Churchill, N.C. & Hatten, K.J.(1987). Non-Market-Based Transfer of Wealth and Power: A Research Framework for Family Business. American Journal of Small Business, 11(3), pp.51~63.

승계전략과 핵심인재 육성

의 생애주기는 형태와 기간에 따라 다양할 수 있으나 죽음의 운명"
을 벗어날 수는 없다. 보통 생애주기는 배움과 발달의 시기로 시작하
여 왕성한 활동기간을 거쳐 마지막으로 하락하는 형태로 나타난다.
기업에서 사람의 생애주기는 개인적인 특성이 기업의 방향과 운영,
기업의 운명에 영향을 끼치는 정도로 표현될 수 있다.

위 그림은 두 세대 간의 생애주기에서 생물학적 주기 또는 단계차
이가 분명하게 보여진다. 이런 단계 차이는 계절의 변화처럼 기업 내
에서 세대에서 세대로 반복된다. 처칠Churchill & 해튼Hatten은 가족기
업의 아버지와 아들 사이에서의 승계를 설명하기 위해서 생애주기
접근법을 개발했다. 〈그림 1-2〉는 두 개인이 ① 기업에 모두 참여하
고 ② 가족관계이며 ③ 연령이 다른 상황이다. 두 개인 중 한 사람은
35~36세에 기업을 설립하고 26세에 첫 자녀를 가진 전형적인 기업
가이다. 이 자녀는 24세에 전일제로 기업에 참여한다. 승계과정을 네
단계로 구분하면

첫 번째, 소유주가 유일한 가족구성원으로 직접 기업에 참여하는
소유주-경영의 단계이다. 이 단계는 창업에서 가족기업으로 진입하
는 단계이다. 이때까지는 아직 가족기업은 아니다. 이 단계에서는 가
족이 기업에 영향을 끼치나 기업의 구성요소는 아니다. 이 단계는 가
족구성원이 처음 기업에 참여할 때까지이며 A-A'까지이다.

두 번째, 후계자가 기업을 익히는 교육훈련 단계로 B-B'까지이다.
후계자가 기업에 대해서 학습하는 단계이다. 이것은 자녀가 어릴 때
저녁식사 시간의 대화를 통해 또는 대학 때까지 시간제나 방학 동안
의 아르바이트를 통해 이루어진다. 점 A'에서는 기업에 전일제로 참

여하여 기술, 대인관계, 경영지식, 판단을 계발하는 단계이다.

　세 번째, 아버지와 아들 사이의 협력단계이다. B'는 후계자가 기업의 부분으로서 기업의 정책결정에 참여하고 책임감을 인정받기 위해 충분한 기업 경영능력을 획득하는 단계이다. 점 C에서는 기업의 운영, 목표, 정책결정에 대해 세대 간에 완전한 협력관계가 이루어진다.

　네 번째, 책임감이 후계자로 이동하는 권력 이전 단계로 구분하고 있다. 이 단계는 운영책임, 정책결정, 목표결정이 한 세대에서 다음 세대로 변화하는 단계이다. 이것은 점 C의 후기 협력단계에서 시작하여 부모가 은퇴를 시작되게 하고 그의 기업 참여활동을 감소시킨다. 이것은 공식적인 소유권의 이전 유무에 관계 없이 일어난다. 승계는 어려우며 복잡하고 동태적인 요소와 과정을 겪게 된다. 따라서 승계를 효율적으로 관리할 필요가 있다.

05

명문 장수기업,
벤치의 힘과 승계전략 3요소

명문 장수기업으로서 승계전략은 기업의 유동성과 안전성을 높이고 성장동력을 발전시켜서 직원들의 고용을 유지하고 촉진할 수 있어야 한다. "스포츠에는 벤치의 힘bench strength이라는 것"이 있다. 스포츠에서와 마찬가지로 기업 내 핵심 포지션에서 역할을 수행할 수 있는 잠재 후보군이 질적·양적으로 얼마나 준비돼 있느냐를 의미하는 말이다. 농구에서 5명의 주전선수를 제외한 벤치 멤버 가운데 가장 기량이 뛰어나 언제든지 대체 투입할 수 있는 1순위의 후보선수를 '식스맨sixth man'이라 한다. 주전선수의 체력이 떨어졌거나 경기 흐름을 바꿀 때, 또는 부상당한 선수가 생겼을 때 기용한다. 축구나 야구에서도 항상 후보선수는 준비되어 있다. 스포츠에서 우승하기 위해 몇 개월에 걸쳐 수십 게임을 해야 할 경우, 주전은 물론 후보선수가 얼마나 많은지가 해당 팀의 성적표를 결정적으로 좌우하기도 한다.

기업경영도 마찬가지이다. 치열하고 급변하는 경영환경 아래에서 지속적인 성과를 창출하기 위해서는 중요한 자리를 채울 수 있는 역량이 뛰어난 '백업 멤버back up member'를 확보하는 것이 중요하다. 특히 CEO 및 임원과 같이 회사 경영에 직접적이고도 큰 영향을 미치는 포지션의 경우 불의의 사고나 다른 회사로의 이직 또는 그 밖의 여러 다른 사유로 인해 갑작스럽게 회사를 떠나게 될 때, 이들을 대체할 사람이 준비돼 있지 않으면 기업은 큰 타격을 입을 수밖에 없다. 피터 드러커는 "사람에 대해 올바른 결정을 내리는 능력은 기업이 경쟁우위를 차지하기 위해 사용할 수 있는 가장 중요한 역량 중 하나다. 실제로 이런 능력을 지속적으로 보유한 기업은 매우 드물다"라고 했다.

즉 미래에 필요한 인재의 지속적인 확보·개발·유지를 통해 중단 없는 리더십 파이프라인의 구축이 영속기업의 첫 번째 조건일 수 있는 것이다. 리더십 공백leadership vacuum은 기업경영의 가장 큰 위협요인 중 하나이다. 이런 위협요인을 제거하기 위해선 핵심인재를 미리 준비해야 한다.

맥도날드 회장 사망 때 3시간 만에 CEO 선임한 사례도 있다. 캔탈루포 전 맥도날드 회장은 2004년 4월20일 심장발작으로 병원에 실려 간 지 1시간 만에 숨졌다. 맥도날드 이사회는 3시간 후 화상회의를 통해 찰리 벨 COO최고운영책임자·Chief Operating Officer를 신임 CEO로 선임했다. CEO 승계를 미리 준비해 불과 3시간 만에 불협화음 없이

CEO를 교체한 것이다. 故 잭 웰치가 "제너럴모터스사$_{GM}$와 같이 문제가 많은 기업을 맡게 된다면"이라는 설문결과에 대한 응답은 재미있는 시사점을 주고 있다. 15명의 CEO를 대상으로 설문한 결과 13명이 잭 웰치가 다른 경영자와는 달리 차별적인 성과를 창출했을 것이라고 대답했다. 다음으로 제너럴모터스사의 주식을 살 것인지 물어봤더니 14명이 그럴 것이라고 응답했다. 주가가 어느 정도 오를 것이라고 생각하는지 질문해 보니 주식을 산 첫날 10~25% 오를 것이라고 응답했다. 시장 내 유명한 애널리스트들 역시 동일한 대답을 했다. 이는 매우 흥미로운 결과이다. 자동차 산업에 경험이 없는 잭 웰치가 어떤 방법으로 제너럴모터스사의 가치를 높일 것인가. 이에 대해 GE의 간부들은 다음과 같이 답을 했다.

잭 웰치라면 전략을 재정립하고, 전략 실행을 위한 팀을 재정비하고, 이를 지원하는 체계를 조직해 사업을 성장시킬 수 있는 새로운 기회를 찾을 것이다. 이를 위해 최우선적으로 직원의 능력을 평가해 핵심인재를 파악하고, 적합한 사람을 적합한 자리에 기용해 잭 웰치가 의지할 수 있는 리더를 확보할 것이다. 조직의 최고위층으로부터 2~3단계 아래의 수준까지 훌륭한 리더들을 확보할 것이고 그 후에는 만약의 상황에 리더들의 역할을 대신할 수 있을 핵심인재들도 준비시켜 놓는다는 것이 핵심이다. 또한 리더들이 부족한 역량을 찾아 가능한 신속하게 개발할 수 있도록 방법을 강구할 것이며, 핵심직무에 대해서는 대체 수행이 가능한 백업요원을 두 명 이상 확보해 놓을 것이라는 게 공통된 의견이었다. 다시 말해 다른 어떤 CEO보다도 '벤치의 힘$_{bench\ strength}$'을 구축하는 능력이 탁월하기 때문이라고 볼

수 있다. 후계자에게 소유권, 책임, 역할을 명확하게 인지시켜 주어야
하며 기업을 경영할 탁월한 능력을 교육·훈련시키는 것이 매우 중요
하다.

♟♟ 후계자 육성과 훈련

승계의 핵심은 훌륭한 승계계획이다. 효과적인 승계를 위해서 다
음과 같은 요소가 계획되어야 한다. 효과적인 가족기업 승계를 위해
서는 능력 있는 후계자를 선정해야 한다. 전체 조직에 대한 지도력
이 있어야 하고 생산적이고 긍정적인 방식에서 가족구성원들과 비가
족구성원 들간의 원만한 관계를 형성할 수 있는 능력 있는 후계자를
선정해서 훈련하는 것은 계획과정에서 중요한 부분이다. 일을 하기
위한 다음 세대 가족구성원들의 기술과 전반적인 능력 또한 중요하
다. 일반적으로 가족기업은 가족 내에서 경영권과 소유권이 계속 유
지되기를 바란다. 이를 위해서는 믿을만한 가족구성원이 절대적으로
필요하다. 여기서 말하는 믿음이란 능력과 의지를 의미하며, 가족구
성원이란 바로 가족구성원 중 후계자를 의미한다. 후계자는 승계과
정에 합법적으로 참여하여 자기의 의견과 주장을 요구할 수 있는 중
요한 이해집단이다. 만약 가족기업을 물려받을 의지와 능력을 가진
후계자가 없다면 가족내에서 승계는 이루어질 수 없게 된다. 승계는
릴레이 경주의 '바통 주고받기baton pass'와 비슷하다. 그러므로 승계의
성공 가능성은 물려주려는 현 CEO의 의도와 이를 물려받으려는 능
력 있는 후계자의 성향에 의해 정해지며, 이것이 승계계획 활동의 핵

심적인 요소이다. 즉 현재의 최고경영자가 기업을 가족 내에 묶어두려는 욕망보다는 승계에 대한 의지가 있고 믿을만한 후계자의 존재가 더욱더 중요하다고 볼 수도 있다.

승계계획은 '목적보다는 수단'이다. 다시 말해 승계계획의 성공은 가족기업을 유지하려는 필요성보다는 믿을만한 후계자의 존재가 더 필요하다. 승계 후 첫 몇 년 동안은 현재의 기업의 재무자원이 기업의 경영성과에 영향을 끼치기 때문에 창업자인 부모세대는 자식들이 어려운 때에 바로 기업에 들어오기보다는 리더로서의 자질을 키우고 난 뒤 기업에 입사하도록 권하고 있다. 가족기업의 CEO는 일반 공개기업의 CEO보다 훨씬 더 많은 어려움에 직면하곤 한다. 왜냐하면 가족기업의 CEO는 바통을 수행해야 하기 때문이다. 따라서 후계자에게 소유권, 책임, 역할 등을 명쾌하게 주어야 하며, 또한 기업을 경영할 탁월한 능력을 교육·훈련시키는 것이 매우 중요하다. 기업을 경

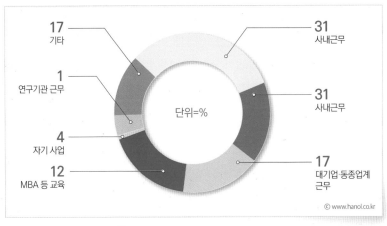

■ 그림 1-3_ **바람직한 후계자 경영수업**

영할 능력과 의지를 갖춘 후계자의 육성이야말로 기업에 신뢰와 독립심을 줄 수 있다.

가족구성원과의 관계

가족구성원 간의 건전한 관계가 가족기업의 승패를 결정한다. 역할에 대한 합의는 후계자의 권한을 인정하는 셈이며, 후계자의 결정과 계획을 인정한다면 후계자의 권력을 인정하는 셈이 된다. 가족구성원 간의 관계가 원만하여 양의 시너지효과가 나타날 때 가족기업은 계속 존재하며 성장·발전 할 것이다.

다음 세대 구성원들과 최고경영자와의 관계의 친밀도는 가족기업 승계과정에서 결정적인 역할을 한다. 이는 권력이전을 부드럽게 하고 긴장을 완화시키는 데 도움이 된다. 승계는 세대 간의 전쟁으로 인식되는 것이 아니라 오히려 가족기업의 지속성을 확실하게 하기 위한 생물학적 필요성이다. 상호 이해와 존중은 나이든 세대와 젊은 세대뿐만 아니라 형제들 간의 강한 관계를 위한 핵심적인 요인이 된다. 가족기업기능과 사회적 기능을 분리시키는 것은 효과적인 승계과정에서 중요한 역할을 한다. 이 두 체계를 분리함으로써 가족기업의 이중기능 체계의 역할 혼란에서 야기되는 긴장과 갈등을 피하도록 한다.

또한 후계자가 선발되면 승계계획자는 좀 더 공식적인 리더십 개발 프로그램을 시작해야 한다. 이는 후보자가 30~35세 정도일 때, 힘 있는 현직의 최고경영자가 50대 중반일 때 하면 이상적이다. 승계계획자는 생산, 마케팅, 전략 등에 관한 승계자가 교육이 필요한 분야에 걸쳐 경력 경로를 세밀히 계획하여야 한다. 가족구성원들은 승계과정에서 중요한 역할을 한다. 가족기업의 후계자 선정 및 승계계획은 가족구성원들과의 협의를 통해 가족기업 계승의 문제를 둘러싸고 모든 가족원들의 각기 다른 요구를 수용하도록 해야 하며, 가족의 지지가 높아야 한다.

가족기업의 이해관계자는 가족구성원뿐만 아니라 비가족구성원, 지역사회, 정부 등 아주 다양하고 복잡하다. 그러나 가족기업의 승계계획은 이런 많은 관계자 중에서도 바로 가족구성원 간의 건전한 관계가 가족기업의 승패를 결정한다는 것을 잊지 말아야 한다. 가족기업에서 가족구성원은 가장 중요한 내부 이해관계자집단이다. 후계자는 가족구성원과 함께 수많은 재무적, 사회적인 일로 기업에 직·간접으로 관여하고 있다. 후계자의 역할이나 다른 가족구성원의 역할을 인정하지 않는 가족구성원들이 존재한다면, 가족기업의 후계자는 이를 원만히 해결하기 위해 막대한 많은 시간과 노력의 거래비용을 투입할 것이다. 잠재적 후계자는 가족기업의 리더십 이전에 대한 편익을 저울질해 본 결과, 가족구성원 간의 관계악화로 이익은 별로 없고 손실만 발생한다면 기회의 매력은 점점 줄어들고 결국 후계자에 대한 전반적인 매력마저 줄어들 수 도 있다.

일반적으로 가족기업은 여러 명의 가족구성원이 함께 일하는 곳이므로 가족구성원들 모두에게 바람직한 직무환경을 제공해 주는 조직을 원한다. 바람직한 직무환경이란 각 가족구성원이 기업 내에서 각자가 수행할 개인적인 역할에 찬성하고 만족할 때만이 가능하다. 왜냐하면 역할에 대한 합의는 후계자의 권한을 합법적으로 인정하는 것이 되며, 나아가 후계자의 결정과 계획을 인정한다면 후계자의 권력을 증가시키는 것이 되기도 하기 때문이다. 결론적으로 각자의 능력과 선호도에 맞게 가족구성원 간의 조화가 이루어질 수 있도록 구성원들은 그들의 재능을 최대한 지속적으로 발휘하기를 더욱더 원할 것이다. 반면 가족구성원 간의 관계가 악화되면, 실질적인 부조화가 이루어지거나 개성의 차이로 단합을 이루기 어려워진다. 가족구성원 간의 관계악화의 원인이 무엇이든지간에 이는 기업에 중요한 영향을 끼치며 이로 인해 가족 구성원들 전체의 몫이 줄어들수도 있다. 즉 가족구성원 간의 관계는 가족기업의 영속성에 중요한 영향을 끼치며 승계계획의 중요한 요소 중 하나이다.

♟♟ 오너(owner)의 의도

이사회, 소유권, 경영권 등을 통제하고 있는 현재의 경영자는 승계계획에 대한 완급을 조절하는 데 절대적인 영향력을 끼칠 수 있으며, 나아가 승계의 가장 큰 장애요인이 될 수 있다. 사업체를 물려주려는 현 최고경영자의 의지가 승계전략에 큰 영향을 끼친다는 것을 이론적으로 규명한 것으로 계획행동이론이 있다. 태도란 의도를 만들고 의도는 행동을 유발한다. 따라서 현 최고경영자의 의지, 즉 현 기업을 자식이나 다른 가족구성원에게 물려주려는태도 승계에 대한 의지의도가 행동으로 나타날 때 승계는 이루어진다행동. 계획행동으로서의 승계는 승계에 대한 이러한 성향이 승계전략의 성공을 결정하는 요소로 보고 있다는 것이다. 일반적으로 승계는 가족기업의 현재의 리더의 통제하에 놓여 있다고 볼 수 있다.

가족기업 연구자들은 주로 승계전략에 있어서 현 CEO의 지원이 절대적으로 필요하다고 보고 있다. 즉 이사회, 소유권, 경영권 등을 통제하고 있는 현재의 경영자혹은 창업자는 승계계획에 대한 완급을 조절하는 데 절대적인 영향력을 끼칠 수 있으며, 나아가 승계의 가장 큰 장애요인이 될 수 있다고 보고 있다. 크리스텐스은Christensen '은퇴계획을 수립할 때 무엇보다도 가장 큰 장애물은 최고경영자 바로 자신이다'라고 주장하고 있다. 그 이유는 현직자의 라이프스타일, 정신적·심리적 이유 때문인데 이것이 바로 승계계획에 장애요인이 되기도 한다. 보통 현재의 CEO들은 기업에서 일하는 것 자체가 바로 자신의 삶 자체이며 기업 이외의 일은 생각할 시간도 없으므로 현재의 일을 떠나 다른 일을 한다는 것은 생각해 보지도 않았다. 또한 오너들은 승계 후 그들의 삶의 여러 가지 변화에 두려움을 느끼므로 승계과정에 주도권을 쥐려고 한다. 승계를 실행에 옮길 경우에도 일 그 자체보다는 현재의 CEO가 어떻게 가르쳐주고 어떻게 배울 것인가가 필요하다. 즉 다른 사람의 실수로부터 배운 것을 타산지석으로 삼을 필요가 있다. 사업체를 물려주려는 현 CEO의 의지가 승계전략에 큰 영향을 끼친다는 것을 이론적으로 규명한 것으로 계획행동을 들 수 있다. 크루거Krueger와 카스러드Carsrud의 연구에 의하면 미래 행동의 근간은 이에 관여하는 개개인의 의도에 따라 결정되며 이 의도는 개개인의 태도를 만들고 의도는 다시 행동을 유발한다는 것이다. 이상의 의견을 종합해 보면 일반적으로 승계는 현 CEO의 의지와 통제 하에 놓여 있다고 볼 수 있다.

기업의 영속성을 유지하기 위한

Check
List

• 후계자의 가치관과 능력을 개발할 프로그램은 있는가?	( )
• 부모(창업자)를 위한 은퇴 후의 재정적 안정성은 준비되어 있는가?	( )
• 가족 사명서는 마무리 되었는가?	( )
• 소유자의 상속계획은 마무리 되었는가?	( )
• 기업의 전략적 계획은 마무리 되었는가?	( )
• 후계자는 선발되어졌는가?	( )
• 후계자의 개인적인 개발계획은 준비되었는가?	( )
• 다른 가족 구성원들의 경력경로는 정해졌는가?	( )
• 소유권과 통제권은 이전되었는가?	( )
• 소유주의 가족 팀은 구축되었는가?	( )
• 가족 구성원들의 참여정책의 기준은 성문화하였는가?	( )
• 비가족 경영자들의 유지여부는 결정되었는가?	( )
• 사외이사는 임명되었는가?	( )
• 은퇴를 위한 준비는 하고 있는가?	( )
• 우발계획에 대한 준비는 하고 있는가?	( )
• 새로운 경영팀은 개발되어 있는가?	( )

자료: 크레이그 아라노프, 존 워드 지음(남영호 역) "가족기업의 승계전략", 명경사, 2000, pp.16.

승계전략과 핵심인재 육성

06

경영승계의 3단계 과정과
성공적인 승계조건

제너럴일렉트릭GE 전 CEO 故 잭 웰치 회장은 심장수술 뒤 승계 프로세스 진행을 지시한 사건으로 유명하다. 승계계획 중 가장 중요한 대상은 CEO 승계계획이다. 1995년 잭 웰치 회장은 심장수술을 받은 후 긴급 이사회를 소집하여 CEO 승계 프로세스를 지시했다. GE는 각 사업부문에서 탁월한 성과를 거둔 젊은 내부인사를 대상으로 잭 웰치와 10~15세 정도의 연령차이가 나는 24명의 초기 후보군을 도출했다. 5명으로 구성된 GE 이사회가 3년 동안 매년 6월에 24명의 승계 후보군 및 프로세스의 진행에 대해 직접 검토하고 리뷰를 실시했다. 3년 후 CEO와 이사회는 후보군을 8명으로 압축하고 탈락자는 각 후보의 '백업멤버' 역할을 하게 된다. 실적에 바탕을 둔 투명한 선정과정을 통해 조직 내외부에서 최종 후보군에 대한 자연스러운 합의를 이끌어낸다. 5년 후 CEO와 이사회는 3명의 최종 후보군을 발표한다. 이후 여러 번의 회의를 통해서 '기대 이상의 경력', '자기 업무영역의 확장 정도', 'GE 가치와의 적합도' 등 세 가지 관점에서 구성원 전원이 모두 인정하는 최종 후보자를 선출하게 된다. 선출 확정 직후 전임 CEO는 신임 CEO를 직접 초대해서 소식을 알리고, 탈락한 두 명도 직접 방문해서 알린다. 전 CEO인 제프리 이멜트가 선임되기까지 6년 5개월의 프로세스를 거쳤다. 신임 CEO가 선출된 지 3주 후, 이사회는 매년 그러하듯이 '비상시 CEO 승계자' 후보군을 선정했다. GE 승계계획의 큰 특징은 '장기적 관점에서 젊은 인재를 미리 선발해 내부육성을 원칙'으로 한다는 점이다. 승계과정은 철저한 실적을 바탕으로 경쟁을 유도하고 이러한 과정이 이사회를 중심으로 운영되기 때문에 투명성이 확보된다는 점을 들 수 있다.

'경영승계제도succession planning program'란 조직의 핵심 직책에 있어서 리더십의 연속성을 유지하기 위해 후임자를 사전에 선정하고 나아가 필요한 자질을 육성하는 체계적인 활동을 의미한다. 체계적이고 의도적인 육성 활동이 동반된다는 점에서, 단순히 후임자를 지명해 놓았다가 유사시에 전임자를 대신하여 직책을 맡게 하는 대체계획re-placement plan과는 차별화되는 개념이다. 경영승계가 중요한 이유는 충분한 사전 대비가 없을 경우에 리더십의 공백으로 인한 위기를 맞을 수 있기 때문이다. 나아가 승계가 체계적이고 효과적으로 진행되지 않는 경우 그로 인해 발생하는 여러 가지 문제 또한 적지 않다. 경영승계가 잘 이루어지면 조직의 영속성을 확보할 수 있고 나아가서 조직의 가치를 한 단계 더 업그레이드시킬 수 있는 토대가 마련되기 때문에 중요하다고 할 수 있다.

경영승계의 개념에 관하여 외국의 문헌상에서 Managerial Succession, Leadership Succession, Administrative Succession, Corporate Succession, Executive Succession, CEO Succession 등 엄밀하게 볼 때 그 의미가 약간씩 다르다고 볼 수밖에 없는 여러 가지 명칭이 혼용되어 사용되고 있다. 또한 '기업의 승계'라는 용어를 사용하며, 이는 기업의 창업주로부터 다음 세대로 소유권재산권 및 경영권이 위양되어 가는 과정을 의미한다고 하였고, 기업승계는 기업의 소유권과 경영권을 다음 세대로 넘기는 것을 의미하는데 그 권한을 누구에게 승계시키느냐 하는 일이 관심의 초점이 된다고 하였다.

♟️ 경영승계의 3단계 과정

경영승계의 과정에는 일반적으로 승계 필요성의 인식단계, 후임자 선발 단계, 신임 CEO의 취임 단계의 절차로 경영 승계가 이루어진다.

1단계 : 승계 필요성 인식 단계

일반적으로 현 CEO가 은퇴할 연령에 가까워지거나 퇴임할 상황이 되면 승계의 필요성을 느끼게 된다. 하지만 경영승계의 중요성을 인식하고 미래의 불확실성에 대비하기 위해서는 지속적으로 관심을 가지고 다음 승계단계로 진행해 나가는 노력을 펼쳐야 한다. 1단계에서의 심리적 요인으로는, 다음과 같은 것들이 있다.

○ 은퇴에 대한 부정

은퇴 또는 퇴임은 큰 권한을 행사하는 데 익숙해 있던 임원들에게는 일종의 사형선고와 같다. 따라서 CEO 본인은 은퇴에 대한 생각 자체를 싫어하고 중역들은 물론 이사회 멤버들도 이 문제를 회피하려는 경향을 보인다. 특히 이런 모습은 창업자에게서 흔히 나타난다. 회사가 자신이 이룬 성공의 상징이요, 자신의 분신으로 여겨지기 때문이다.

어느 S 기업의 사례를 보자. 이 기업을 창업한 CEO는 나이가 들어감에 따라 가벼운 심장 발작 증세가 있었음에도 그의 열정이 아직은 남아있기에 회사 내에서 어느 누구도 후임 문제를 논의할 엄두를 내지 못하고 있었다. 게다가 친분이 있는 인물들로 구성된 이사회도 그 문제를 다루기를 꺼려 하고 있는 형편이었다. 마침내 심각한 심장 발작이 일어났고 마땅한 후임자를 찾기가 어려웠던 회사는 결국 헐값에 타사에 매각되고 말았다.

○ 자신의 업적에 대한 집착

자신이 이루어놓은 업적을 유지하고 싶은 현 CEO의 욕망도 승계에 대한 거부감으로 작용하게 된다. CEO들은 자신의 재임기간에 신축한 빌딩이나 공장, 또는 무형의 경영철학과 방침 등에 자부심을 갖는 것이 일반적이다. 이런 업적을 후임자가 무시하거나 때로는 바꿔 버릴지도 모른다는 두려움이 작용하면 자신의 닮은 꼴 CEO를 후임으로 추천하게 된다. 그 결과는 영속적인 기업으로 발전해 가는 데 걸림돌이 될 가능성이 크다.

◯ 권력의 상실

최고 의사결정권자로서의 권한이나 회사에 대한 영향력이 줄어드는 것도 CEO들이 받아들이기 힘든 일 중 하나이다. 최악의 경우 일부 CEO들은 은밀하게 후임자가 실패하게 만들기도 한다. 소비재를 생산하는 한 회사의 CEO는 부사장 중에서 후임자를 선정하여 최고 운영책임자Chief Operating Officer로 임명을 하는 등 승계작업을 시작하는 데까지는 성공적인 모습을 보여주었다. 하지만 후임자가 점점 주목을 받기 시작하고 자신의 입지가 줄어들자 회복 가능성이 없는 사업을 맡겼고 때마침 불황까지 겹치자 이사회의 결정에 의해 후계자 후보는 물러나고 말았다. 이 사례는 많은 경우 현 CEO에 대한 이사회나 주주의 우려를 단적으로 보여주는 예라고 할 수 있다. 그러나 이런 위험성을 과대평가해서 CEO를 불신하게 된다면 더 큰 문제를 야기하게 된다는 점을 간과해서는 안 된다.

2단계 : 후임자 선발 단계

후임자를 결정해야 되는 단계에서 가장 먼저 결정해야 할 이슈는 '내부에서 선임할 것인가, 외부에서 영입할 것인가'의 문제이다. 미래 기업이 당면하게 될 이슈가 무엇인가에 따라 결정을 해야 한다. 예를 들어 재무적인 안정성이냐 마케팅의 강화냐에 따라 그에 걸맞는 요건을 정하고 그에 따라 후임자를 내부에서 찾아본 뒤 만약 내부에 없다면 외부에서 영입하면 되는 것이다. 그러나 내부 발탁이냐 외부

영입이냐에 대한 결정은 실제로는 내부의 이해관계에 의해 크게 영향을 받게 되는 것이 현실이다. 2단계의 심리적 요인으로는 다음과 같은 것들이 있다.

◯ 반발에 대한 두려움

일반적으로 같은 조직에 소속되어 있는 리더와 추종자를 포함한 구성원들 사이에는 서로 비슷한 사람들이라는 일체감이 형성되어 있다. 그리고 이런 느낌은 소속감과 통일성을 강화시켜 주는 긍정적 역할도 한다. 그런데 한 명의 후계자가 그중에서 선정되면 리더의 총애를 질시하는 마음과 자신이 선발되지 못한 것에 대한 실망과 분노가 나타나게 된다. 흔히 CEO들은 이런 문제를 회피하고 자신은 모든 사람을 똑같이 대우하고 있다는 환상을 갖게 만들고 싶은 유혹을 느끼게 된다.

어느 H 업체의 CEO는 중역들 중 후계자감이 될만한 특출한 인물이 있었음에도 불구하고 후계자로 지목하지도, 훌륭한 성취와 업적을 인정해 주지도 않았다. 그 결과 최고의 인재들 몇몇이 회사를 떠났지만, 그는 여전히 모든 사람을 동등하게 대우하고 있다고만 생각하고 있었다. 나아가 편애한다는 오해를 피하기 위해 결국 그는 외부에서 인재를 영입하기로 마음을 정했다.

◯ 완벽한 해법에 대한 바람

"예언자는 자신의 마을을 떠나야만 존경을 받는다"는 말이 있다. 회사 내부 사람들에게 강점은 물론 약점까지 이미 잘 알려져 있는 인물들의 경우도 마찬가지라고 할 수 있다. 여기에 더해 내부인들의 질시와 미움과 같은 심리적인 요인들이 작용하면, 내부보다 외부에서 영입하려는 시도를 하게 된다. 그러나 이 경우에 기존의 훌륭한 유산과 전통이 계승되지 못하고 단절되는 등 장점 못지않게 여러 가지 문제점이 발생할 우려도 커지는 게 사실이다.

따라서 이러한 점을 잘 고려하여 후임자를 내부에서 발탁할지 외부에서 영입할지를 결정하는 역할을 이사회가 제3자적 관점에서 객관적으로 수행하는 것이 바람직하다. 이때 내부 인재의 강점을 당연시하거나 과소평가하지 않도록 주의할 필요가 있다. 성공 기업보다는 실패하는 기업에서 외부 영입 케이스가 더욱 빈번하다는 사실을 잊어서는 안 될 것이다.

3단계 : 신임 CEO의 취임 단계

일단 승계 작업이 이루어지면 전략이나 조직 구조, 보고 라인 등 많은 부분이 변화하게 된다. 따라서 이 단계에서도 여전히 새로운 CEO가 조직 장악에 실패하지 않고 더욱 단단하게 만들 수 있도록 노력을 기울여야 된다.

3단계의 심리적 요인으로는 다음과 같은 것들이 있다.

◐ 과거에 대한 집착

새로운 CEO가 당면하게 되는 가장 큰 문제는 구성원들이 과거의 관행을 최선으로 여기는 경향이 있다는 점이다. 우리의 기억은 과거에 있었던 나쁜 기억은 지워버리고 좋았던 측면만을 기억하려는 경향을 가지고 있다. 신임 CEO는 핸디캡과의 싸움을 통해 무조건으로 과거에 집착하는 경향에 대해 의문을 제기하게 만들어 새로운 변화를 이끌어내야 한다. 따라서 후계자의 성공적인 승계를 마무리 짓기 위해서는 이런 고충을 십분 이해하여 올바른 판단을 내리고 그에 따른 지원을 이사회에서 수행하는 것이 바람직할 것이다.

◯ 과도한 기대

후계자의 취임 이후 나타날 수 있는 문제 중 하나는 조직 구성원의 지나친 기대감이다. 새로운 CEO가 조직 내 많은 문제를 해결해 줄 것이라는 기대는 일견 신임 CEO에 대한 지지와 리더십의 수용이라는 측면에서 볼 때 긍정적인 부분이다. 그러나 이런 분위기가 과연 오래 지속될 수 있을지를 생각해 보면, 과장된 기대로 인한 큰 실망

Ⅰ 그림 1-4_ **경영승계의 유형**

자료: 조동성, "한국재벌연구", 매일경제신문사, 개정1판, 1991, pp.405.

승계전략과 핵심인재 육성

이 생기지 않도록 관리해 나가는 것이 필요하다. 따라서 CEO 본인이 주변의 인식을 미리 간파하고 기대 관리를 슬기롭게 하는 것이 필요하다.

대기업과 중소기업을 불문하고 한국 기업들의 승계유형은 장남위주의 차별적 승계가 우선이고, 승계가 곤란할 때는 기타 혈연중심의 승계가 일어나며, 부득이한 경우에만 전문경영인에게 승계한다 전문경영인 승계는 잘된 경우가 많지 않은데, 특히 위기상황에서 전문경영인은 힘을 별로 발휘하지 못한다. 또한 일본기업의 家문화와는 달리 한국기업은 유난히 혈통을 더 강조한다. 요컨대 한국의 경영승계에 관한 기존 연구는 가족승계, 혈족 승계, 전문경영인 승계, 또는 가족 승계와 조직적 승계 등 승계유형을 분류하거나 세대간 승계 및 승계현상을 서술하는 차원의 연구가 주종이라고 할 수 있다.

♟♟ 성공적인 경영승계를 위한 조건

첫째, 후계자 선정을 가능한 빨리 추진하라.

혈육관계이든 전문경영자가 되든 간에 후보군을 빨리 물색해 충분한 시간을 갖고 능력을 개발하고 테스트하는 것이 중요하다. 후보의 기준은 그 사람의 직급이 아닌 리더십과 위기관리 능력, 업무장악력, 판단력, 신뢰도와 같이 최고경영자에게 꼭 필요한 능력들을 보아야 한다. 이러한 평가항목을 마련한 뒤 후보군들에게 순환근무를 통한 테스트, 평가교육을 실행할 시간을 감안하면 최소 2년 내지 5년이 소요된다.

둘째, 현장의 실전 운영 능력을 중시하라.

격변하는 시대에는 리더가 예상치 못한 다양한 상황에 처할 수 있다. 또한 수많은 업무가 동시다발적으로 일어나기 때문에 특정 업무에 대한 통찰력도 중요하지만 사물 판단에 적절한 균형감각이 필요하다. 이러한 자질을 개발하기 위해서는 이론적인 학습도 중요하지만 상황에 따른 돌발요소를 관리할 수 있는 현장의 실전 경험이 중요하다.

셋째, 승계 후보자는 내부승진과 외부수혈을 두루 고려하라.

체계적인 승계 시스템을 마련해 내부경영자나 혈육 후계자를 개발하는 것은 경영의 안정성에 바람직하나 자칫 이들의 한정된 경험 때문에 현실에 안주하는 경향이 많다. 그래서 개혁적이고 혁신성이 요구되는 상황에서는 외부영입도 고려할 수 있다. 그러나 갑자기 외부에서 영입된 임원급에 대해선 문화가 다른 내부의 저항이 많을 수 있다. 외부영입의 경우에는 영입된 후보자에게 1~2년간 적응하고 검증할 수 있는 시간을 충분히 줘야 한다.

마지막으로, 원활한 기업승계를 위해서는 '누가' 다음 후계자로 선임되어야 한다는 것보다 차기 CEO를 '어떻게' 길러내야 하는가에 초점을 맞춰야 한다. 기업을 맡아서 연속성 있게 지속적으로 경영할 수 있는 기업이 많으면 많을수록 일자리 창출이 많아지고 생산 활동도 활발해질 것이다. 이는 곧 산업생산과 국가의 부의 창출과 연계되어 있다. 정부도 중소기업의 지속성장에 있어서 후계문제의 중요성을 인식해 적극적인 제도 지원방안을 마련해 줘야 할 것이다.

07

기업의 영속성과 승계성공 열쇠인
상속 · 증여세

　가업승계는 기업주가 해당 가업의 주식이나 사업용 재산을 가업
승계자에게 무상으로 이전하는 것으로 가업을 승계할 때에는 '상속
세 및 증여세법' 또는 '조세특례제한법'에 따른 상속세 및 증여세 납
세의무가 발생하게 된다. '상속세'란 사망으로 재산이 가족이나 친족
등에게 무상으로 이전되는 경우에 당해 상속재산에 대하여 부과하
는 세금이다. '증여세'란 증여자가 생전에 자기의 재산을 무상으로 이
전시키는 경우에 재산을 취득한 자에게 부과하는 세금이다. 1950년
에 제정된 상속세법의 제정 이유를 살펴보면, "소득세제에 대한 보완
세로 상속세제를 규정함으로써 세수확보와 아울러 실질적 평등의
원칙을 실현시키려는 것"이라고 밝히고 있다.

국가 재정을 확보하는 동시에 부의 대물림을 규제해 불평등을 완화시키겠다는 취지이다. 1950년 상속세법 제정 당시엔 과세 여건과 세수 부족을 이유로 최고 90%까지 상속세를 물렸다. 이후 1960년 4·19혁명으로 이승만 정부가 물러나고 경제자유화 분위기가 반영되면서 상속세율은 5~30%로 크게 인하되었다. 1968년 세율이 다시 50~70%로 높아질 때까지 헌정사상 상속세율이 가장 낮았던 시절이다. 소득세 과세여건이 개선되면서 상속세율은 1995~1996년 10~40%까지 떨어졌다. 소득세를 높이고 상속세를 낮추는 해외 추세에 발맞추던 과세 개정 흐름은 1996년 말 대기업 오너에 대한 경제력 집중이 심해진다는 사회분위기 속에 과거로 회귀하기 시작했다. 최대주주 상속세 할증 제도가 도입된 것은 1993년부터이다. 1992년 12월 개정, 다음 해 1월부터 시행된 '상속세 및 증여세법'에서 최대주주나 최대출자자, 특수관계인의 비상장사 상속지분을 평가할 때 과세 기준이 되는 평가액에 10%를 할증한다는 조항이 신설되었다. 변칙적인 증여를 통해 상속·증여세를 내지 않고 경영권을 이전하는 것을 방지하려는 취지라는 게 법조계의 해석이다. 1993년 개정안이 시행된 이후엔 과세 범위가 더 넓어졌다. 1996년 12월 상속세법 전면개정 당시 명목 최고세율이 40%에서 50%로 오르면서 상속지분의 평가액 할증범위도 비상장에서 상장주식으로 확대됐다. 할증세율은 2000년부터 최대주주 등의 지분율에 따라 차등 적용되기 시작했다. 최대주주 등의 지분이 50% 이하일 때는 20%를, 50%를 초과하면 30%를 할증하도록 했다. 중견·중소기업의 부담이 상대적으로 지나치다는 지적이 잇따르자 국회는 2003년부터 중소기업의 할증률을 절반20%→10%, 30%→15%으로 조정했다. 그러나 한국의 가업상속

　　　　　　　　　　　　　　　　　　　　　승계전략과 핵심인재 육성

공제 제도는 과거에 비해 상한1억→500억 원과 대상이 확대중소→중소·중견기
업되었으나, 여전히 사업영위 기간 10년 이상, 10년간 대표직 및 지분
유지 같은 외국보다 까다로운 사전·사후 요건으로 활용이 저조한 것
으로 나타났다. 최대 500억 원까지 공제받을 수 있는 길도 있지만 매
출 3천억 원 미만 기업에만 해당한다. 이를 초과하는 기업은 별수 없
이 최고세율 60% 그대로 부담해야 한다. 해외와 비교해 보면 경제협
력개발기구OECD 국가 중 직계비속에게 적용되는 상속세 명목 최고세
율은 우리나라50%가 일본55% 다음으로 두 번째로 높다. OECD 35개
국 중 30개국은 직계비속 기업승계 시 상속세 부담이 없거나17개국, 세
율 인하 혹은 큰 폭의 공제혜택을 제공13개국하고 있다. 또 독일, 벨기
에, 프랑스 같은 국가는 가족에게 기업승계 시 세율 인하뿐만 아니라
큰 폭의 공제혜택까지 제공하고 있다. 독일의 경우, 직계비속에게 기
업승계 시 상속세 명목 최고세율이 기존 50%에서 30%로 인하되며,
큰 폭의 공제혜택까지 적용되면 실제 부담하는 최고세율은 4.5%로
낮아진다.

🏆 표 1-2_**과세표준 및 상속·증여세 세율**

과세표준	상속·증여세 세율	누진공제액
1억 원 이하	10%	–
1억 원 초과 5억 원 이하	20%	1천만 원
1억 원 초과 5억 원 이하	30%	6천만 원
1억 원 초과 5억 원 이하	40%	1억 6천만 원
30억 원 초과	50%	4억 6천만 원

삼성그룹 故 이건희 회장 유족이 정부에 납부해야 하는 상속세가
11~13조 원 안팎인 것으로 파악되고 있다. 이는 규모가 역대 최대이

며, 국가의 상속·증여세 1년 세입예산보다 많은 수준이다. 하지만 삼성이 영국에 있다면 3분의 1 수준인 3조 6천억 원 가량만 영국 정부에 납부하면 되고, 스페인과 아일랜드에서는 기업상속공제가 적용돼 각각 3천억 원, 6천억 원대 상속세만 내는 것으로 알려져 있다. 영국의 명목 상속세율은 40%지만 직계비속이 기업을 승계하면 기업규모에 따라 50~100% 상속공제를 해줘 상속세율이 절반 이하로 떨어진다. 이에 비해 한국에서는 상속세 최고 세율50%에 대주주 할증20%이 붙어 60%의 세율로 11~13조 원에 육박하는 세금을 내야 하는 상황이다.

'경제협력개발기구OECD' 통계에 따르면 한국의 최고 상속세율50%은 OECD 회원국 중 벨기에80%, 프랑스60%, 일본55%에 이어 4위이다. 상속세를 부과하는 OECD 22개국의 최고 상속세율 평균치35.8%보다 14.2% 높다. 국가경제의 뿌리와 줄기가 되는 기업이 '상속'이라는 법형식적 절차로 인한 상속세 부담 때문에 축소되거나 해체되어서는 안 될 것이다. 주요 외국에서는 상속세의 과세실적과 효과에 대한 의문을 가지면서 상속세를 폐지하고 자본이득세로 대체하고 있으나, 한국은 OECD 국가 중 상속세 최고세율 2위, GDP 대비 상속증여세수 비중 3위 등 상속세가 강화되고 있어 국제적 흐름에 반反하고 있다. 기업승계가 기업의 계속성, 더 나아가 국가 경제의 지속성에 미치는 영향을 고려할 때, 관련 상속세제는 개편될 필요가 있다.

♟ 해외 상속세 현황

한국경제연구원에 따르면 경제협력개발기구OECD 34개국 가운데 상속세가 없는 나라는 3분의 1이 넘는 12개 국가에 달한다. 캐나다가 1971년, 호주는 1979년, 뉴질랜드는 1992년, 포르투갈·슬로바키아 등은 2004년, 스웨덴은 2005년, 노르웨이·체코 등은 2014년 상속세 제도를 폐지했다. 상속세를 유지하는 나라에서도 명목세율 기준으로 스위스 42%, 영국 40%, 미국 40%, 네덜란드 40%, 스페인 34%, 터키 10%, 이탈리아 8% 등에 그친다. 명목세율이 높은 나라에서도 아들이나 딸에게 기업을 승계할 경우엔 공제율을 적용해 상속세 부담을 크게 낮춰준다. 상속세 명목 최고세율은 일본 55%, 한국 50%, 독일 50%, 미국 40%인데 상속세 전체 평균 실효세율은 한국이 28.09%로 일본12.95%, 독일21.58%, 미국23.86%보다 매우 높은 편이다. 아래에서 해외 국가별 상속세 현황을 다시 살펴보겠다.

♟ 표 1-3_OECD 주요국 상속인별 최고 상속세율(단위: %)

국가	배우자	자녀 및 부모	제삼자
한국	50	50	50
일본	55	55	55
미국	40	40	40
영국	비과세	40	40
프랑스	비과세	45	60
독일	30	30	50
이탈리아	4	4	8

* 한국은 최대주주 경영권 프리미엄 할증 적용 시 최대 65%(출처: 국회입법조사처)

독일

독일 기업들은 가업승계 이후 5년간 사업을 영위하고 이때 지급한 임금합계가 상속 당시 임금지급액의 400% 이상이면 상속세가 85% 경감된다. 7년간 사업을 영위하고 지급한 임금 합계가 상속 당시 임금지급액의 700% 이상이면 상속세가 100% 면제된다. 또 피상속인의 지분율이 가족의 지분과 합산해 25% 이상일 경우 기업의 사업용 자산이나 주식 지분에 대해 다른 단서 조항 없이 세제혜택을 준다. 임금지급 요건을 충족하지 못하면 경감 세액 중 미달 부분만큼만 추징해 부담이 덜하다는 평가이다.

캐나다

캐나다의 경우 1972년에 연방의 상속증여세가 폐지되었고, 지방의 재산이전세Wealth Transfer Taxes는 1970년대와 1980년대에 폐지현재는 자본이득세로 전환하여 부과하였다. 캐나다 대부분의 주에서는 상속세 제도가 활발한 경제활동을 저해하고 일자리 창출을 억제하며 다른 주로의 인력이동을 가속화하는 등 여러가지 문제를 야기할 것으로 우려하여 폐지의 수순을 밟았다. 현재 캐나다에서는 상속세와 증여세를 과세하지 않으며, 상속재산 또는 증여재산에 대하여 자본이득이 발생한 부분에 한하여 자본이득세로 전환하여 부과하고 있다. 앞서 말한 것처럼 캐나다의 세제에서는 재산의 무상이전에 대하여 생전증여와 사망 시의 유산상속 여부를 불문하고 증여세 또는 상속세를 과세하는 제도를 완전히 폐지했다. 그 대신 상속·증여세에 의해 재산이 무상이전하는 때에 증여자는 수증자에게, 피상속인은 사망 바로 직전에 상속인이나 수유자에게 대상 자산을 유상양도한 것으로 갈주하여 대상이 자본자산이면 자본이득을 산정, 이를 소득세의 과세소득에 합산·과세하는 방법으로 과세한다. 즉 상속·증여세를 자본이득세로 대체한 것이다.

스웨덴

스웨덴은 1884년 상속세, 1915년에 증여세를 도입했는데 이들 모두 2005년에 폐지하고 자본소득세로 대체하였다. 스웨덴의 상속세는 실제 많은 자산이 기업에 매몰되어 있는 가족기업에 매우 심각한 부담으로 작용하였다. 2005년 상속세의 폐지는 조세회피 유인을 크게 감소시켜 가족기업에 대한 투자가 용이해지고 기업의 경쟁력 향상에 도움이 되었다고 평가받고 있다. 상속세 폐지 이후 가계의 순저축률이 증가하여 스웨덴 경제성장에도 기여한 것으로 평가된다.

미국

미국에서는 생존 시 혹은 사후에 개인의 자산을 타인에게 무상으로 이전할 때 부과하는 상속세와 증여세를 포괄하는 개념으로 이전세transfer tax라는 용어를 사용하고 있다. 상속세는 연방정부 차원의 유산세estate tax, 세대생략세generation-skipping transfer tax 및 주정부 차원의 상속세inheritance tax로 구분된다. 이 중 유산세는 부모가 연방정부에, 상속세는 상속인인 자녀가 주정부에 납부한다. 한편 증여세는 연방세로 분류되지만 일부 주에서도 부과하고 있는 것으로 나타난다. 미국의 경우 세수 확보를 통한 재정위기 타개를 위해 상속세 폐지를 번복하였으나 상대적으로 낮은 상속세율을 적용하며 세제완화 기조 유지하고 있다. 100여 년간 미국은 전쟁비용 충당 등의 일시적인 세수확보를 목적으로 상속·증여세의 도입과 폐지를 반복해 왔으며, 미국은 2010년까지 연방 상속세를 단계적으로 폐지하고자 하였으나 재정적자로 인하여 상속세가 2011년부터 다시 부활하는 방향으로 정책이 변경되었다. 그러나 기존의 역사적 상속·증여세제 변천 과정에서 드러나듯이 상속세를 통한 일시적 세수확보 목적달성 후 이에 대한 폐지가 재논의될 가능성이 크다.

국내외 상속·증여세 사례

한국에서는 미국과 유럽 사례처럼 재단을 활용한 경영권 승계가 힘들다. 각종 혜택이 적기 때문이다. 미국에서는 기업주식을 공익재단에 출연하면 지분율 20%까지 상속·증여세를 면제해 준다. 한국

표 1-4_상속세 관련 제계 요구사항

구분	현황	요구사항
상속세율	실질 상속세율 최대 60% (명목 최고세율 50%)	점차 완화하고 궁극적으로 폐기 (자본이득세로 전환)
기업상속공제제도	조건 까다로워 적용 건수 연평균 60여 건 불과	중소·중견기업 적용받도록 요건 대폭 완화
경영권 보호장치 미비	상속세 낸 이후 경영권 보호장치 미비	차등의결권 보장

에서는 면제 범위가 5% 미만이다. 5% 이상일 때는 기업승계 상속세 최고 세율로 60%의 세금을 낸다. 공익재단의 의결권 제한 비율도 30%에서 15%로 강화된다.

발렌베리그룹

스웨덴 국내총생산GDP의 30%를 차지하고 있는 스웨덴 최대 기업집단으로, 창업자인 안드레 오스카 발렌베리 이후 5대에 걸쳐 경영권을 이어가고 있는 대표적인 가족기업이다. 165년간 5대에 걸친 가족승계에도 불구하고 국민들로부터 지속적으로 존경받는 가족경영 기업의 표본이다. 스웨덴의 대표 은행인 스톡홀름엔스킬다은행SEB : Stockholm Enskilda Bank, 현재 스칸디나비스카엔실다 은행을 비롯해 통신장비에릭슨, 전자일렉트로룩스, 방위산업사브 등 스웨덴을 대표하는 기업 19곳을 포함해 100여 개 기업의 지분을 소유하고 있다. 1856년 앙드레 오스카 발렌베리가 스웨덴 최초의 민간은행 스톡홀름엔스킬다은행SEB을 설립하면서 시작되어 2대째인 크누트 발렌베리가 건설·기계 등으로 사업을 확장하였다. 3대째인 크누트의 조카 야코프와 마쿠스가 전자업체 에릭슨을 사들여 오늘날의 그룹 체제를 갖췄다. 현재는 5대째인 마르쿠스 발렌베리 회장이 그룹을 이끌고 있다. 발렌베리 가문은 과거 나치에 적극적으로 협력했다는 사실이 알려지며 한때 경영권의 위기를 맞기도 했으나 이후 다양한 사회공헌 활동을 보이며 국민적 기업으로 거듭났다. 발렌베리 기업은 매년 그룹 이익금의 85%를 법인세로 납부하는 등 사회에 환원하고 있으며 발렌베리 재단의 수익금 역시 전액 학술지원 등 공익적 목적에 활용하고 있다.

LG 구광모 회장

구광모 LG그룹 회장과 특수관계인이 상속 재산의 60%인 9천200억 원의 사상 최대 상속세를 냈다. 故 구본무 LG 회장으로부터 상속받을 재산에 20%의 할증을 더한 뒤 최대 상속세율인 50%를 적용한 것이다. 구 회장은 LG 지분 8.8%1천512만2천169주를 물려받으면서 지분평가액인 1조 1천890억 원에 20%를 가산한 1조 4천268억 원을 기준으로 50%의 상속세를 냈다. 일반주주가 구 회장과 같은 규모의 지분을 상속받는다고 가정할 때 내야 할 상속세5천945억 원보다 1천200억 원을 더 낸다. 상속세법상 최대주주의 상속지분을 평가할 때 10~30%를 할증해 평가하고 이를 기준으로 과세하기 때문이다. 구 회장이 최대주주이기 때문에 물어야 하는 이름값 세금이 1천200억 원인 셈이다.

태광그룹

태광실업의 기업가치는 당시 5조 원 안팎으로 거론되었다. 박 회장의 지분 55.39%에 대한 기업가치만 단순 계산하면 2조 7천억 원 수준이다. 국내법상 30억 원 이상 상속·증여 시 세율은 50%이다. 이를 적용하면 상속세만 1조 원이 훌쩍 넘는다. 2세 경영 구축은 박주환 회장의 상속세 납부가 처리된 후에야 완성된다. 일각에서는 주식을 담보로 수년간 세금을 나눠서 납부하는 연부연납이 이뤄질 것으로 관측된다. 그러나 현물납부의 경우 이마저도 사실상 불가능하다. 태광실업 외에 故 박연차 회장이 보유하고 있던 해외 계열사 지분 등을 포함하면 세금 규모는 훨씬 커질 수 있다.

구분		내용
1순위	직계비속과 배우자	항상 상속인이 됨
2순위	직계존속과 배우자	직계존속은 직계비속이 없는 경우에만 상속인이 됨
3순위	형제자매	1, 2 순위가 없는 경우에만 상속인이 됨
4순위	4촌 이내의 방계혈족	1, 2, 3 순위가 없는 경우에만 상속인이 됨

글로벌 콘돔 1위 '유니더스'

유니더스는 상속세를 내지 못해 경영권이 바뀐 대표적 사례로 꼽힌다. 2017년 11월 김성훈 전 유니더스 대표는 당시 보유 중이던 유니더스 지분 34.88%를 바이오제네틱스투자조합에 매각한다고 공시했다. 유니더스는 김성훈 전 대표의 부친 故 김덕성 유니더스 회장이 1973년 설립한 회사로 한때 글로벌 콘돔 생산 1위 자리에 올랐다. 김덕성 회장이 2015년 별세한 후 유니더스 지분은 김성훈 전 대표가 물려받았다. 김 전 대표가 납부해야 할 상속세는 50억 원 수준으로 알려졌다. 당초 김 전 대표는 10년 동안 매년 약 5억 원씩 연납할 계획이었다. 그러나 유니더스의 경영이 악화돼 매년 적자를 기록했고, 김 전 대표는 배당금은커녕 회사 대표이사로서 받는 월급도 매년 줄어들었다. 상속세를 내지 못한 김 전 대표는 유니더스 지분을 '상속세' 때문에 매각해야만 했다.

손톱깎이 '쓰리세븐'

손톱깎이 제조업체 쓰리세븐은 한때 글로벌 점유율 1위를 차지했던 회사이다. 故 김형규 쓰리세븐 창업주가 2008년 별세하면서 유족들은 '150억 원의 상속세'를 내야 했지만 현금을 마련하지 못해 쓰리세븐 지분 전량을 현 JW홀딩스에 매각했다. JW홀딩스는 쓰리세븐 손톱깎이 사업부를 물적 분할해 분할법인 쓰리세븐과 존속법인 크레아젠홀딩스 현 JW신약으로 나눈 후 티에이치홀딩스에 쓰리세븐을 매각했다. 티에이치홀딩스의 대표는 김형규 창업주의 사위이자 2004~2008년 쓰리세븐 대표를 역임했던 김상묵 대표이다. 김상묵 대표는 현재 쓰리세븐 대표도 겸임하면서 손톱깎이 사업부에 대한 경영권은 되찾은 셈이다. 그러나 상속세로 인해 회사를 온전히 승계받지는 못했다.

국내 종자업계 1위 '농우바이오'

농협이 국내 종자업계 1위인 농우바이오를 품에 안았다. 농협중앙회는 농우바이오 최대주주 측과 지분 52.82%에 대한 인수도 양해각서MOU를 체결하면서 토종기업 농우바이오는 농협의 든든한 토대 위에서 새롭게 출발하게 됐다. 그런데 인수과정을 살펴보면 농우바이오 설립자인 故 고희선 명예회장의 별세 이후 경영권 매각을 추진했다. 유족들이 '1천300억 원에 달하는 상속세'를 감당하기 어려워 지분 매각에 나서면서 종자업계는 물론 재계 안팎의 관심이 집중되었다. 현금이 없었던 탓에 상속받은 주식을 매각해 상속세를 마련해야 했다. 결국 특수관계자는 2014년 9월 농우바이오 지분 52.82%를 농협경제지주에 2천834억 원을 받고 매각했다. 유족 측은 국내 종자시장을 지키기 위해서는 농협이 경영권을 맡는 게 바람직하다고 판단해 인수 제안에 나섰다. 농협도 세계적으로 종자산업의 중요성이 날로 커지는 상황에서 국내 1위 기업인 농우바이오마저 수익을 우선한 재무적 투자자들에 의해 외국계로 넘어갈 경우 종자주권을 완전히 상실하여 농민들이 큰 피해를 받을 것이라 우려해 적극 호응하고 나섰던 것이다.

○ '꼼수'라도 동원해야 되나… 경영권 좌우하는 상속세

최근 경영권 승계를 마쳤거나 진행 중인 기업을 중심으로 상속세 재원 마련에 세간의 관심이 집중되고 있다. 일정 규모 이상의 기업을 물려받기 위해서는 상속세 납부는 반드시 넘어야 할 산이다. 수조 원에 달하는 시가총액을 자랑하는 기업의 지분을 물려받기 위해서는 대부분 50%의 상속세율을 적용받는다. 보유 지분율에 따라 차이는 있지만 대기업 총수의 지분 상속을 위해서는 보통 수천억 원의 상속세를 내야 한다. 준비를 철저히 했던 삼성그룹조차도 상속세가 13조 원에 육박하는 사례도 나오고 있다. 기업 규모가 상대적으로 작은 기업이라도 예외는 아니다. 시장에서 견고한 입지를 다진 일부 기업 중에서 경영권 승계 과정에서 '상속세 부담' 때문에 경영권과 지분을 매각하는 경우도 발생했다.

Chapter 02

오너경영의 힘 발휘하는
명문 가족기업

글로벌 금융위기가 한창이던 2009년 뱅크오브아메리카BoA 켄 루이스Ken Lewis CEO의 사무실 한쪽 벽면 화이트보드에는 "내가 여기서 일할 날이 얼마 남지 않았다Lewis's days numbered"라는 문구가 적혀 있다. 금융위기 여파로 임기만료 전 조기 사임을 결심한 루이스가 이사회는 하루빨리 후임자를 찾아 임명해야 한다는 점을 자신의 사무실 방문객에게 알려 이사회를 압박하려 쓴 글이다. 그러나 이사회는 임기를 채울 것을 설득하는 데만 집중했을 뿐 그를 승계할 후보자를 발굴하는 데 소극적이었다. 결국 루이스가 조기 사임하자, 10개월간 CEO 공백상태가 초래되었다. 주가는 곤두박질쳤고 BoA는 투자자와 고객으로부터 신뢰를 잃었을 뿐더러 내부적으로도 큰 혼란에 빠졌다. 이사회는 10개월 후 브라이언 모이니헌Brian Moynihan을 신임 CEO로 임명했다. 하지만 혼란 속에 임명된 새 CEO의 자질, 능력, 적합성에 대한 의문이 기업 안팎에서 꾸준히 나왔다. 상황이 이렇다 보니 새로운 리더십이 들어서도 내홍이 이어진 것은 물론이다. 후일 이사태를 검토한 전문가들이 공통적으로 지적한 문제는 "공식적이고 상시적인 승계계획"의 부재였다.

"가족경영 기업들, 아직 경쟁력 있다." 영국 〈파이낸셜타임즈FT〉는 한국의 삼성, LG 등을 비롯한 아시아 내 가족경영 기업들이 예상과 달리 세계시장에서 성장하고 있다고 보도했다. 어려울 땐 오너owner경영이 힘을 발휘하므로 "경영환경이 어려운 위기 때는 오너경영이 낫다." 미국 시사주간지 뉴스위크는 최근 특별판을 통해 대내외 여건이 어려운 시기에는 오너가 경영하는 기업이 성과가 더 좋다는 분석을 내놓았다. 이 주간지는 성공적인 오너기업 세 곳으로 삼성, 월마트,

BMW를 꼽았으며 하버드 비즈니스 리뷰 등의 논문을 인용하면서 오너경영의 장점을 소개했다. 하버드대 경영대학 교수 벨렌 빌라롱은 미국과 유럽 기업 4천여 곳의 성과를 비교한 결과, 오너경영 기업들이 장기적이고 전략적인 접근을 한다고 소개했다. 빌라롱가 교수는 2006년부터 2009년까지 오너경영 기업들은 그렇지 않은 기업보다 매출 신장세가 2%가량 높았고 시장 가치도 경쟁사 대비 6%가량 높았다고 밝혔다. 유럽의 오너경영 기업들을 조사했더니 유동자산비율이 높고 부채비율이 낮아 위기상황을 잘 극복한 점을 발견했다. 빌라롱가 교수는 오너경영 기업들이 10년 이상 시장 평균을 넘어서는 경영성과를 올렸다고 말했다.

　미국 컨설팅업체 언스트앤드영은 최근 보고서를 통해 오너가 있는 기업은 상대적으로 현금이 풍부하고 주주들과 협의를 거칠 필요가 없어 빠른 의사결정을 내릴 수 있다고 소개했다. 실제로 2008년 유럽이 금융위기를 겪고 있을 때 오스트리아 시공업체 보이스토프-메탈은 새롭게 6개국에 진출했다. 유럽 건설경기가 침체됐을 때 오히려 공격적으로 치고 나간 것이다. 뉴스위크는 컨설팅업체 맥킨지의 조사를 인용해 오너경영 기업이 더 보수적으로 접근한다고 분석했다. 2008년 금융위기 때 미국과 서유럽의 평균적인 오너경영 기업의 부채비율은 25%였던 반면 전문경영인이 경영하는 기업은 40%에 달했다. 빌라롱가 교수는 "이 같은 낮은 부채비율과 더 많은 현금 보유액이 위기를 겪을 때 큰 도움이 된다"고 말했다. 과거 오너경영에 대한 부정적 이미지가 남아 있지만 최근에는 새로운 모델의 오너경영이 등장했다.

뉴스위크는 대표적인 예로 독일 BMW의 크반트 가문, 미국 월마트의 월턴 가문, 삼성의 이건희 회장 가문을 들었다. 오늘날 성공한 기업들은 무능한 자녀가 중역의 자리를 차지하도록 허용하지 않는다고 소개했다. 소유와 경영을 분리해 전문경영인에게 실제적인 경영을 맡기고 있다는 것이다. 또한 오너경영은 변화가 많은 격동의 시기에 고객 및 공급자와 장기적인 관계를 맺고, 회사 핵심 인력의 이직률을 낮추고 기업 내부지식을 보호한다고 언스트앤드영 보고서는 밝혔다.

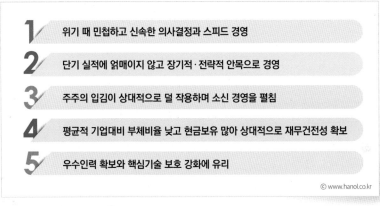

1 위기 때 민첩하고 신속한 의사결정과 스피드 경영

2 단기 실적에 얽매이지 않고 장기적·전략적 안목으로 경영

3 주주의 입김이 상대적으로 덜 작용하며 소신 경영을 펼침

4 평균적 기업대비 부채비율 낮고 현금보유 많아 상대적으로 재무건전성 확보

5 우수인력 확보와 핵심기술 보호 강화에 유리

© www.hanol.co.kr

Ⅰ 그림 2-1_ 뉴스위크 제시 오너경영 장점

가족경영은 책임 소재가 명확하다는 것도 장점으로 꼽힌다. 무책임한 자산운용이 금융위기를 초래한 반면 타인 자본을 적게 사용하는 오너경영 기업은 위험에 덜 노출됐다. 뉴스위크는 오너경영 기업들의 문제점도 지적했다. 오너기업 전부가 전문적인 외부 경영진을 받아들이지는 않는 만큼 설립자가 세상을 떠났을 때 문제에 직면한다는 것이다. 두바이의 투자자문사인 부즈 관계자는 "중동지역의 오너경영 기업은 위기 상황에서 더 잘 해냈지만 소유와 경영을 분리하

는 문제에 직면하게 마련이다. 아랍지역에서는 오너경영 기업이 많아 설립자의 사망과 세습에 관한 문제에 관심이 높아지고 있다"고 밝혔다.

'100년에 한 번' 쯤이라는 글로벌 경제위기가 이어지면서도 오너경영으로 돌파구를 찾는 글로벌 기업들이 늘고 있다. 한 치 앞을 내다보기 어려울 정도로 경영 환경이 불투명해지자 책임감 있는 오너를 사령탑으로 내세워 불황 탈출을 꾀하는 것이다. 자동차 강국 일본에서는 스즈키에 이어 도요타가 회사를 살릴 구원투수로 창업가문 출신을 내세웠다. 불황에 강한 오너 중심의 '가업형 기업Family Business'에 대한 관심은 미국과 유럽 등에서도 높아지는 추세이다.

01

기업의 소유권과 리더십이 승계된
명문 가족기업

'가족기업家族企業, Family Business'을 정의하는 것은 가족기업을 연구하는 사람들이 직면하는 첫 번째 과제이자 목표이다. 연구자들은 가족기업의 개념정립을 명확히 하는 데 노력해 왔으나 가족기업을 일반적으로 정의하는 것에 대한 합의가 아직 부족하다. 가족이 적어도 51% 이상의 기업소유권을 가지고 최소한 2명 이상의 가족구성원이 기업경영 및 관리활동에 참여하며, 다음세대의 가족구성원에게 기업의 소유권과 리더십이 계승될 것으로 예측되는 기업을 말한다. 즉, 가족구성원이 주요 소유주가 되며, 적어도 한 사람 이상의 가족구성원이 중요한 기업경영권을 가진 기업을 '가족기업'이라고 정의할 수 있다.

가족에 의해 소유와 경영이 되는 기업으로 한국에서는 재벌과 관련해 비판의 대상이 되고 있으나 서구에서는 새로운 발견의 대상이 되고 있다. 2005년 6월 5일 〈아시안월스트리트저널〉과 영국 〈파이낸셜타임스〉는 가족기업에 대한 연구 붐이 전 세계적으로 불고 있으며, 특히 미국과 유럽에서 이 같은 현상이 두드러지고 있다고 보도했다. 전 세계 1천 대 기업 가운데 3분의 1가량이 가족기업이며, 유럽은 물론 미국에서도 많은 기업들이 가족기업으로 건재하고 있기 때문이라는 것이다. 가족기업의 장점은 오너의 확고한 주인의식, 가족 전통을 바탕으로 한 강력한 리더십, 지속가능한 성장을 위한 과감한 투자, 신속한 의사결정 등이며, 단점은 가족 내 갈등, 기업가정신 약화, 외부인력 활용 미흡, 경영권 승계문제 등이 지적되었다.

미국 하버드대학 교수인 데이비드 랜디스는 '기업왕조들: 글로벌 가족기업들의 행운과 불행Dynasties: Fortunes and Misfortunes of the World's Great Family Businesses'에서 "당신이 알고 있고, 우리 모두에게 친숙한 세계적인 기업의 상당수가 가족기업이다. 그런데도 그들을 미워할 것인가"라는 질문을 던지면서 "중소기업들만 가족기업일 것이라고 오해하지 말라"고 했다. 그는 〈포천지〉 선정 500대 기업 중 3분의 1이 가족이 지배하거나 창업자 가족이 경영에 참여하며, 유럽연합EU에서도 가족기업 비중은 60~90%에 이른다고 지적하면서 가족기업의 실적이 더 우수하므로 "경영인 기업Managerial Enterprise을 위한 제도적 여건이 미비한 개발도상국에서는 가족기업을 경제발전 수단으로 적극 장려해야 한다"고 주장했다. 랜디스는 "가족기업이 이렇게 중요한데도 왜 가족기업에 대한 이미지는 좋지 않을까?"라고 물으면서 "가족기업에 대한 편견이 19세기 말 일부 독점기업의 불공정 기업행위 때문에 사회적인 진통을 겪은 미국 역사의 산물"이라고 분석했다.

이와 같은 사례가 우리에게 특별히 와닿는 이유는 우리 사회가 가족기업 문제로 고민하고 있기 때문일 것이다. 따라서 우리에게 주는 첫 번째 교훈은 가족기업에 대한 인식이 유연해져야 한다는 것이다. 가족기업은 선善도 아니고, 그렇다고 해서 악惡도 아니다. 기업의 성과에 따라 개별적으로 평가받으면 되는 것이다.

두 번째 교훈은 경제력 집중 우려 때문에 반기업 정서를 조장하는 것은 현명치 못하다는 것이다. 21세기 지식산업 경제시대로 진입한 현대사회에서 가족기업을 유지하기란 쉬운 일이 아니다. 설사 이를 극복한다고 해도 후손들이 창업자의 뜻을 따른다는 보장도 없다. 굳이 가족기업의 독점을 견제하고자 한다면 개방을 확대하고 미래지향적인 새로운 엘리트 문화를 창조해 가는 것이 더 효과적일 것이다.

가족기업은 가족구성원들의 공통된 가족주의 가치관에 기초한 강한 기업애착과 가족 구성원들의 잠재적인 노동력과 자본력을 활용하여 새로운 변화와 요구에 효율적으로 반응할 수 있는 적절한 기업형태이다. 광의적으로 가족기업은 가족이 기업의 주요한 의사결정이나 전략적 방향을 지배하는 기업을 말한다. 협의적으로 창업자나 창업자의 후계자 또는 복수세대가 경영하는 기업이다. 이는 보통 가족이 소유권의 50% 이상을 차지하는 기업들이다. 우리나라의 경우 대부분의 중소기업은 협의의 개념을, 대기업은 광의의 개념을 적용 할 때 가족기업으로 추정된다. 현재까지 가족기업 연구자들의 연구결과를 중심으로 살펴보면 가족기업의 개념은 다양하다.

첫째, 가족기업의 소유권 및 경영에 참여하고 있는 가족구성원의 수를 근거로 가족기업을 규정한다. 배리Barry는 가족기업과 그 안에서 수행되는 활동은 단일가족 구성원에 의해 경영되고 통제된다고 정의한다. 랜스버그Lansberg, 페로Perrow, 로골스키Rogolsky는 가족기업에서는 가족구성원들이 소유권에 따라 법적 통제권을 가진다고 한다. 스턴Stern은 가족기업은 한 사람 또는 그 이상의 가족 구성원에 의해 소유되고 운영된다고 한다. 핸들러Handler는 가족구성원이 주요 주주가 되며, 적어도 한 사람 이상의 가족구성원에 의해서 경영된다고 하였다. 이상과 같은 개념정의는 가족기업이란 단일가족구성원에 의해 경영·통제되는 기업을 의미하고 있다.

둘째, 가족과 기업 간의 상호관련성을 고려하여 가족기업을 규정한다. 도널리Donnelly는 2세대가 기업에 참여할 뿐만 아니라, 가족과 기업관계가 회사정책, 가족이익 및 가족목적에 상호영향을 미칠 때 가족기업이라고 정의하였다. 그는 가족기업 정의에서 고려해야 할 조건들을 제시하였다. ① 가족관계가 경영승계를 결정하는 하나의 요소이다. ② 현재 혹은 과거 최고경영자의 아내나 아들이 이사가 된다. ③ 회사의 가치체계 및 이념이 가족의 가치에 영향을 미친다. ④ 가족구성원의 행동은 가족기업의 대외적 평판에 영향을 미친다. ⑤ 가족구성원들은 재정적 이유 이상으로 가족기업의 재정자금을 보유하고 싶다는 의무감을 느낀다. ⑥ 기업에 구성원의 지위가 가족위치에 영향을 미친다. ⑦ 가족구성원들은 자기의 진로를 결정할 때 기업과의 관계를 고려하면서 결정한다.

셋째, 권력의 세대간 승계 잠재성을 고려하여 가족기업을 규정한다. 처칠Churchill과 해튼Hatten은 가족기업의 의미는 가족기업에서의 나이 많은 경영자로부터 젊은 가족구성원에게 기업경영의 소유 및 통제권이 승계되거나 승계될 것으로 가정되는 조직체라고 정의하였다. 워드Ward는 가족기업은 다음 가족세대에게 경영과 통제가 이어지게 될 경영체라고 정의하였다.

마지막으로, 어떤 이론가들은 가족기업을 정의할 때 다중상황을 고려하여 규정한다. 로젠블랫Rosenblatt과 애드너슨Adnerson은 가족기업의 소유권과 통제권이 단일가족에게 있으며, 2명 이상의 가족구성원이 직접 참여하고 있는 기업이라고 정의하였다. 이러한 정의는 가족구성원 이외의 사람이 직접적으로 참여하는지의 여부나 가족 구성원이 이것을 가족기업으로 인식하는가의 여부에 상관없이 적용된다.

가족기업 정의의 문제를 더 복잡하게 하는 것은 다른 유형의 조직과 구별하기 위해 일반적으로 사용되는 각각의 차원이 다양한 형태를 취하게 될 가능성이다 즉, 소유권-경영, 가족구성원의 참여, 권력의 세대 간 승계 잠재성에 대한 요소들을 고려하여 가족기업을 정의하는 것은 가족기업을 다른 유형의 기업과 구별하여 가족기업 통계의 타당도 문제를 해결할 수 있다. 더욱이 가족기업을 구분하는 명확한 개념이 없으면 소유권-경영, 가족참여, 또는 잠재적인 승계자가 변할 수 있기 때문에 장기적인 연구를 좌절시킬 수 있다.

우리나라의 경우 대부분 학자들은 가족기업을 협의의 개념으로만 여기고 있는 거 같다. 즉, 가족기업이란 가족이 기업의 정책, 자본, 수익, 주주의 지분, 운영 등을 통제하는 기업으로 정의내리고 있다. 한편 가족기업을 협의의 개념으로 정의하고 소기업과 동의어로 여기기도 한다. 즉, 30인 이하의 종업원을 가지는 중소기업 중에서 개인소유의 형태를 띠고 기업목적이 이윤의 극대화라기보다는 소유주의 형태를 띠며 소유주의 일상생활의 필요를 충족시키는 데 머물고 있는 기업을 가족기업이라 칭하고 있다.

　가족기업이란 '최소한 한 사람 이상의 가족구성원이 사업의 경영 및 관리활동에 참여하고, 다음 세대의 가족구성원에게 기업의 소유권과 리더십이 승계될 것으로 예견되는 기업 및 조직체'라고 볼 수 있다.

02

명문 가족기업의
오너(Owner)경영 득과 실

국내의 많은 기업들은 가업승계의 방법으로 전문 경영인 체제 대신 '오너_{Owner}경영의 길'을 택했다. 우리나라 기업의 99%가 가족기업이다. 이런 상황을 고려하면 국내에서는 현실적으로 가능성이 높은 가족승계를 기준으로 단점을 보완하는 제도적 노력을 하는 것이 바람직하다. 이를 위해서는 기업가정신을 지속시키면서 전문경영자 관리역량을 조화시키고, 전문역량을 가지고 있으면서도 스튜어드십 stewardship, 청지기 정신을 갖춘 전문경영자를 키우고 선발하는 등의 노력을 기울여야 한다.

'죽은 병사의 피 묻은 군복', '키스하는 신부와 수녀', '벌거벗은 베네통 회장' 등 독특하고 튀는 광고로 유명한 베네통 그룹은 가족기업에 속한다. 베네통은 지금 엄청난 매출을 자랑하는 대기업으로 성장했지만 모태는 소규모 가족기업이다. 특히, 베네통은 가족경영을 잘해온 것으로 알려져 있다. 따라서 베네통 그룹은 상장기업이면서도 가족기업이라는 특성을 동시에 갖고 있다. 베네통 회장의 남동생 질베르토는 금융부문을 담당했고 장남 마우로는 마케팅 담당 이사, 막내인 알렉산드로는 스포츠카 회사인 '포뮬러1'의 사장이기도 하다. 초창기 베네통 회장의 아이디어로 스웨터를 짰던 여동생 줄리아나도 여전히 베네통에 남아 있다. 핵심 부서인 디자인 부문에는 다니엘라 등 4명의 베네통 가家가 포진해 있다. 물론 생산 공정도 베네통 일가가 맡고 있다.

한마디로 베네통은 철저한 가족기업문화를 자랑한다. 이에 대해 창업자 베네통 회장은 "가족들의 업무능력은 회사가 어려울 때마다 여러 번 훌륭하게 검증됐다"고 자랑했다. 아울러 그는 "서로 겹치지 않는 자기만의 특화된 전문 영역을 갖고 있어 갈등은 없다"고 가족기업의 우수성을 역설했다. 그는 특히 가족경영의 장점으로 일을 단순하게 처리할 수 있다는 점을 들고 있다. 다국적 현지생산과 전문경영인이 대세가 된 글로벌시대에 베네통의 생존비결은 바로 이것이다. 따라서 가족문화로 뭉친 베네통 직원들은 우리는 다르다는 식의 철저한 상품 차별화전략을 강조한다. 하지만 아무리 베네통이 가족기업으로 큰 회사이지만 일가 누구에게나 회사의 문이 열려 있는 것은 아니다. 대가족을 이루고 있는 베네통 가의 대부분이 회사 일에 관여하고 싶어 하지만 모두가 다 자질을 갖춘 것은 아니어서 제한된 일부만 받아들이고 있다.

그러나 이탈리아 특유의 가족기업문화로 성장한 베네통도 선진형 기업문화를 무조건 배타적인 시각으로 바라보지는 않는다. 베네통 회장도 개방적인 기업경영과 전문 경영자의 능력을 중시하고 있다. 베네통 회장은 팬티 차림으로 광고에 등장할 만큼 튀는 사고방식을 가지고 있지만 너무 보수적인 기업경영의 한계를 잘 알고 있기 때문이다. 실제로 베네통은 전 세계를 상대로 판매를 하고 있지만 30년 동안 생산 공장을 이탈리아 밖으로 내보내지 않는 보수적인 경영노선을 고집하고 있다. 1965년에 직물기 한 대로 시작해서 연간 8천만 장의 의류를 생산하는 대규모 공장으로 자라났지만 베네통 생산단지는 아직도 옛날 북이탈리아 베네토주 폰차노에 남아 있다. 옷만 팔아서 한해에 2조 8천억 원의 매출을 올리는 세계적 브랜드로 성장한 베네통이지만 지금도 품질을 이유로 이탈리아 내 생산을 고집하고 있으며 베네통 상표가 달린 의류의 85% 이상을 직접 생산한다. 유수한 대학의 MBA 출신들이 판치는 다른 세계적 기업과 달리, 경영진 구성도 매우 단출하다. 초창기에 직물기를 함께 돌렸던 창업동지인 베네통 회장의 여동생 줄리아나를 비롯한 형제들과 아들이 아직도 경영 전면에서 뛰고 있다.

이탈리아의 명품기업들 중에는 가족기업으로 인해 도산의 위기에 처한 기업들도 더러 있다. 그것은 바로 구찌이다. 구찌 역시 베네통과 함께 이탈리아를 대표하는 명품 브랜드 기업이다. 이뿐만 아니라 이탈리아 특유의 소기업으로 창업하여 가족문화를 기반으로 세계적인 대기업으로 성장했다. 구찌는 1923년 이탈리아의 피렌체에서 구찌오 구찌Guccio Gucci가 창업했다. 1945년에서 1982년 사이의 기간에 2세대에 의해 경영되면서 급성장했으며 세계 각지에 매장을 개설했다. 그러나 3세대가 등장하면서 구찌는 심각한 가족 간의 불화와 경영위기를 겪게 된다. 1992년에 구찌의 경영난은 거의 극에 달해 명성을 뒤로하고 쇠락의 길을 걷게 됐다. 하지만 1972년에 하버드 법대를 졸업한 데솔레 회장과 미국 텍사스 출신인 구찌 그룹의 수석 디자이너 톰 포드는 1990년대 초에 거의 파산 위기에 처했던 구찌를 살려냈다. 이는 전문경영인의 위력을 잘 나타내 주는 사례가 됐다. 아울러 구찌 그룹의 사례는 세계화 시대에 가족기업에 나타날 수 있는 소유와 경영 문제의 단점을 보여주는 사례이기도 하다. 결국 쇠락하는 기업은 외부의 개입 없이 위기 상황을 극복할 수 없다는 통념을 구찌는 잘 보여주고 있다. 더불어 가족들의 일체감과 끈끈한 유대감이 변질되면 극심한 갈등이 되어 가정과 기업이 모두 해체될 수 있다는 가족기업의 한계도 잘 드러낸다.

한국의 기업과 오너Owner경영 승계의 득과 실을 따져보았다. 중앙일보와 동아시아연구원EAI이 공동으로 한국국내 24개 파워Power조직의 영향력과 신뢰도 조사를 했다2006. 그 결과를 보면 5위권 안에 현대기아차, 삼성, SK, LG 등 4개 대그룹이 포함되고, 국가기관으로는 유일하게 헌법재판소가 4위에 올랐다. 신뢰도에서도 현대기아차, 삼성, SK, LG가 1위에서 4위까지를 독차지했고 공기관으로는 유일하게 헌법재판소가 5위에 올라 있다. 여기서 눈길을 끄는 것은 이들 4대 그룹 모두가 기업창설 당시부터 지금까지 창업자 가족에 의해 경영권이 승계되고 있는 오너기업이라는 점이다. 이들 기업이 지금 한국에서 가장 신뢰도가 높은 조직으로 공감대가 형성되어 있다. 이것을 보면 한국 국민의 완고한 반 기업 정서가 어느 정도 풀어지고 있는 현상으로 볼 수 있다.

'기업의 경쟁력'이란 근로자의 피와 땀만으로는 높아지기 어렵다는 게 오늘날의 상식이다. 그보다는 소수의 영재들과 창의적인 기업인들의 도전적인 경영능력이 더 큰 비중을 차지해 가고 있다. 원래가 시장주의 경제란 인간의 이기적인 독점욕 속에서 발전해 왔다. 정부가 아무리 국민의 불평등해소라는 높은 이상에 공을 들인다 해도 한계가 있기 마련이다. 치열한 산업현장 어디에서나 의욕적인 기업인이 이윤창출에 남다른 집념과 승부욕을 보이는 것은 조금도 이상할 것이 없다. 또 그런 기업인이 자신이 이룬 부를 자기의 후손에게 물려주겠다는 본능적 욕망 또한 나무랄 수만도 없다. 이런 열정이 결국 나라의 경제력과 대외경쟁력을 끌어올리는 촉진제가 되어 온 것이 사실이기 때문이다.

지금 지구촌에서는 사람도 돈도 기업도 좋은 환경을 찾아 후조처럼 자리를 옮겨가고 있다. 돈 많은 부자들은 이왕이면 기업경영환경이 좋은데다 자신들을 명예롭게 인정하고 존경하는 곳으로 자리를 옮기고 싶어 한다. 나라를 먹여 살릴만한 영재들 역시 연구 환경이 더 좋으면서 자신을 떠받들어 주는 유리한 곳으로 가고 싶어 한다.

이런 바람이 흠이 되지 않는 것 또한 오늘날의 세상풍속이다. 선진 자본주의 국가에서는 기업이란 국민에게 일자리를 마련해 주고 국가재정을 튼튼히 해주는 필수 존재로 보고 있다. 그래서 고용창출이나 국가경쟁력 향상 등에 기여도가 높은 기업에 대해서는 법적규제를 완화시켜 주면서까지 힘을 실어주고 있다. 기업이나 CEO의 부도덕한 범죄행위에 대해서는 엄격해도 의욕적인 기업 활동에서 파생된 법규위반에 대해서는 온건한 태도를 취한다. 창업주의 자녀에 대한 경영권 승계도 별 문제가 안 되고 있다. 창업주 가족만큼 해당기업에 특별한 집념과 책임감을 갖고 헌신할 만한 경영자를 찾을 수 없기 때문이다.

지금도 월마트나 듀폰, 디즈니사 같이 창업주 후손들의 지분이 적은데도 이사로 선임되어 직접 경영에 참여하는 곳도 있고, 창업주 후손들이 간접경영권을 행사하는 곳도 많다. 일본에서도 오너승계경영은 낯선 체제가 아니다. 일본에서 '경영의 신神'으로까지 추앙받는 '마쓰시다 고노스케松下幸之助'도 그의 후계자를 전문경영인이 아닌, 그의 사위로 정했다. 그런데도 한국에서는 오너의 경영승계에 대해 비판적 시선을 보내는 이가 많다. 더구나 삼성특검 등 오너기업의 비리문제가 불거지면서 분위기가 더욱 안 좋은 쪽으로 흘러가기도 했다. 그러나 삼성전자에 故 이건희 회장이 없고, 현대자동차에 정몽구 회장이 없을 때를 가상한 양 기업 직원들의 여론조사 반응은 리더십 부재의 상태에 빠져 있다고 말한다. 장기적 투자전략과 일사불란한 조직문화, 강력한 구심점이 없으면 효율성이 떨어진다는 이유 때문이다.

우리나라 오너 중심의 거대기업은 강한 결집력과 일사불란한 경영혁신을 기할 수 있다는 점에서 국제경쟁을 이겨낼 강점이 될 수 있다. 소속감이 강한 대형 기업이 육성되면 국제 M&A 사냥꾼으로부터 자위능력을 기르는 데도 일조할 것이 틀림없다. 다만 재벌의 횡포, 후계자의 부실한 경영능력, 기업의 투명성 부족 등과 같은 부정적인 문제점을 엄격하게 보완·개선해 나가면 가족기업 재벌의 역기능은 해결되리라고 본다.

03

명문 가족기업의
역사와 역할

경영자와 근로자, 기업 구성원 모두는 자신의 회사가 영속하길 바라고 개인의 행복이나 사회발전을 꿈꾼다. 하지만 현실은 녹록치 않다. 변화에 적응하지 못하면 도태되는 게 기업 생태계인 것이다. 컨설팅 업체인 맥킨지가 지난 한 세기 동안 기업의 수명을 조사했는데 결과는 놀라웠다. 1935년에 90년이었던 것이 1955년에는 45년으로, 1970년에는 30년으로 줄었다. 1995년에는 22, 2005년에는 15년 수준으로 떨어졌다. 세계가 엄청난 속도로 변화하면서 기업 운명도 요동친다는 걸 보여준다. 그런데 여기 300년 이상을 이어온 기업이 있다. 세계에서 가장 오래된 의약 및 화학 전문 회사 '머크'다. 작은 약국에서 출발한 머크는 344년 동안 전통을 이어가며 자신만의 브랜드를 지켜왔다. 화폐 개혁만 다섯 차례, 두 번의 전쟁을 겪으면서도 성장을 멈추지 않았다. 게다가 창업주의 가문이 13대째 회사를 이끌고 있다. 우리나라 100대 그룹 평균 역사가 49.2년인 점을 감안하면 머크 300년 역사는 새삼 실감난다.

머크는 어떻게 기업의 영속성을 유지했을까? 답을 듣기 위해 머크 가문을 대표하는 프랭크 스탄겐 베르그 하버캄 머크 파트너 위원회 회장을 만났다. 가족기업이 적지 않고 50년을 넘어 앞으로 100년을 내다봐야 할 국내기업 현실에 머크는 지속성장 모델에 대한 교과서 같은 사례가 될 수 있기 때문이다. 긴 이야기를 담기에는 한정된 공간이지만 머크가 전하는 메시지는 분명했다. "가족이 아닌 기업이 우선이란 점이다."

가족기업은 역사 이전부터 존재했던 매우 오래된 기업 형태이지만 최근에야 연구대상으로 주목받기 시작하였다. 미국에서 패밀리 비즈니스 리뷰Family Business Review는 1988년에 창간되는 등 최근 가족기업에 대한 연구가 상당히 진척되고 있는데, 이는 가족기업이 전 세계적으로 보편적인 기업형태라는 인식에 대한 자연스러운 반응이라고도 볼 수 있다. 우리나라 중소기업의 경우에도 대부분이 가족기업의 형태를 취하고 있으며, 가족기업이 전체 제조업의 85.4%를 차지하고 있다. 이는 외국의 추세와도 유사한 면을 보인다. 서구에서는 가족기업이 모든 등록기업의 75~95%가량을 차지하며, GDP와 고용의 45~65%사이를 차지하고 있다. 이는 가족이 사회의 초석인 것과 마찬가지로 가족기업도 경제의 초석을 차지한다고 볼 수 있다.

가족기업은 가족이 기업의 주된 구성원으로 된 기업이기 때문에 기업의 속성과 가정의 속성을 모두 가지고 있다. 가족기업은 가족구성원들의 공통된 가족주의 가치관에 기초한 강한 기업애착과 가족구성원들의 잠재적인 노동력과 자본력을 활용하여 새로운 변화와 요구에 효율적으로 반응할 수 있는 적절한 기업형태로서, 가족구성원을 중심으로 한 효율적 기업경영, 신속한 의사결정 방식을 바탕으로 비가족기업보다 높은 경영성과 기업이윤, 직업 만족도를 창출해 내고 있다. 또한 21세기형 기업형태가 정보화사회, 지식기반사회, 디지털 인터넷 물결과 함께 대기업 중심에서 중·소기업 중심으로, 제조업 중심에서 정보 및 서비스산업 중심으로 변화하면서 재택 가족기업 등도 발전가능성이 매우 높다. 가족기업은 가장 오래되고 보편적인 기업형태이고 비가족기업에 비해 많은 장점을 가지고 있으며, 노동시장의 활성화, 경제위축 및 실업문제 해결에 큰 도움을 주고 있다.

　　그러나 가족기업에 대해 우리사회는 상당히 부정적인 것이 사실이다. 부의 세습, 비민주적인 의사결정, 부조리한 지배구조 등이 가족기업에 따라붙는 꼬리표들이다. 그러나 모든 가족기업이 이런 폐해를 숙명적으로 동반하는가에 대해서는 재론의 여지가 있다. 이 시대에도 가족기업은 전성기를 구가하고 있다. 15년 전 대략 1천만 개에서 1천200만 개로 추정되던 가족기업의 수는 지금 2천만 개에 이르고 있다. 또 1990년대 경영이 방만해져 통제가 불가능해 보이던 것이 더 건전하고 현명한 사람들에 의해 윤리적이며 핵심적인 가치를 추구하며 안정을 찾아가고 있다. 더욱 놀라운 사실은 가족기업이 세계 경제에서 차지하는 비중이다. 1980년대에 이미 전 세계 교역량의

75~90%가 이들에 의해 거래됐다. 가족기업은 세계 경제의 소수가 아닌 주류인 것이다. 사정이 이쯤되면 가족기업에 대한 연구가 최근에야 이뤄지기 시작했다는 것이 이상하기까지 하다.

산업화 이전 서구에서는 사회활동과 경제활동이 하나로 통합되어 대부분의 가정 혹은 집이면서 동시에 사업장이었다. 대부분의 가족들은 가족 농장이나 가내공업이라 불리는 집이나 혹은 집에 딸린 좁은 장소에서 제조, 매매, 무역 등을 행하였다. 이러한 가족과 경제의 통합은 농노나 소작인, 그리고 귀족에 이르기까지 사회의 전 계층에 이르렀다. 그 후 산업화로 모든 경제조직체의 유형이 바뀌었고 동시에 이는 가족기업에도 영향을 끼쳤다. 공장들은 전문화·구조화되었고 가족의 범위를 벗어난 자본과 노동의 자원이 필요하게 되었다. 가족기업은 다른 경제조직체에 비해 명성을 잃게 되고 나아가 부정적인 의미로 사용되게 되었다. 즉, 가족기업은 "엄마 아빠 회사Mom and Pop"이므로 작고, 한계가 있으며, 끝없는 노력과 위험이 뒤따른다고 보았다.

2차 세계대전 후 기업가는 하나의 우상이 되었다. 많은 경영대학에서는 성공을 꿈꾸는 많은 젊은이들에게 기업 경영에 필요한 전문적인 지식을 제공하였다. 이때에도 여전히 가족기업은 색다른 유물로 간주되었으며, 특히 가족기업이 가족의 불화로 인하여 어려움을 겪게 될 때 이에 대한 부정적인 시각은 최고조에 달하게 되었다. 그러나 현재까지도 가족기업은 숫자가 결코 줄지 않고 있으며, 가족기업에 대한 관심 역시 점점 증가 추세에 있다.

특히 미국의 경우 최근에 들어와 가족기업에 대한 인식이 크게 바

꿰었다. 이를 반영하듯 가족기업에 대한 대중매체의 반응도 상당히 긍정적이다. 월 스트리트 저널Wall street Journal과 네이션스 비즈니스Nation's Business에서는 정규적으로 가족기업에 대한 기사를 게재하고 있으며, 전문학술지인 패밀리 비즈니스 리뷰Family Business Review, 계간지 패밀리 비즈니스 매거진Family Business Magazine 등에서도 가족기업과 관련된 뉴스가 꾸준히 나오고 있다. 가족기업은 거대한 미국 경제의 기초가 되었다 해도 과언이 아니다. 가족기업의 주요 역할 중에서 '경제적 역할'과 '사회적 역할'을 중심으로 살펴보겠다.

♟♟ 경제적 역할

미국에서 가족기업이 차지하는 경제적 역할은 조사기관마다 혹은 가족기업의 개념광의 혹은 협의 등에 따라 다르게 나타나고 있다. 먼저 아더 앤더슨 그룹과 중소기업협회 공동 조사에 의하면, 중소기업 중 가족기업이 차지하는 비중은 전체 중소기업 중 대략 60~70%를 차지하고 있다고 한다. 또한 이 조사에 의하면 가족소유 기업이란 가족이 운영하는 기업을 의미하며, 가족기업이 미국경제에 차지하고 있는 비중이 GNP의 50%, 민간부문 노동력의 50%를 담당하고 있다. 지난 10년 동안 연간 약 60만 개 이상의 기업이 설립되었다. 이 중 대부분이 가족기업이며 GNP와 고용을 증가시킬 것으로 추측하고 있다.

샌커Shanker와 아스트라챈Astrachan은 가족기업의 개념에 따라 가족기업의 경제적 역할은 매우 다르게 나타난다고 주장하고 있다. 먼저 가족기업의 수는 전미기업 중 92%에서 18.3%가 가족기업이라고 주장하고 있다. GDP에 끼치는 영향력 역시 12%에서 49%까지 매우 광범위하게 나타나고 있다. 신규 직업창출 역시 78%에서 19%까지 광범위하게 나타나고 있다.

한편 독일의 경우 가족기업은 노동력의 75%를, GDP의 66%를 차지하며, 호주의 경우 모든 기업의 75%는 가족기업이며 노동력의 50%를 차지한다. 영국의 경우 상위 8천 대 기업의 76%가 가족기업이며, 스페인은 71%가 가족기업이며 100대 기업의 17%가 가족기업으로 알려져 있다. 캐나다의 경우 모든 기업의 65~90%는 가족기업으로 추정되고 있다.

우리나라의 가족기업은 기업의 규모에 관계없이 전체 제조업의 약 85.4%를 차지하고 있다. 한편 사공일과 존스는 우리나라 기업의 설립자와 최고경영자와의 관계를 조사한 결과, 설립자 자신이나 직계자손, 친척 등이 현재 최고경영자인 경우가 81.2%를 차지하고 무연고인 경우는 겨우 18.8%에 불과하다고 보고 있다. 위와 같이 가족기업은 국가의 경제에서 차지하는 위상이 막강하므로 이의 생존은 국가경제의 근간이라 하여도 과언이 아니다.

♟ 사회적 역할

가족기업의 사회적 역할 역시 중요하다. 노백Novak, 재프Jaffe 등은 "미국 경제와 사회를 구축하는 기초가 되는 것은 특정 개인이나 노동자도 아니요, 기업가나 기업도 아닌, 바로 기업을 창설하고 통제하고 운영하는 가족이다"라고 역설하였다. 가족기업의 지역사회에 대한 역할도 중요하게 대두되고 있다. 벨렛Bellet은 가족기업의 창업자와 승계자는 가족과 지역사회의 유지를 위해 고도의 강한 책임감을 갖고 있다고 주장하였다.

왜냐하면 가족은 안전한 사회를 구축하는 주춧돌이며 가족기업 역시 안전한 경제를 구축하는 데 중요하기 때문이다. 일반적으로 상장이 되어 있는 비가족 기업은 단기 지향적인 투자를 선호하는 반면 가족기업은 장기적인 투자를 지향한다. 따라서 가족기업은 사회를 많이 의식하고, 가족의 구성원은 기업과 기업을 둘러싼 지역사회를 위해 일하며 심지어 기업의 손실과 큰 희생도 주저하지 않는다.

04

명문 가족기업과
비가족기업의 특징

　세계적으로 성공하고 장수하는 기업의 면면을 확인해 보면 가족경영 형태를 띤 곳이 많다. 세대교체가 가속화되고 있는 경영학계에서 가족경영에 대한 논의가 필요한 이유가 바로 이 때문이다. 명문 장수기업들은 성공적인 가업승계를 통해 재도약의 발판을 마련했으며, 위기극복을 위한 리더십과 경영철학의 내재화, 부단한 혁신과 도전을 통해 수백 년을 이어왔다.

　오늘날 거대한 규모를 자랑하는 기업들은 애초의 공기업을 제외하면 대부분 가족기업으로 시작됐다. 특히 일본은 재벌들의 경우, 가족기업이 일반화된 경향이다. 이는 소규모 자영업도 마찬가지이다. 일본의 온천지역에는 가족이 십수대에 걸쳐 여관이나 음식점 또는 토산품 가게를 자부심을 갖고 경영하고 있는 것을 흔하게 볼 수 있다. 이러한 일본 특유의 기업문화가 곤고구미金剛組와 같은 장수기업을 키워냈다는 데 이견을 달 사람은 별로 없을 것이다. 독일에서도 가족기업은 큰 비중을 차지한다. 막강한 경제력을 가진 독일은 이 경제력이 주로 중소기업에서 나오고 있다.

그런데 독일기업들의 법적 형태는 대부분이 개인회사 및 유한회사 형태를 취하고 있지만, 내부구성을 살펴보면 가족 사업경영 형태를 취한 기업들이 다수인 것을 볼 수 있다. 독일은 가족기업인지 아닌지 구분할 수가 없을 정도로 많은 중소기업들이 가족기업문화를 갖고 있다. 1996년 기준으로 독일의 가족 사업경영 기업체 수는 약 187만4천 개로 이들 중 연간 매출액이 적어도 10만 마르크 이상인 기업이 전체의 약 92.8%에 이르렀다. 우리나라 역시 오랜 전통의 가족기업문화를 갖고 있다. 재벌로 이뤄진 대기업들이 대부분 가족기업으로 성장했으며 현재도 우리나라 기업의 대부분을 차지하고 있다.

우리나라의 가족기업은 대부분 창업자를 중심으로 유지된 역사를 갖고 있다. 이들의 주된 관심사는 자신의 소유권을 유지하면서 기업의 계속적인 성장을 모색하는 것이었다. 따라서 가족기업은 상대적으로 무시되고 약점만 강조되거나 성장을 위한 하나의 과정으로만 여겨졌다. 이는 오늘날 일본, 독일, 이탈리아의 가족기업들이 나라의 주춧돌 기업으로 자라난 것과 비교하면 매우 대조적이다. 가족기업이 최초로 출현했을 때, 그들의 목적은 성장이 아니라 단순히 생존하는 것이었다. 따라서 가족이 생존하기에 충분할 만큼 생산하고 판매한다면 더 이상 어떠한 것도 필요치 않았다.

🏆 표 2-1_ 명문 가족기업과 비가족기업의 비교

구분	명문 가족기업 (prestigious family business)	비가족기업 (non-family business)
경영자의 관심	평생을 기업을 위해 몸을 바치며 개인적 위험도 감수	고용계약에만 한정되어 있음
운명	기업과 운명을 같이 함	한 기업과 운명을 같이 하는 경우는 거의 없음
시간	가족구성원은 무한정 기업을 위해 시간을 보냄	경영자는 정해진 짧은 시간 동안만 기업을 위해 일함
기업의 실패	기업이 실패할 경우 기업의 상층부에 속하는 구성원들은 개인적으로 큰 충격을 입음	개인적으로 큰 충격을 입는 경우는 거의 없음
도중하차 가능성	관리직에 있는 가족구선원이 중간에 그만둘 가능성은 낮음	경영자가 그만둘 가능성은 아주 큼
개인적인 이득	조직의 성장, 승계, 직무창조 그리고 부의 창조 등에서 오는 자부심	승진, 보수 인상 등
조직의 성과	관리직인 보수와 관련되어 있다	특별한 경영자가 얻는 것과는 직접적인 관계가 약함
의사결정	세대가 지남에 따라 감소하는 추세이나 집권화 경향이 강함	점점 참여적이며 팀 위주임
내부 통제 시스템	비공식적인 경향이 강함	공식적인 경향이 강함
승계	경쟁자는 가족구성원 사이에서, 갈등은 기업의 장과 상속자 사이에서 주로 생길 수 있음	갈등과 경쟁을 나타냄, 그러나 주주가 승계의 질서정연함을 모니터함
책임	가족구성원이며 동시에 경영자이며 스스로 가족에 대한 책임을 짐	경영자는 주주에 대한 책임을 짐
갈등	동태적이며 순환의 성격을 띔	시간이 지남에 따라 갈등의 충격을 추적할 수 있는 성격을 띔
종업원	비가족종업원은 기업내에서 상향이동이나 개인적인 성장기회가 한정되어 있음	종업원은 승진이나 의사결정에 참여가 동등한 기회가 주어져 있음
가족이나 개인의 일	가족의 일은 직접 기업에서, 기업의 일도 직접 가족에게 영향을 끼침	종업원 개인의 일은 직무성과에 영향을 끼침

가족기업의 이중기능은 '가족기업Family Business = 가족Family + 기업Business'이라는 특성으로 대표되고 있다. 비가족기업Non-Family Business은 기업측면만 존재하는 것에 비해, 가족기업은 기업특성 뿐만 아니라 가족과 가정생활 영역이 가족기업 경영에 중요한 역할을 담당하고, 기업적 성격과 가정적 성격의 이중기능을 수행한다. 가족기업과 비가족기업 사이의 가장 중요한 차이점은 기업에 가족구성원이 참여한다는 점과 가족구성원 간에 소유권, 경영권 등과 같은 권한을 시장을 통하지 않고 이전한다는 점이다.

그리하여 가족기업은 가정과 기업이라는 이중적 특징과 비가족기업과 구별되는 독특한 기업의사결정을 가진다. 가족기업은 '가족 · 경영 · 소유' 체계가 중복되어 있는 특성 때문에 가족기업에 참여하는 가족구성원들은 가족구성원으로서의 역할, 경영자로서의 역할, 소유자로서의 역할을 동시에 수행하게 된다. 그렇기 때문에 가족기업의 구성원들의 기업에서 차지하는 역할이 많아짐에 따라 공통된 가족주의 가치관에 기초한 강한 기업애착을 가지게 되며, 서로 협조적인 경영관계를 구축해 나가기 쉽다. 또한 한 사람이나 그와 가까운 사람이 비슷한 역할을 가지게 됨으로써 의사결정이 효율적이며, 의사결정 과정에서 가족과 기업 모두에게 유익한 쪽의 의사결정을 내리기 쉽다.

가족기업은 가족구성원들의 공통된 가족주의 가치관에 기초한 강한 기업애착과 가족구성원들의 잠재적인 노동력과 자본력을 활용할 수 있고, 가족구성원을 중심으로 한 효율적 기업경영, 신속한 의사결정 방식을 바탕으로 비가족기업보다 높은 경영성과 기업이윤, 직업

만족도를 창출해 내며, 새로운 변화와 요구에 효율적으로 반응할 수 있는 적절한 기업형태이다.

이에 반해 가족과 기업의 목표가 다른데 따른 충돌로 어려움을 겪게 될 경우가 종종 발생한다. 가족은 균등과 사랑을 목표로 가족 구성원의 발전을 도모함에 반해 기업은 각자의 장점을 기초로 성장과 이익을 목표로 하고 있기 때문이다. 가족은 조화와 구성원의 단합을 추구하며 상대적으로 비공식적인 규칙에 따라 움직이나 기업은 비개인적인 관계가 중요하게 여겨지게 마련이다. 기업은 공식적인 규칙과 평가 기준에 의해 운영된다. 따라서 가족은 감정적 시스템이며 기업은 합리적 시스템이라 할 수 있다. 규범혼란과 가족기업의 소유문제, 이에 따른 지나친 경쟁의식과 적대감이 발생할 수 있다는 점은 가족기업의 존재·경영방식에 따른 필수불가결한 단점이다.

05

명문 가족기업의
장단점

가족기업은 오너 1인이나 가족이 대부분의 경영을 맡는 경우를 말한다. 또한 지속가능한 성장을 위한 과감한 투자 등으로 가족기업의 생산성은 높은 것으로 확인됐다. 미국 하와이대학교 경영대학원에서 열린 '파이낸셜뉴스, 한미재무학회 국제금융컨퍼런스'의 첫 번째 세션 '가족기업'의 연구결과에 대한 발표가 진행됐다. 데이비드 립 싱가포르대학 교수는 "연구 초기 가족기업이 비가족기업에 비해 재무적 부정행위 정도가 덜할 것이라는 가설을 세웠지만 결과는 정반대로 나타났다"며 "특히 창업자가 경영하는 기업의 경우 규제기관의 집행 소송에 연관될 가능성이 비가족경영 기업보다 18배나 더 많았다"고 언급했다. 또 이는 가족기업이 대주주가족의 이익 창출을 위해 기업의

승계전략과 핵심인재 육성

재정구조를 왜곡시키는 경향까지 연결될 수 있다는 지적이다. 립 교수는 "미국의 경우 재정적 부정행위에 대한 집행소송 가운데 72%가 가족기업을 대상으로 한 것"이라고 설명했다.

대부분의 기업들이 그렇듯이 출발은 개인 기업이나 가족기업이다. 그 이유는 가족기업이 경제적·사회적으로 중요한 역할을 수행하기 때문이다. 가족기업 역시 다른 기업과 마찬가지로 장점과 단점을 모두 갖고 있다. 그런데 우리나라의 경우 가족기업의 단점은 많이 알고 있으나, 장점은 간과해 오고 있는 것이 사실이다. 가족기업은 동전의 양면과 같아 장점과 단점 모두를 갖고 있다. 개인들은 가족기업에서 근무하기를 원하는데, 여기에는 몇 가지의 이유가 있다. 대기업과는 달리 가족기업은 더 많은 기회, 믿음, 양립, 가능성, 통제, 그리고 더 많은 융통성을 갖고 있다. 따라서 최고의 가족기업은 이러한 우위를 기업경영에 접목시켜 효율성을 극대화시키고 있다. 데이브스Davis는 다음과 같이 가족기업의 세 가지 장점을 언급하고 있다.

첫째, 작업장에서의 끈끈한 우애 유지   가족기업은 다른 기업과는 달리 개개인의 관심과 배려를 최고도로 유지할 수 있다.

둘째, 장기적인 측면 중시   가족기업은 단기적인 성과1년의 성과를 중시하는 기업경영자전문경영자와는 달리 장기적인 성과를 중시한다.

셋째, 질을 강조   가족기업은 고객에게 가치와 품질을 제공하는 전통을 오래도록 유지할 수 있다.

표 2-2_가족시스템과 기업시스템의 비교

영역	가족 시스템	기업 시스템
목표	가족구성원의 발전	이익, 수익, 능률, 성장(이윤의 극대화)
관계	개인적인 관계 가장 중요시 여김	반개인적 혹은 비개인적 두 번째로 중요시 여김
규칙	비공식적인 기대	문서화된 공식적인 규칙, 흔히 상벌의 기준으로 사용
평가	그들이 누군가인가에 따라 노력정도 : 절대적인 사랑	성과와 결과에 따라 : 종업원은 승진과 해고 가능
승계	사망이나 이혼으로	은퇴나 승진 혹인 이탈

명문 가족기업의 장점

◎ 가치관, 신념의 공유

가치관 및 신념의 공유는 가족구성원 간의 결속을 강하게 하고, 가족기업의 경영 및 자아정체감을 명확하게 함으로서 세대 간의 계승에 관한 강한 사명감을 갖게 하여 가족기업이 최선으로 추구하는 목적달성을 용이하게 한다.

◎ 공통의 목표와 강한 사명감

가족구성원들은 그들의 가족경영의 성공을 위해 헌신적으로 일하며, 투자, 고용, 상속, 가족명과 사회적 지위의 측면에서 가족기업에 대해 높은 목표를 지니고, 성공을 위해 열심히 일하도록 한다.

◎ 가족정신

모든 가족구성원들을 연결하는 생물학적 결합은 가족경영의 성공에서 중요한 요소가 된다. 생물학적 결합에 기초한 가족정신은 경영

위기를 극복하고 어려운 시기에 가족의 단합을 촉진하는 데 도움을
준다.

◐ 가족명에 대한 높은 인지

소비자들이 가족명과 가족원을 인지한다는 사실은 가족기업경영
의 성공배경이 되며, 이를 위해 신뢰, 높은 수준의 품질을 바탕으로
가족명에 대한 확신을 소비자에게 심어줌으로서 가족기업을 성공시
키고자 한다.

◐ 융통성

가족기업은 의사결정에 있어 많은 융통성을 지닌다는 것이다. 가
족기업은 가족원이 아닌 전문인에 의해 관리되는 기업에 비해 덜 위
계적이고 관료적이다. 따라서 융통성은 가족기업으로 하여금 기술적
변화, 시장이나 사회경제적 변화에 빠르고 효율적으로 반응하도록
한다. 가족구성원은 기꺼이 시간외 노동도 하며, 가족구성원이라는
특성은 가족기업의 효율적 경영을 위해 효과적이고 효율적인 의사소
통을 가능하게 한다.

◐ 장기간의 위임과 낮은 이직율

가족구성원들은 피고용인, 관리자뿐만 아니라 소유자일수도 있으
며, 무엇보다도 가족으로 알려진 사회적 개념의 한부분이다. 따라서
가족구성원들은 최상의 상태나 최악의 상태에서도 기업에 대한 강
한 충성감과 자아정체감의 공유, 사회적 계약의 상호적 책임을 가지
고 있다.

◎ 기업문화

가족기업의 설립자는 가족기업에 바탕을 두고, 기업문화를 형성하며, 이러한 기업문화는 기업의 성공에 결정적인 역할을 하며, 가족기업의 기업문화는 오늘날의 경쟁적이고 변화하는 환경에서 혁신, 새로운 아이디어의 성공, 융통성, 위험수용, 창의적인 문제해결능력을 강조하고, 목표지향성, 기업에 대한 의무와 성고에 대한 강한 성취를 인식하게 한다.

♟♟ 명문 가족기업의 단점

◑ 가족내분

가족기업의 중요한 단점은 가족구성원들간의 내분이다. 세대간의 가치관의 차이의 결과로써 자녀들간, 배우자간의 내분, 경쟁관계에 있는 형제와 세대간의 내분은 바람직하지 않은 행동 및 갈등을 가져오고 궁극적으로는 가족기업의 파멸까지 유도할 수 있다. 이런 가족 내분은 세대간의 갈등으로써 아버지·어머니-아들·딸 간의 경쟁의 형태로 나타난다. 창업자 또는 현재 경영인으로 있는 부모의 심리적 상태나 가치관이 자녀세대인 젊은 세대의 가치관과 맞지 않음으로써 발생하거나 현 세대의 경영인들이 다음 세대들이 가지고 있는 능력을 인정하지 않으려는 권위주의적인 태도에 의해서도 나타나게 된다.

◑ 경계의 모호성문제

가족구성원이 된다는 것과 가족기업 내의 피고용이 된다는 것은 경계문제를 발생시킨다. 이러한 경계문제는 가족과 기업경영의 두 체계를 분리할 수 있는 능력이 부족한 데서 발생하며, 경계의 명확성이 부족한 것은 두 체계 간의 갈등을 초래한다.

◯ 역할혼란

가족기업 내에서의 일반적인 문제는 누가 무엇을 할 것인가에 대한 혼란이다. 이러한 혼란은 항상 가족구성원이면서 동시에 가족기업의 소유자이며 관리자인 이중역할을 수행하는 데 따르는 문제이다. 일과 가정이란 두 체계는 공통점이 매우 적고, 기업영역에서 요구하는 것은 기능적이고 숙련된 기술과 객관적입장이며, 가정에서는 온화하고 안정적인 역할을 필요로 하므로 두 역할을 수행해야 하는 가족기업의 상황은 두 역할 모두에서 갈등을 초래한다.

◯ 객관성의 부족

가족기업에서 일하는 가족구성원에 대한 의사결정은 객관적 평가보다 오히려 감정에 기초할 때가 빈번하다. 가족구성원에 대한 보상, 승진, 고용에 대한 결정이 주관적으로 흐르기 쉽다. 예를 들어 자질, 과업 수행에 상관없이 딸과 다른 형제에 비해서 장남에게 더 많은 혜택과 봉급이 제공된다. 친척관계를 잘 유지하기 위해 그들의 자질에 상관없이 친척을 고용하거나 승진시킨다.

◯ 연고자 등용

연고자 등용은 가족관계에 기초하여 가족구성원들의 경력승진을 의미한다. 비가족구성원들의 자질과 수행은 자질이 덜 갖추어진 가족원을 고용하거나 진급시키기 위해 자주 무시된다. 이로써, 비가족구성원들의 사기를 저하시키고 승진에 대한 좌절감 등으로 나타난다. 반면에, 가족기업에 참여하는 가족구성원들은 비가족구성원에 비해 무능력함에도 불구하고 가족기업 소유자의 가족구성원이라는 이유로 능력을 높게 평가받는다. 이는 심각한 갈등요소를 만들며 재능있는 비가족구성원들은 의욕상실과 좌절감을 겪는다.

◑ 계승갈등

계승문제는 가족내분의 중심적 요인이다. 많은 창업주들은 다음세대로 가족기업을 이어주려고 한다. 이러한 의지는 가족 간의 내분을 심화시킬 수 있다. 또, 기업계승 시기에 대한 상반된 현상은 세대 간의 갈등을 심화시킨다. 창업자들은 기업에 강한 애착을 가지는데, 이 애착은 후손에게 자신의 지위를 마지못해 물려주게 되는 심리적 압박감으로 작용하는 반면, 자녀세대는 가능한 빨리 사업을 상속받게 될 기회를 기다린다. 데이브스Davis와 워드Ward에 의하면 가족기업의 단점으로 자본에의 접근이 제한적임, 가족과 기업의 분리가 어려움, 격리/고립, 환경적응이 느림, 비공식조직, 주관적인 인사관리친척이나 혈연, 지연의 등용, 가족 간의 불화, 온정주의적 경영, 재무문제, 승계문제 등을 들고 있다. 이러한 단점을 극복하지 못하면 가족기업은 실패하거나 소멸하게 되는데 가족기업은 설립 후 10년 이내에 소멸하며, 단지 약 3분의 2만이 2세대로 승계되고 있다. 더 중요한 것은 단지 13%만이 3세대로 승계된다는 사실이다.

06

명문 가족기업의
활성화 방안

월마트, 포드자동차, 삼성, LG, 현대 등 누구나 아는 세계적인 기업이다. 그리고 가족기업이다. 가족이나 친척이 기업의 주요한 의사결정에 영향력을 미치는 기업을 가족기업이라고 한

다. 가족기업은 기업의 규모_{대기업, 중기업, 소기업}과 소유권의 형태_{개인기업, 상장기업}에 따라 다양하게 나타난다. 가족이 대代를 이어 경영하는 기업이 동양권에만 있다고 생각하는 사람이 있지만 사실 BMW, 모토로라, 까르푸, 포드, 피아트, 베링거잉겔하임, 에스티로더 등 서양에도 적지

않다. 우리나라는 '가족기업 = 재벌'이라는 개념을 갖고 있으며, 재벌에 대한 부정적인 인식과 오늘날 기업의 소유와 경영이 분리되고 전문경영자가 투입되는 미국식 추세로 인해 가족기업에 대한 부정적인 인식이 지배적이다. 하지만 가족기업은 우리나라 경제의 근간으로 한국경제 발전을 이끌었고, 세계적인 대기업들 대부분이 가족기업이다. 특히 가족구성원을 중심으로 한 효율적 기업경영, 신속한 의사결정 방식을 바탕으로 비가족기입보다 높은 경영성과와 기업이윤, 직업만족도를 창출해 내고 있다. 21세기형 기업형태가 정보화 사회, 지식기반 사회, 디지털 인터넷 물결과 함께 대기업 중심에서 중소기업 중심으로, 제조업 중심에서 정보 및 서비스 중심으로 변화하면서 재택 가족기업은 자신이 생활하고 있는 주거공간을 이용한 IT 가족기업 창업모델로 발전시킬 수 있는 기업형태로 각광받을 수 있다.

♟♟ 정부지원 및 정책적 측면의 가족기업 활성화 방안

◐ 가족기업 자금 및 경영지원에 관한 법적 근거 마련

현재 가족기업 육성을 위한 별도의 법률적 근거는 마련되어 있지 않은 상태이나 가족기업을 지원하고 육성할 수 있는 법적 근거 마련을 검토해 볼 필요가 있다. 노동부, 중소기업청, 지식경제부 등의 협력을 통해 가족기업 지원을 위한 새로운 법적 근거를 마련할 필요가 있다. 대규모 가족기업의 족벌기업화를 막고, 명확히 규정된 가족기업 범주 내에서 현재 지원되고 있는 창업지원, 자금지원 등을 '가족기업'이라는 독특성을 살려나갈 수 있도록 가족기업에 확대 적용할 수 있어야 한다.

◯ 정부차원의 가족기업 실태조사 및 DB 구축

정부차원의 가족기업 실태조사 및 DB의 구축이 무엇보다 시급한 상황이다. 정부차원의 실태조사를 통해 한국의 가족기업 모집단 자체에 대한 파악이 가능하고, 가족기업이 당면하고 있는 사회적, 경제적, 법적 문제점 및 경영상의 장애요인, 애로사항, 위험요소 등을 파악할 수 있어야 한다.

◯ 실업대책을 위한 아웃플레이스먼트 사업과 가족기업의 연계성 확대

아웃플레이스먼트Outplacement 사업은 이제 퇴직자들을 위한 전직뿐만 아니라 가족기업 창업지원으로 확대 실시될 필요가 있다. 따라서 아웃플레이스먼트 사업은 창업을 위한 퇴직자들에게 자신들의 가족기업을 창업할 수 있도록 유도하고 지원할 수 있어야 한다.

◯ 가족기업 연구소 설립에 대한 정부의 적극적 지원

가족기업을 위한 전문서비스의 제공 및 지원활동을 전담할 수 있는 가족기업 연구개발 센터의 설립을 적극 지원해야 한다. 가족기업 활성화를 위한 연구 프로젝트의 수행, 다양한 가족기업 모델 개발, 가족기업 경영자들을 위한 전문적 교육 및 훈련 프로그램의 개발, 가족기업 정책 수립 등 가족기업 관련 전반사항을 다루어 나갈 수 있도록 해야 한다.

◐ 정부의 가족기업 홍보를 위한 다양한 행사 주관

정부는 적극적으로 가족기업의 경제적 중요성을 인식하고 국민들에게 홍보할 필요가 있다. 현재 중소기업의 활성화를 위해 실시되고 있는 중소기업주간행사Small Buisness Week 내용 중 가족기업 분야를 포함시키고, 행사기간 중 가족기업 성공사례 발표, 가족기업 세미나, 가족기업 국제 심포지움, 가족기업 모델개발 경연대회, 부모와 자녀 세대 간의 가족기업 행사 참여 등을 관련 정부기관, 언론기관, 경제단체들과 함께 적극 추진할 수 있어야 한다.

◐ 중소벤처기업부 홈페이지를 통한 온라인 'Family Business'의 운영

가족기업에 대한 국민적 인식 및 전문적 지식수준이 낮다는 점을 감안하여, 온라인을 통한 가족기업 홍보 및 교육이 필요하다. 현존하는 중소벤처기업진흥공단, 중소기업지원센터, 중소기업중앙회, 소상공인지원센터, 소기업종합지원정보망, 중소벤처기업연구원 등 관련기관을 통해 가족기업의 창업, 경영, 지원 서비스, 정보제공, 자료제공, 교육 및 훈련을 위한 가족기업 지원책이 적극적으로 펼쳐져야 한다.

◐ 통일 이후를 대비한 가족기업 지원 프로그램 및 정책수립

정부는 통일이후 남북한의 경제적 격차를 해소하고, 북한 사람들의 적극적인 경제활동 참여를 유도하기 위해 현재부터 통일 이후를 대비한 가족기업 활성화 방안 및 법적근거를 마련해야 한다. 가족기업 창업 및 경영가이드 준비, 가족기업 교육 프로그램 개발, 가족기업 모델 개발, 가족기업을 창업하고 경영하는 데 필요한 법적 근거 및 지원정책, 지원자금 등을 준비해야 한다. 이를 위해 현재 추진 중인 남북경협의 일환으로서 '가족기업 모델'을 적극 도입할 필요가 있다.

♟ 학문적 활동 및 연구소를 통한 가족기업 지원 활성화 방안

◉ 학문적 측면에서의 가족기업 활성화 방안

가족기업의 활성화를 위해서는 무엇보다도 학문적 측면에서 가족기업의 교육 및 연구가 활성화되어야 한다. 전문적 가족기업 교육을 위한 대학교육 커리큘럼의 개발, 가족기업 연구 활성화를 위한 연구영역의 개발, 가족기업 전공학생들의 실제 가족기업 경영체험을 향상시킬 수 있는 다양한 교육방법 및 프로그램 개발을 위한 방안을 마련해야 한다.

◉ 가족기업 연구소(Family Business Institute)를 통한 지원

가족기업을 전문적으로 육성하기 위해서는 가족기업 전문 연구소의 설립 및 운영이 필요하다. 가족기업은 현존하는 가족기업 형태와 병존해서 미래의 가족기업은 첨단기술 발달에 따른 가족기업 모델의 개발, 보편화되고 있는 시장환경에서 발달된 정보통신을 이용한 미래지향적 가족기업으로 발전해야 한다.

따라서 새롭게 대두되고 있는 정보통신을 이용한 가족기업 모델을 설계하고 현재와 미래의 가족기업 경영자들을 위한 다양한 가족기업 모델소규모 가족기업 창업모델, IT 가족기업 모델, 예비노인을 위한 가족기업 모델, 여성들의 '가정과 경제 활동의 병립 가능성'을 제공할 수 있는 재택 가족기업Home-Based Family Business, 차세대를 포함한 가족기업 모델을 개발하고 제공할 수 있어야 한다. 구체적인 지원 사업은 다음과 같이 이루어질 수 있다.

◐ 가족기업 모델개발 지원

가족기업 모델개발, 창업 및 경영 전략 수립, 경영컨설팅, 경영교육 및 훈련이 필요하다. 즉 가족기업 경영전문화를 촉진시키고, 창업 및 경영에 필요한 통합 전문서비스를 세공힐 수 있어야 한다. 경영자들의 경영능력 향상을 위한 교육 및 훈련 프로그램 제공, 차세대 가족 구성원을 위한 후계자 양성 프로그램, 가족기업 전문 교육자들(교수, 연구원, 가족기업 컨설턴트, 법률가, 회계사 등)을 위한 연구 프로젝트, 연수 프로그램, 인증 프로그램 개발, 학술대회, 학술지 발간 및 출판, 포럼 및 세미나 개최, 가족기업 전공생들을 위한 교재 및 인턴십 프로그램 개발, 가족기업 경영과정 및 경영성과를 스스로 측정하고 평가할 수 있는 가족기업 경영 툴의 개발, 가족기업 정보화 기술 개발, 정부의 가족기업 지원정책 건의 등의 내용을 중심으로 가족기업 경영전반에 걸친 전문적 서비스를 제공할 수 있는 비영리기관으로서 가족기업 관련 정부부처들과의 협력관계를 통해 가족기업을 활성화시키고 지원할 수 있는 역할을 담당할 수 있어야 한다.

◐ 아시아 가족기업 네트워크(Network) 구축

가족기업 연구소 등은 가족기업 활동을 지원하기 위한 네트워크 구축의 중심이 될 수 있다. 가족기업 자금지원 및 지원정책을 수립하고 집행하는 정부기관, 경영전문가들로 구성된 경영자문 및 상담기구, 금융기관, 교육기관, 연구 및 기술지원 기관 등과 가족기업 소유자 및 경영자들 간의 연계망을 구축하고, 가족기업 경영자들로 하여금 자체정보를 교환하고 경쟁력을 높일 수 있도록 가족기업 경영인협회의 구성을 적극 지원할 수 있다. 아시아 지역 가족기업의 경쟁력을 강화시키고, 아시아의 독특한 가족기업 특성을 살린 가족기업을 육성해 나갈 수 있는 방안을 모색하는 데 주력하고, 아시아지역 가족기업 연계망 구축의 중심이 되도록 한다.

가족이 안정적인 사회의 초석인 것처럼 가족기업도 안정적인 경제를 구축하는 데 중요하다고 볼 수 있다. 가족기업은 대부분의 나라의 경제에서 큰 비중을 차지하고 있고, 특히 우리나라의 경우에는 대부분의 기업이 가족기업으로 간주할 수 있을 정도이다. 가족기업은 가족구성원들의 공통된 가족주의 가치관에 기초한 강한 기업애착과 가족구성원들의 잠재적인 노동력과 자본력을 활용하여 새로운 변화와 요구에 효율적으로 반응할 수 있는 적절한 기업형태로서, 가족구성원을 중심으로 한 효율적 기업경영, 신속한 의사결정 방식을 바탕으로 비가족기업보다 높은 경영성과 기업이윤, 직업만족도를 창출해 내고 있다. 따라서 가족기업의 전반적인 특징과, 가족기업의 명암, 실제 가족기업의 창업방향과 경영을 지원할 수 있는 방향을 제시함으로써 가족기업의 창업 활성화방안을 제시하고, 이러한 연구를 통해 가족기업의 창업과 가족기업의 성공적인 생존을 독려할 수 있을 것이며, 가족기업의 창업과 경영을 도울 수 있는 효율적인 지원정책이 수립된다면 노동시장의 활성화, 경제위축 및 실업문제 해결을 위한 초석이 될 수 있을 것이다.

07

명문 가족기업의
가족경영 성공사례

산업화 이전 가족농장이나 가내공업으로 집에서 행해지던 경제활동과 사회활동의 통합 형태는 산업화 이후로 공장의 전문화, 구조화로 바뀌었고, 가족기업을 부정적인 시각으로 이끌었다. 2차대전 이후 전문경영지식이 도입되어 가족기업에 대한 부정적인 시각은 최고조에 이르렀다. 그러나 현재까지 가족기업은 그 숫자가 줄어들지 않고 있으며, 더 크게 성장하기도 하고 더욱 발전하기도 한다. 가족기업은 역사가 깊은 동북아지역과 유럽지역에 많이 분포하고 있다. 세계경제는 바야흐로 '2~3세 경영' 시대를 맞고 있다.

미국 주간지 포천지는 최신호에서 근래 들어 세계 경제계가 창업자에 이어 등장한 2세 경영자들에 의해 좌우되는 일대 전환기를 맞고 있다고 보도했다. 이와 관련해 컨설팅사인 아더 앤더슨이 조사한 바에 따르면 미국에서만 2002년 말까지 40%가 넘는 창업주가 자식들에게 기업을 물려주었다.

비단 미국뿐만 아니라 아시아권에서도 활발한 기업 대물림이 이뤄지고 있다. 대만 최대의 민영은행인 '차이나 트러스트'의 새 주인이 37세의 제프리 쿠 주니어로 바뀌었으며, 일본에서는 도요타 쇼이치로 회장의 아들 아키오가 도요타 제국의 새주인으로 등극할 날만을 기다리고 있다. 캐나다 톰슨사의 차기 최고경영자CEO도 현 케네스 톰슨 회장의 아들 데이비드가 공식 지명됐다. 스웨덴의 발렌베리 가

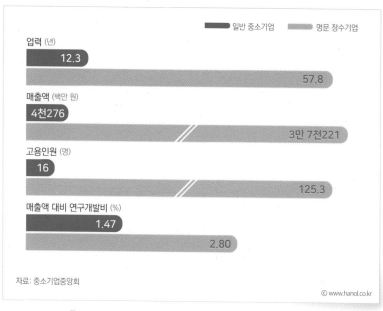

그림 2-2_ **명문장수 중소기업과 일반중소기업 경영성과 비교**

문은 존경받는 최대 재벌이다. 1856년 창업주 앙드레 발렌베리는 은행을 창업했다. 그 후 2대 CEO 크누트, 3대 마르쿠스, 4대 피터, 5대 야곱 인베스터 회장과 마르쿠스 주니어 SEB 회장에 이르렀다. 스웨덴의 '경주 최부자집'이다. 발렌베리의 후계자가 되기 위해서는 조건이 있다. 부모 도움 없이 대학을 졸업해야 하고 해외유학을 마쳐야 한다. 또 해군장교로 복무해야 한다. 이것이 최소 조건이다. 이런 조건을 갖춘 이들끼리 경쟁을 벌여 후계자가 결정된다. 그룹 대부분의 수익금은 세금으로 납부하고 배당이익은 공익재단으로 보내어 스웨덴의 과학·기술발전을 위해 사용한다. 이 밖에도 미디어 재벌 루퍼트 머독의 딸 엘리자베스 머독, 홍콩 재계의 1인자 리카싱의 아들 리처드 리, 패션그룹 폴로사 랄프 로렌 회장의 아들 데이비드 로렌 등이 2세 경영자로 기업을 이끌고 있다.

최근 들어 2세 경영인들이 동시다발적으로 전면에 나서게 된 이유는 이들의 부모세대가 거의 대부분 2차대전이 끝난 뒤 기업을 이루기 시작하며 이제는 일선에서 물러날 나이가 됐기 때문이다. 이런 현상은 비단 미국에만 한정되는 것이 아니라 인도, 홍콩, 호주 등 전 세계적인 현상이라고 〈포천〉은 소개했다. 이 같은 승계문제는 가족기업의 뜨거운 감자로 기업 내외 또는 세계의 이목을 집중시키고 있다. 이를 비롯해 최근 가족기업에 대한 인식 전환 및 미국 9·11 테러로 인한 재택근무 선호로 경영·경제전문 학술지 및 뉴스레터 등에 관련 기사들이 게재되고 있으며, 이 분야의 연구 또한 활발히 진행되고 있다.

♟♟ 강력한 추진력을 바탕으로 조선업 신화를 창조한 故 정주영 회장

1970년대 현대건설이 참여한 공사 가운데 가장 대표적인 것이 조선소 건설이다. 회사 내의 인력이나 채무 등 모든 공사 경영이 울산조선소 건설에 집중되었다고 해도 과언이 아닐 정도였다. 무엇보다 정부의 중화학공업육성 정책에 적극 동참함으로써 조국 근대화의 중심에 우뚝 서게 된 계기가 되었다는 점에서 더욱 의의가 큰 사업이었다. 조선소를 건설하기 위해서는 우선 부지를 선정하는 일이 급선무였다. 현대건설은 69년, 내항內港에 조선소를 건설할 계획으로 울산항 염포리 소재 부지 25만 평을 매입하였다. 그러나 기초 암반 조사 결과 조선소 부지로는 부적합하다는 판정을 얻자 이를 취소하고 조선소 건설에 적합한 부지를 찾기 위해 전국 해안을 조사하기 시작했다. 조사 끝에 1971년 미포만, 일산만에 연접한 부지가 가장 적합하다는 결론을 얻었고 이곳을 울산조선소 건설을 위한 부지로 확정하였다. 이곳은 백사장이 곧게 펼쳐진 아름다운 해변이었고 가옥은 300호 정도였다. 기후 등 입지조건이 좋았을 뿐만이 아니라 포항제철소와 거리가 가까워 부대 공사비를 절감할 수 있다는 큰 장점이 있었다. 부지를 선정한 이후 작업은 기술제휴 회사를 물색하는 일이었다. 1971년 영국의 A&P 애플도어Apple Dore사, 스코트 리우Scott Lithgow 조선소 등 두 회사와 기술 및 판매협조 계약을 체결하였다. 애플 도어사는 실내 도크를 갖추고 있었고, 특수선을 건조하는 유명한 조선기술회사였다. 스코트 리우사는 매월 1만 5천 톤 급 선박 1천씩을 건조하여 판매하는 대형 조선소였다.

부지선정과 기술 및 판매계약이 끝나자 곧 차관도입에 들어갔다. 1971년 7월에 완성된 '조선사업계획서'에 의하면 창업자금 6천300만 달러 가운데 4천3백만 달러는 현금 및 자본재 차관 등 외자로 하고 나머지 2천 달러는 내자로 조달하도록 되어 있었다. 이 중 내자는 회사 자체자금 1천만 달러와 정부지원 융자금 1천만 달러로 조달이 가능했으나, 문제는 4천3백만 달러에 달하는 차관을 도입하는 일이었다. 한화로 그 당시 약 1백72억 원에 달하는 거액으로 현대건설 총자본인 1백36억 원을 훨씬 상회하는 금액이었다.

1971년 초, 기술제휴를 계기로 영국에 런던 지점을 설치하게 된 현대는 정희영 상무를 지점장으로 임명하여 본격적으로 차관도입 작업에 들어갔다. 이로써 영국의 버클레이 은행을 간사 은행으로 해서 프랑스 수에즈 은행, 스페인의 코페이社, 서독의 프란츠 카르펠트社를 끌어들여 컨소시움을 구성하기로 하였다. 그러나 이들은 현대건설이 대형선박을 만들어본 경험이 없다는 이유를 들어 난색을 표명하였다. 결국 정주영 회장이 직접 교섭에 나섰다.

현대의 성공적인 해외 건설 실적과 시멘트 등 방계기업의 성실한 운영, 그리고 한국의 저렴하고 우수한 노동력을 강조하며 적극적인 설득작업에 들어갔다. 그러자 영국의 버클레이 은행이 차츰 긍정적인 반응을 보이기 시작했고, 장기저리융자신청서는 1차 관문을 힘겹게 통과할 수 있었다. 이제 남은 것은 이 차관의 지급 보증을 서줄 영국의 수출신용보호국Export Credits Guarantee Department의 결제였다. 까다롭기로 소문난 보호국ECGD에서는 선박의 판매 능력에 제동을 건 것이다. 한국과 같은 후진국에서 누가 배를 사겠냐는 얘기였다. 배를 살 사람이 있다는 것이 입증되지 않으면 결제를 해줄 수 없다는 강경한 입장을 표명했고, 이에 기술 및 판매협정을 체결한 A&P 애플도어사에 적극적으로 판매활동을 벌여 어렵사리 계약을 체결할 수 있었다. 그리스의 해운회사 리바노스社로 부터 당시 시세로는 16% 정도 싸게 1척당 3천95만 달러 25만 9천 톤 급 유조선 2척을 주문받아 계약을 성사시켰던 것이다. 힘겨운 과정이었지만 일단 지급보증 계약이 체결되자, 차관 도입과 관련한 제반 문제를 해결할 수 있었다. 여기서 우리는 강한 성취욕과 무모하기까지 한 모험정신을 볼 수 있다. 이는 소유경영자가 가진 개척정신의 결과라고 할 수 있는 것이다.

♟♟ 60년 전통 가족경영이 일군 초일류 신화 필츠코리아

"모든 회사는 위계질서가 필요하다. 단지 회사에 필요치 않은 것은 위계적 생각이다. 살아 있는 사고가 살아 숨쉬는 기업을 만든다" 필츠Pilz의 성공은 곧 필츠의 방식이 옳다는 증거이다. 필츠가 매력적인 직장인 이유도 바로 그 때문이다. 필츠는 지난 60여 년간 오랜 가족 운영 회사의 전통을 이어오고 있다. 여러 세대를 거치면서 필츠 가족과 회사 직원들은 고객에게 부가가치 솔루션을 제공한다는 목표를 함께 추구해 왔다.

이러한 고객 밀접도는 모든 분야에서 눈으로 확인할 수 있다. 개별적인 컨설팅, 완벽한 유동성, 믿을 수 있는 서비스를 통해 오랫동안 신뢰를 쌓아온 결과이다. 오늘날 필츠가 자동화 기술의 선두 브랜드로 우뚝 서게 된 것은 직원들의 지식, 열정, 창의력, 그리고 용기가 있었기 때문이다. 1천400여 명의 직원 모두 자신이 안전을 위한 특사라는 사명감을 갖고 'The spirit of safety'를 실현하기 위해 끊임없이 노력하고 있다. 세계 안전자동화의 대명사, 필츠그룹 리노트 필츠 Renate Pilz 대표의 경영 철학이다. 1987년 세계 최초로 페일 세이프 비상정지 스위치인 'PNOZ'로 이중 안전장치 기술의 선구자로 인정받은 필츠는 유럽 시장 내에서 높은 생산성을 지닌 기계 안전화 제품을 선보이며 유럽시장 50%를 점유한 세계적 기업이다. 안전한 작업환경을 제공할 책임은 고용주에게 있으며, 안전성은 인간의 행동규범과 기술에 의해 최대화될 수 있다는 믿음으로 산업재해율 0%에 도전해 온 필츠는 60년 넘게 가족 운영체제의 전통을 고수해 온 독일 회사다.

필츠의 창시자인 헤르만 필츠에서부터 시작된 가족경영은 60년째 계속되어 현재의 리노트 필츠에 이르기까지 광범위한 기술력을 축적한 글로벌기업으로 성장하는 밑바탕이 됐다. 필츠는 단 한 명의 고객이라도 원한다면 고객맞춤형 제품과 서비스를 개발해 제공한다. 필츠의 모든 업무는 항상 고객을 기준으로 수행된다. 이는 필츠의 특별함이며 곧 경쟁력으로 직결된다. 일찍이 안전화에 대한 중요성을 인지한 유럽연합은 엄격한 제도와 규범으로 안전한 작업환경을 조성하기 위한 끊임없는 노력을 전개해 왔다. 각국에서 유럽으로 수입된 모든 기계는 CE Certificate of Europe 마킹이라는 유럽의 품질인증을 받아야 하며, 기계의 안전성 강화를 위한 안전진단 Risk Assessment 또한 주기적으로 시행된다. 세계 23개국에 진출해 현지 업체와 파트너십을 체결하고 있는 필츠는 1980년대부터 세계 각국의 안전화 규정과 법규에 맞춘 엔지니어링 서비스를 제공하며 기계 안전화 분야에서 방대한 지식과 경험을 쌓아왔다. 시스템 솔루션에 가치를 더하여 고객에게 제공하는 것을 기본 덕목으로 삼는 필츠는 실용적 컨설팅과 트레이닝 적합한 기계설치와 점검 등의 조언 또한 꾸준히 제공하고 있다. 필츠의 사훈은 '자동화 이상의 안전 자동화'이다. 이는 단순한 시장 경쟁을 넘어 자동 안전화 인지도를 높이고 산업재해율을 낮춰 고객에게 믿을 수 있는 파트너로 다가가기 위한 필츠의 도전이다. 1948년 설립 이후 한결같이 지속돼 온 가족경영의 전통과 안전자동화에 대한 확고한 신념과 독립적이고 혁신적인 성장을 거듭해 온 필츠의 산업재해율 0%를 위한 도전은 오늘도 계속되고 있다.

♟♟ 별난 기업, 별난 오너 샘표식품

식물성 발효 조미료 연두, '전지현 카레'로 불리는 티아시아키친 커리, '다니엘 헤니 파스타'라는 별명이 붙은 폰타나…. 이들의 공통점은 '샘표식품이 운영하는 브랜드'이다. 하지만 이를 아는 소비자는 많지 않다. '간장업체'란 꼬리표를 떼기 위한 샘표식품의 의도된 마케팅 전략의 결과이다. 올해 창립 75주년을 맞은 대표적인 명문 장수 식품기업 샘표식품이 변화를 꾀하고 있다. '변신을 주도한 인물은 3세 경영인 박진선 사장[71]'이다. 그는 아낌없는 연구개발R&D 투자와 명민한 마케팅 전략으로 샘표식품을 바꿔놨다는 평가를 받고 있다. 샘표식품 '별난 오너' 박진선 샘표식품 사장은 전자공학도, 철학박사, 가업 승계, 최장수 상표, 최초의 CM송, 경영자의 TV광고, 역사보다 돋보이는 실험정신 등 독특한 이력을 가지고 있다. "일본식 양조기술로 섞이지 않은 전통의 간장 맛 되살릴 것"이라는 충무로의 간장공장 집 장손은 할아버지의 귀여움을 독차지했다. 잘나가던 전자공학도였던 장손은 미국 유학 중에 철학박사로 방향을 급선회했다. 철학박사가 된 전자공학도는 할아버지 박규회_{1976년 작고} 회장이 창업하고 아버지 박승복₈₉ 회장이 경영하던 샘표식품에 1988년에 입사하면서 가업을 잇는다. 1997년 이후 샘표식품의 대표이사를 맡고 있다. 박규회 회장은 1945년 월남했다. 처음엔 명동 대연각 호텔 맞은편에서 사무실을 내 학생복 도매업을 하다 '미스야 식초'로 유명했던 삼시장유라는 일본인 소스 회사를 1946년 인수했다. 샘표식품의 시작이었다. 지금은 샘표식품이 '역사와 전통의 기업'이지만 창업 초기엔 실험정신이 돋보인 회사였다.

1950년대에 주부사원을 고용한 것도 당시엔 파격적이었다. 여성, 그것도 기혼여성이 직장을 다닌다는 것은 상당히 이례적인 일이었다. 이들은 샘표간장을 직접 들고 가정을 방문해 다른 주부를 상대로 1 대 1 마케팅을 벌였다. 하지만 당시엔 사서 먹는 간장에 대한 인식이 없었던 때여서 소비자가 '집에서 담근 간장 못지않다'고 생각을 바꾸도록 하는 게 급선무였다. 공장에서, 대로변에서, 음식점에서 시식행사가 진행됐다. 결과는 대성공이었다. 그리고 1954년 창업 9년 만에 장류업계에서 1위에 오를 수 있었고, 그해 샘표라는 상표를 특허청에 등록했다. 간장을 만들 때 가장 중요한 게 깨끗한 물이고 이 물의 근원이 '샘'이라는 점에 착안했다. 한국에서 가장 오래된 상표가 된 사연이다. 박 사장은 "할아버지는 사람에 대한 애정이 대단한 분이셨다."며 "샘표식품이 60년 넘게 장수할 수 있었던 것은 할아버지 때부터 몸에 밴 사람 중시와 검소 정신이 '비결 아닌 비결'이다"라고 말했다.

직원은 가족이고 사람이 가장 중요하다는 창업주의 일념 때문에 지금까지 한 번도 감원이나 구조조정을 하지 않은 회사가 될 수 있었다고 박 사장은 말했다. 할아버지와 아버지 시절보다 직원도 많아지고 설비도 현대식이지만 박 사장의 요즘 관심은 다시 '전통'이다. 지금 팔리는 간장은 일본식 양조 기술이 섞여 우리나라 전통의 조선간장과 맛이 다르다는 것이다. "맛있는 불고기집을 갔더니 간장을 사서 쓰는 데는 없더라"며 "조선간장의 맛을 되살리고 싶어 열심히 연구중"이라고 했다. 지난 '서울 고메Seoul Gourmet 2010' 행사에서 공식 협찬사로 나가 간장을 일본식인 '소이 소스soy sauce'로 표기하지 않고 우리발음 그대로 'GanJang'이라고 써놓은 것도 이 때문이다. 고추장은 '칠리 페이스트chilly paste'가 아닌 'GochuJang'이 맞다는 게 박 사장의 고집이다. 직원들은 박 사장을 학습지 이름을 따 '빨간펜'이라고 부른다고 했다. 보고서나 기획서를 올리면 맞춤법까지 '첨삭지도'하기 때문이다. 이는 박 사장뿐 아니라 창업주인 할아버지와 아버지에게서 이어받은 것이다. "원칙과 기본이 몸에 밴 회사가 오래간다니까요."

♟♟ 세계 최장수기업 '일본 곤고구미' 1400년 생존비결

일본의 곤고구미는 창업 1400여 년이라는 세계 최장수 기업으로 잘 알려져 있다. 우리나라 장수기업들이 이제 막 100년을 넘기고 있는 현실에 비추어보면 경이로울 정도이다. 곤고구미는 왜 1천400여 년이라는 긴 세월 동안 생존이 가능했을까? 미 시사주간지 타임은 최신호 커버스토리 "아시아의 가족기업"에서 일본 건축 회사인 곤고 구미金剛組를 세계 최고最古기업이라 소개하고, 1천400년 생존전략 등을 상세히 보도했다. 578년 왕실의 명을 받아 현존하는 일본 최고 사찰인 오사카의 시텐노우지四天王寺를 만든 곤고구미의 창업자는 586년 쇼토쿠聖德 태자의 초청으로 백제에서 건너온 콩고 시게미츠金剛重光. 한국명 류중광다. 현재 곤고구미를 이끌고 있는 콩고 마사카즈金剛正和.54 사장은 콩고 시게미츠의 40대 후손이다. 타임은 이 회사의 장수비결에 대해 "한번 만든 건축물은 대를 이어 품질에 책임을 질만큼 기본에 철저하면서도, 시대 변화에 유연하게 대응한 결과"라고 분석했다. 실제 이 회사는 어떤 공사를 맡아도 기본에 충실하고, 보이는 곳보다 보이지 않는 곳에 더 신경을 쓰기로 명성이 높다. 임직원들은 지금도 시텐노우지는 물론 선조들이 지은 사찰이나 사원이 원형 그대로 보존되도록 매년 개보수를 하고 있다. 본사도 시텐노우지가 보이는 장소에 1400년 이상 두고 있다. 이 회사의 또 다른 특징은 경영환경 변화에 민첩하게 적응한다는 점이다. 콩고 마사카즈 사장은 "오랫동안 살아남는 튼튼한 건축물을 만들고 끝까지 품질을 지켜나갈 것"이라고 강조했다.

♟♟ 최고(最古)기업, 최고(最高)가 되어 날다

"가능하면 더 잘하라. 그것은 언제나 가능하다Do better if possible and that is always possible." 스위스 명품시계업체 바쉐론 콘스탄틴의 공동 창업자 프랑수아 콘스탄틴이 1819년 직원들에게 쓴 편지에 나오는 글귀다. 이 회사는 지금도 이 글귀를 모토로 삼아 더 좋은 시계를 만들고, 더 나은 서비스를 제공하기 위해 끊임없이 혁신하고 스스로를 담금질하고 있다. 256년 동안 한 번도 쉬지 않고 시계를 만들어낸 '세계 최고 시계업체'란 명성을 유지하면서 숱한 난관을 극복하고 '세계 최고 시계업체' 자리를 고수하고 있는 비결이다. 시장경제의 역사가 긴 유럽과 미국에서는 100년 이상 명맥을 유지하며 세계 최고 기업 반열에 오른 장수 기업들이 즐비하다. 200여 년의 역사를 지닌 스위스 명품 시계 업체들과 프랑스 타이어기업 미쉐린, 미국 화학업체 듀폰, 정보기술ɪᴛ기업 IBM 등이 대표적인 사례다.

전문가들은 이들 기업이 장수하며 세계 최고 기업이 된 요인으로 성공에 안주하지 않고 시대의 요구와 시장의 변화에 맞추거나 한발 앞서 가는 혁신능력을 꼽는다. 시장의 변화를 예견해 주력 업종을 과감히 전환하며 성장해 왔거나 한 우물을 파더라도 점진적인 혁신을 통해 경쟁력을 높여온 기업들이다.

조동성 서울대 경영학과 교수는 "진정한 장수기업은 '오래된 기업'이 아니라 지속적인 변화로 젊음을 유지하는 '불로ᴺᴼᵗ기업'을 의미 한다"고 강조했다.

동화약품은 1897년 창업 이래 '부채표'와 '활명수'라는 동일한 상호와 제품으로 114년 전통을 이어온 점에서 국내 최장수 제조회사다. 유사품이 난무하는 시장환경 속에서도 지속적인 패키지 리뉴얼과 변치 않는 약효로 소비자들의 사랑을 받고 있다. 지금은 400여 종의 의약품과 30여 종의 원료 의약품을 생산해 국내에서 판매할 뿐 아니라 세계 40여 개국에 수출하고 있다. 올해로 창립 87주년을 맞는 삼양그룹은 방적과 제당, 폴리에스터 섬유사업 등으로 한국인의 의식주 해결에 기여해 온 기업이다. 이후 화학과 식품, 의약, 산업자재, 용기, 사료, 무역부문으로 사업영역을 확장해 왔다. 한국타이어는 70년간 '타이어 전문 회사'라는 한 우물만 파왔다. 업계 최고 수준의 연구·개발R&D 투자와 해외시장 개척으로 세계 타이어 업계 10위권에 드는 글로벌 기업으로 성장했다. 아모레퍼시픽은 1945년 9월 설립 이후 국내 화장품 시장에서 부동의 1위를 지키고 있다. 국내 최초 순식물성 포마드 'ABC포마드'에서 한방 화장품 '설화수'에 이르기까지 끊임없는 연구·개발을 통해 혁신적인 제품을 선보이며 한국 화장품산업을 이끌어왔다. 올해로 창립 72주년을 맞은 대림산업도 부침이 심한 건설업계에서 생존과 발전을 위한 끝없는 혁신과 도전으로 '톱 플레이어' 자리를 지키고 있다.

사실 가족중심 경영은 많은 장점을 지니고 있다. 주식 소유가 분산되어 있고 전문경영진에 의해 운영되는 기업에 비해 가족중심으로 경영되는 기업들은 '우리 가족회사'라는 강한 주인의식이 책임경영으로 이어지고, 단기적인 성과에 연연하기보다는 장기적인 안목으로 투자 결정을 내릴 가능성이 높다.

재벌을 비롯한 우리나라의 많은 기업들은 가족중심 경영을 통해 성장해 왔다. 창업 이후 시간이 지남에 따라 가족구성원의 수는 증가하게 되고, 기업의 성장에 따라 외부자본이 유입되면서 가족구성원 개개인뿐만 아니라 가족 전체의 기업내 지분 감소는 필연적이며 이 과정에서 가족의 지나친 경영권에 대한 집착은 가족이 아닌 다른 주주 및 이해당사자와의 이해상충을 일으킬 수밖에 없게 된다. 기업의 역사가 우리보다 오랜 미국의 경우에도 S&P 500에 포함된 기업 중 약 3분의 1은 특정 가족이 대주주로서 경영에 깊이 관여하고 있는 가족기업으로 분류되고 있으며, 최근 연구들은 평균적으로 이들 기업의 성과가 다른 기업들에 비해 우월함을 보이고 있다.

요즘과 같이 회사가 어려움에 처할 때 현 CEO인 윌리암 포드와 같은 집안 내에서 뛰어난 인물이 직접 경영에 나서기도 하며 오늘의 포드자동차를 일구어오고 있다. 포드 집안과 같이 기업에 대한 가족의 영향력을 유지하면서 기업의 성장과 번성에 기여할 수 있었던 것은 이들이 안정적인 지배구조하에서 대주주의 역할을 충실히 수행했기 때문이다. 소액주주들은 사실 창업자의 가족들이 기업을 완전히 떠나기보다는 기업 내에서 이들이 지속적으로 대주주의 역할을 수행해 주길 바라고 있다.

기업의 성장과 발전에 단순한 금전적 가치 이상을 부여하고 언제나 주식을 팔고 떠날 수 있는 일반 주주들과 달리 진정한 장기 투자자인 이들 가족 대주주들은 유능한 전문 경영진을 영입하고 이들에 대한 지원과 견제·감시의 기능을 더욱 효율적으로 충실하게 수행할 수 있기 때문이다.

Chapter 03

가업승계는 영속적 성장과 직결되는
제2의 창업

"성공적인 가업승계는 제2의 창업이다." 기업의 최고 가치는 영속성이고, 지속가능한 기업만이 고객들의 신뢰를 얻고 시장을 지배할 수 있다. 눈앞의 매출액에 연연하기보다 영속적인 기업이 되겠다는 신념으로 끈기 있는 도전을 멈추지 않는 전도유망한 가업승계 중소기업들이 관심을 받고 있다. 그러나 최근 언론에 "평생일군 기업, 증여·상속세 때문에 무서워 회사를 매각"이라는 기사들이 화두가 되기도 한다. "상속세의 최고 65% 세금폭탄", "M&A 매물 2년 새 28% 늘어", "증여·상속세 때문에 회사 넘긴다", "수년 전 대형 화재사고도 버텨냈는데, 증여·상속세를 낼 수 없어 회사를 헐값에 넘겼다"…

영화팬이라면 반드시 보아야 할 걸작이자 역대 미국 영화 중 최고의 작품 'Best 5' 안에 반드시 들어가는 대작인 영화 〈대부God Father〉에 대한 평론가들과 팬들의 평가는 한마디로 최고 중의 최고이다. 영화 대부God Father는 전편은 물론 속편까지도 아카데미 작품상을 수상한 전무후무한 기록을 남긴 명화이다. 미국 암흑가의 제1인자인 비토 코를레오네Vito Corleone는 정계·경찰과 깊은 관계를 맺는다. 그리고 힘과 조직으로 밀수·부정청탁 등의 부당한 행위를 서슴지 않는다. 세월이 흘러 그도 늙고 병들어 세 자식 중 누구에게 대통을 이어주려고 하지만 뜻대로 되지 않는다. 하지만 아버지 비토 코를레오네의 갑작스러운 사고로 대학 출신의 인텔리인 막내 아들 마이클이 조직의 보스 자리를 이어받으면서 생기는 이야기를 바탕으로 하고 있다. 그런데, 이런 장면은 영화 속의 일만은 아니다.

업계 선두권의 금융기관에서 능력을 인정받고 있는 B 팀장은 최근 회사에 사직서를 제출했다. 연세가 많은 아버지의 사업을 이어받기 위해서이다. 지방의 종합병원에서 외과과장으로 명성을 얻고 있는 A씨도 부친의 사업 문제로 요즘 고민이 많다. 부친이 칠순을 훌쩍 넘긴 연세에도 불구하고 중장비사업에서 나아가 조선 분야의 신사업을 새로 시작했기 때문이다. 잘나가는 외과 전문의 직업을 버리고 아버지의 사업을 잇기에는 망설여지는 바가 크지만, 그렇다고 마땅히 경영을 이어받을 다른 형제자매도 없어 걱정인 것이다. 일본에서 대학을 졸업하고 국내 명문대 MBA를 마친 후 국내 민간 경제연구소에 근무하고 있던 K 연구원도 최근 회사에 사직서를 제출했다. 아버지가 갑작스런 병으로 기업을 경영하기가 어려운 상황이기 때문이다. 위의 사례처럼, 우리 주변에서는 중소기업을 운영하고 있는 부모 세대의 사업을 물려받는 문제로 고민하거나, 하던 일을 그만두는 사람들을 어렵지 않게 찾아볼 수 있다. 가족기업이 국내 경제에서 차지하는 위치와 당면하고 있는 핵심 도전 과제인 가업승계 문제가 중요해지고있는 것이다.

표 3-1_ 가업승계 대비를 위해 기본적으로 파악해야 할 현황

파악대상	점검항목
경영자원	종업원의 수/연령별 분포, 자산의 종류/규모, 현금 흐름의 현황
리스크 및 전망	회사의 부채 상황, 회사의 경쟁력/시장점유율, 경영권 변동 시 발생 가능한 이해관계자(거래처, 기존임원, 소수지분권자 등)의 관계변화 리스크
개인재산	보유주식 현황, 개인명의 부동산 현황, 개인부채/보증 등의 상황
후계자 후보	회사 경영에의 참여 여부, 나이/성격/대인관계 등 경영소질, 후보자 소유 주식 등 재산현황/경제적 능력
조세부담 능력 기타 예상문제점	상속세/증여세 등의 예측, 조세부과에 따른 부담능력, 친족들과의 분쟁 가능성 등

가업승계란 기업이 회사의 동일성을 유지하면서 소유권이나 경영권을 후계자에게 넘겨주는 것을 말한다. 구체적으로 소유권 승계와 경영권 승계라는 두 가지 측면이 있다. 중소기업은 우리나라 고용 시장의 88%를 차지하며 전체 사업체의 약 99%를 차지하고 있는 국가경제의 근간이다. 최근 사회 전반의 고령화 경향과 더불어 중소기업 경영자의 고령화 역시 빠른 속도로 진행되고 있다.

중소기업 CEO의 평균연령 : 48.2세'93 → 51.5세'07, 60세 이상 CEO의 고령화율 : 10.6%'93 → 17.0%'07로 1960~70년대에 창업한 경영 1세대의 고령화를 계기로 가업승계가 중소기업의 지속가능한 성장을 위한 중요 과제로 등장하였으며, 중소기업의 원활한 가업승계가 국가경제를 안정·발전시키는 원동력이라는 인식도 널리 퍼지고 있다.

중소기업중앙회Kbiz에서는 잠재적 가업승계 기업을 대상으로 가업승계 준비 상황과 애로요인, 정책과제 등 기본실태를 조사하여 가업승계 원활화 지원방안을 모색하기 위해 중소기업경영자 6천826명, 경영후계자 404명을 대상으로 설문조사를 실시했다. 이 기본 자료를 바탕으로 가업승계 동기와 처리계획, 가업승계 준비 정도와 의사소통, 경영후계자가 갖추어야 할 자질, 가업승계 경영수업 및 교육프로그램, 가업승계 애로요인, 가업승계 원활화를 위한 정책과제 등 가업승계전략을 제언하고자 한다.

01
/
가업승계 동기와
승계계획

    가업승계 대책이 미리 마련되어 있지 않으면 기업의 존속 자체가 어려워질 수 있다. 많은 중소기업 경영자들의 고령화에도 불구하고, 구체적인 가업승계 대책을 세우고 있는 기업은 그리 많지 않다. 가업을 승계해 주어야 할 경영자의 입장에서는 가업승계가 먼 훗날의 일로 느껴지고, 기업이나 가정에서의 영향력이 줄어드는 것을 원하지 않을 수도 있다. 또한 후계자 입장에서도 먼저 가업승계를 이야기하는 것이 현 경영자의 은퇴를 재촉하는 인상을 주는 것 같아 부담스럽다. 그러나 가업승계 대책이 제대로 세워지지 않은 상태에서 갑자기 현 경영자의 유고有故가 생기는 등 예상치 못한 일이 일어난다면, 기업의 존속 자체가 어려워질 수 있다는 점을 명심해야 한다.

첫째, 사전증여나 유언을 통하여 후계자에 대한 주식이전을 미리 마련해 두지 않았다면 경영권 확보에 필요한 주식이 뿔뿔이 흩어져 염두에 두었던 후계자가 회사를 이어받지 못할 수도 있다.

둘째, 가업승계를 위한 후계자 교육이 충분하지 않은 상태에서 후계자가 갑작스럽게 회사를 이어받을 경우 후계자와 기존의 임직원들 사이에서 심각한 갈등이 나타날 수 있다.

셋째, 가업승계의 경우 막대한 세금이 일시에 부과될 수 있기 때문에 합리적인 절세 방안을 세워놓지 않았다면 세금 때문에 회사의 유지가 어려워질 수도 있다. 세금 마련을 위해 어쩔 수 없이 가장 가치 있고 필요한 재산부터 처분해 나가기 시작한다면 기업의 경영 자체가 정상적으로 이루어질 수 없을 것이다. 따라서 체계적인 가업승계 대책을 미리 세워놓고 가업승계에 따른 충격을 최소화하여야 하며, 기업이 경영자의 교체와 무관하게 계속 성장할 수 있는 바탕을 마련해 두어야 한다.

중소기업 열 곳 중 일곱 곳이 가업을 물려줄 의향이 있지만 과중한 조세부담으로 승계에 애로를 느끼는 것으로 조사됐다. 중소기업의 68.5%가 가업을 승계할 의향이 있는 것으로 나타났으며, 가업승계를 하고자 하는 주된 이유로는 '기업을 지속적으로 발전시키기 위해서'라는 의견이 가장 높게 조사되었다. 이 중 이미 승계가 진행 중인 곳은 24%에 달했으며, 가업승계 의향이 없다고 밝힌 기업은 11.4%에 그쳤다.

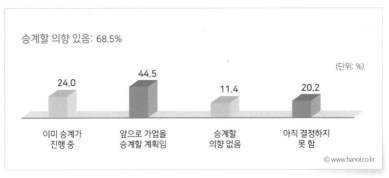

승계할 의향 있음: 68.5%

(단위: %)

24.0　　　44.5　　　11.4　　　20.2

이미 승계가　　앞으로 가업을　　승계할　　아직 결정하지
진행 중　　　승계할 계획임　　의향 없음　　못 함

© www.hanol.co.kr

그림 3-1_ **경영자의 가업승계 의향**

　가업승계의 주된 동기로는 경영자69.4%와 후계자79.5% 모두 '기업의 지속 발전을 위해서'라는 의견이 가장 많았다. 뒤이어 경영자는 '본인의 고령 및 건강'29.4%을, 후계자는 '가업에 대한 자부심과 사명감'34.8%을 지목했다.

표 3-2_ **중소기업 가업승계 동기**

(단위: 명, %)

구분	경영자	후계자
응답자 수	(180)	(161)
기업을 지속발전 시키기 위해	69.4	79.5
경영자의 고령, 건강 때문에	29.4	27.3
후계자에게 역량발휘 기회를 주기 위해	17.8	6.2
가업에 대한 자부심과 사명감 때문에	16.1	34.8
우수기술 및 경영 노하우 계승을 위해	11.7	13.0
종업원의 고용 안정을 위해	11.1	10.6
생계유지 수단으로	3.9	5.0
무응답 및 기타	1.7	0.6

　　　　　　　　　　　　　　　　　　　　승계전략과 핵심인재 육성

가업을 물려줄 후계자로는 응답 기업의 57%가 '자녀'를 꼽았다. 뒤이어 '전문경영인'7.2%, '임직원'3.0%, '친족'1.5% 등의 순이었으며, 가업승계 대상을 아직 결정하지 못했다고 답한 기업은 26.6%였다.

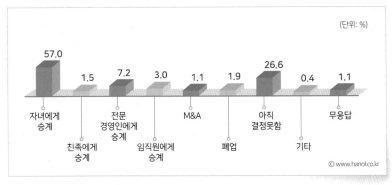

(단위: %)

57.0
1.5
7.2
3.0
1.1
1.9
26.6
0.4
1.1

자녀에게 승계
친족에게 승계
전문 경영인에게 승계
임직원에게 승계
M&A
폐업
아직 결정못함
기타
무응답

© www.hanol.co.kr

⊥ 그림 3-2_ **경영자의 가업승계 처리계획 1**

02

가업승계
준비 정도와 의사소통

가업승계 대책은 현재 기업이 어떠한 상황에 놓여 있는지를 정확하게 파악하는 것에서부터 출발한다. 즉, ① 경영자원 ② 해당 사업 분야의 리스크 및 전망 ③ 경영자의 개인재산 ④ 후계자 후보의 상황 ⑤ 조세부담능력 및 기타 예상되는 문제 등에 대한 명확한 파악이 필요하다.

다음으로는 승계유형의 결정이다. 친족이나 친족 외 승계, M&A 중 회사의 실정에 맞는 방법을 선택하여야 한다. 기업의 현황을 정확히 파악하고 가장 알맞는 승계방법을 결정하였더라도 가업승계의 성공을 좌우할 수 있는 가장 중요한 요소는 이해관계자와의 충분한 의사소통이라고 할 수 있다. 후계자 후보들은 물론 친족, 회사의 임직원, 거래처 등 기업 경영과 관련된 여러 당사자들의 의견을 사전에 충분히 듣고 이들에게 경영자의 결단을 설명하는 과정을 반드시 거쳐야 한다. 후계자에 대한 체계적인 교육과 경영권 및 소유권 이전에 대한 준비는 이와 같은 사전작업을 충분히 거친 다음에 비로소 고려해야 한다. 충분한 사전작업 없이 후계자를 일방적으로 선언하거나 경영권 등의 이전 절차를 진행한다면 성공적인 가업승계를 장담할 수 없다. 경영후계자를 정했다고 답한 경영자에게 가업승계 준비현황에 대해 질문한 결과 68.5%가 '불충분하거나 준비를 못하고 있다'고 답했다.

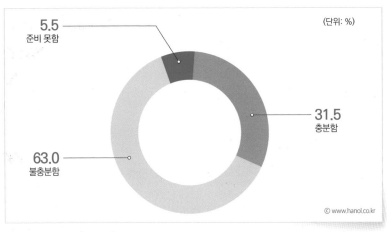

━┃━ 그림 3-3_ **경영자의 가업승계 처리계획 2**

중소기업 경영자를 대상으로 '후계자 선정 여부'를 묻는 문항에서는 48.3%가 '이미 후계자를 정했다'고 밝혔다. 경영 후계자를 나중에 결정하겠다는 응답은 41.1%였으며, 마땅한 후계자가 없다고 답한 비율은 10.6%였다.

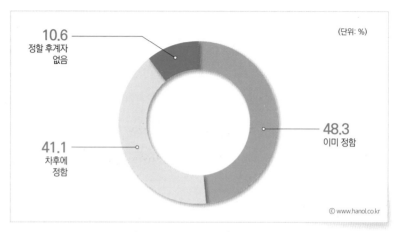

(단위: %)

10.6
정할 후계자
없음

48.3
이미 정함

41.1
차후에
정함

ⓒ www.hanol.co.kr

▌ 그림 3-4_**경영후계자 선정여부**

가업승계 관련 의사소통 원활화 정도로는 '원활함' 의견이 경영자 50.8%, 후계자 52.8%로 조사되어 경영자에 비해 후계자가 2% 높은 반면에 '원활하지 않음' 의견은 후계자 12.4%로 경영자 7.7%에 비해 4.7% 높아 서로 상반된 의견을 보인 것으로 나타났다.

표 3-3_ **가업승계 관련 의사소통 원활화 정도**

(단위: 명, %)

구분	응답자수	의사소통이 원활함			보통	의사소통이 원활치 않음		
		매우원활	원활	소계		원활치 않음	매우 원활치 않음	소계
경영자	(234)	14.5	36.3	50.8	41.5	7.3	0.4	7.7
후계자	(161)	16.8	36.0	52.8	34.8	10.6	1.9	12.4

의사소통이 원활하지 않은 이유로는 경영자의 경우 '우리나라 정서상 승계문제를 공식화하기가 곤란하다'는 의견이 33.3%로 높지만 후계자의 경우에는 '경영자의 수직적, 일방적 의사소통'이라는 의견

승계전략과 핵심인재 육성

이 40.9%로 높게 조사되었다.

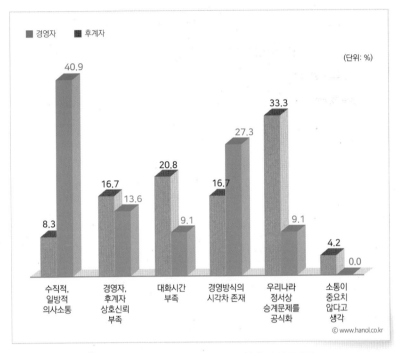

북 그림 3-5_**가업승계 관련 의사소통이 원활하지 않은 이유**

03

경영후계자가
갖추어야 할 자질

유럽 오너 경영의 대표로는 '스웨덴의 발렌베리 가문'이 꼽힌다. 5대째 스웨덴 국민의 존경을 받고 있는 이 가문의 우산에는 에릭슨, 가전업체인 일렉트로룩스, 자동차·비행기 생산업체인 사브 등이 들어가 있다. 발렌베리 가문은 '소유는 특권이 아니라 책임'이라는 전통을 150년 넘게 지켜오며 스웨덴 국민의 사랑을 받고 있다. 발렌베리 가문에서 가장 눈에 띄는 것 중 하나는 경영승계 부분이다. 이 가문에서 최고경영자급에 오르기 위해서는 부모 도움 없이 대학을 졸업해야 하고 해외 유학을 다녀와야 한다. 또 해군 장교로 복무해야 한다. 이건 충분조건이 아니라 필요조건일 뿐이다. 이런 조건을 갖춘 이들끼리 다시 경쟁을 벌여 경영 능력을 검증받은 뒤 경영후계자가 된다.

중소기업의 성공적인 가업승계를 위해서는 사전에 역량과 자질을 갖춘 후계자 육성이 무엇보다 중요하다. 기업가란 일정한 수익을 기대하면서 위험을 무릅쓰고 기업을 경영하는 사람이다. 국가나 사회의 입장에서 보면 이들의 열성적인 노력과 창의성에 의해 신제품이나 새로운 형태의 서비스가 출현하게 되고 그 결과 국가나 사회의 경제활동이 활력을 갖게 되므로 기업가를 국가나 사회 발전의 동인이라고 할 수 있다. 또한 기업가는 기업에 필요한 자본의 출자자인 동시에 경영활동에 참여하고, 거기에서 발생하는 결과에 대해 스스로 모든 책임을 지는 사람을 지칭한다. 일반적으로 경영후계자로서 갖춰야 할 능력이라면 다음과 같은 것들이 있다.

♟♟ 관리자 정신

관리자 정신이란 연속되는 긴장을 견딜 수 있는 능력, 위기에 대한 적절한 대응책을 강구하는 능력, 경영목표를 명확히 하고 목표 달성을 위하여 조직을 효율적으로 통제·관리하는 능력으로서 의지, 인내력, 냉정성 등을 들 수 있다.

이 능력은 조직 안에서 최적의 방안을 찾아내는 능력으로 기업이 안정적인 성장을 지속하고 있을 때 유효하다. 이러한 힘은 어려움을 단계적으로 하나씩 극복해 온 경영자에게 많이 볼 수 있다. 관리자 정신이 강한 경영자의 결점은 당면한 문제해결 능력은 있지만 스스로 문제를 만들어 내는 능력은 부족하다는 것이다. 기업가 정신이 강한 경영자는 반대로 문제를 해결하는 능력보다 문제를 만드는 능력이 우수하다.

♟ 리더십 능력

리더십 능력은 조직의 목표를 효과적으로 달성하기 위하여 리더가 부하에게 행사하는 대인적 영향력이다. 경영자가 리더십 능력을 발휘하기 위해서는 조직구성원들이 기업의 경영이념과 경영목표를 명확히 하고, 구성원들을 신뢰하고, 사기를 진작시킬 수 있으며, 경영목표에 대한 도전의욕을 가지게 한다. 바람직한 경영후계자 능력은 상황에 따라서 다를 수 있다.

❶ 환경이 안정적일 때는 장래의 기업성장보다도 환경적응전략을 책정·실행해야 하는 관리자 정신이 중요하다.

❷ 환경이 급격하게 변화할 때는 새로운 방향으로 기업경영의 변화와 혁신을 주도할 수 있는 기업가 정신이 필요하다. 리더십 능력은 경영후계자가 스스로 능력을 변화하고 개발해 나가는 능력이라 할 수 있다.

♟ 기업가 정신

경영후계자의 '기업가 정신Entrepreneurship'에 따라 창의와 혁신을 대표하는 기업이 될 수도 있고, 그저 평범한 기업으로 남을 수도 있다. 갈브레스J. K. Galbraith는 '테크노스트럭처technostructure'라고 하는 관리자 집단을 중심으로 이론을 전개하여 기업가와 관리자를 성격 면에서 예리하게 대비시켰다. 즉, 기업가 정신은 불확실성에 의하여 특징이 지워지는 세계 속에서 개인 또는 하나의 사업경영에 종사하는 집단에 의하여 행해지는 통합된 일련의 행위이다.

기업가 정신을 경영자 마인드로 잘못 오해하는 경향이 있는데 기업이란 말이 본래 '일으킬 기'起에 '업 업'業 자다. 어려운 위험이 많음에도 스스로 판단하고 행동으로 옮겨 지금까지 존재하지 않던 가치나 일자리를 만드는 일련의 행동이 기업가 정신인 것이다.

기업가 정신은 끊임없이 새로운 기회를 찾아 신新성장 엔진을 발굴하고, 사업 방식이나 업의 개념까지도 근본적으로 바꾸는 '혁신적이고 창의적인 행동과 마인드'를 일컫는 말이다. 이를 두고 신고전학파 경제학자 슘페터Schumpeter는 "기업가 정신은 창조적 파괴의 과정에 기여하는 것이다"라고 지적한 바 있다. 현대 경영학의 대부인 피터 드러커Peter Drucker는 "결코 새로운 것의 발명이나 창조적 파괴의 과정이 아니어도 기업가 정신은 발휘될 수 있다"라는 의견을 제시하기도 했다.

청수용영淸水龍瑩은 오늘날 경영자능력을 전개해 나가기 위한 기업가 정신에 대하여 새로운 정의를 말하고 있다. 경영자는 개인특성으로 기업가적인 것과 관리자적인 것을 가지고 있어도 그것이 기능으로써 실행되지 않으면 경영자능력이라고 볼 수 없다. 그래서 기업가 정신을 기능과 연관시켜 경영자능력이라 정의하고 있다. 즉 기업가 정신은 자기 스스로 창출하는 능력이고 변화하는 환경을 빨리 통찰하여 자신의 위험부담에 항상 새로운 요소 결합을 의사결정하는 능력이라고 말하고 있다. 즉, 기업가 정신을 정리하면 경영자의 진취적인 태도, 기업의 위험부담에 적극적인 태도, 변화와 혁신을 끊임없이 추구하는 정신이다.

의사결정 능력

경영후계자가 사업운영과 관련하여 적절한 의사결정을 내리는 것은 사업성공에 중요한 영향을 미친다. 여러 가지 실현 가능한 대안들을 상호 비교·평가하고 그중에서 가장 최적의 안을 선택하는 의사결정기법은 회사가 나아가야 할 여러 방안 중에서 가장 적절한 방향을 선택하는 길잡이가 된다. 경영자와 후계자의 경우 후계자가 갖추어야 할 자질이 '경영철학 및 기업가 정신'이라는 의견이 가장 높았고, '리더십 및 조직관리 능력', '전문적 지식 및 기술' 순으로 조사되었다.

표 3-4_ **경영후계자가 갖추어야 할 자질**

(단위: 명, %)

구분	경영자	후계자
응답자 수	(263)	(161)
경영철학 및 기업가 정신	32.3	39.8
리더십 및 조직 관리	28.9	32.9
전문적 지식 및 기술	13.7	9.3
대외교섭 및 협상능력	2.7	1.9
생산관리 및 마케팅 능력	8.0	2.5
재무 능력(조세, 금융 등)	1.9	4.3
글로벌 경영 능력	3.4	2.5
직업 윤리와 성실성	4.2	2.5
도전 정신, 창의성	4.2	4.3
무응답	0.8	0.0

성공적인 경영후계자의 특성은 재정적 통찰력, 경제학적 지식, 비즈니스 운영 경험, 가족 역학에 대한 통찰력 등 다양하다. 하지만 더 미래 지향적인 지도자의 길을 걷기 위해서는 다음과 같은 질문에 답할 수 있어야 한다.

- 향후 5~10년 동안 어떠한 정치적, 경제적, 사회적 또는 기술적 변화가 가문에 영향을 미칠 것인가?
- 단기1~5년 및 장기5년 이상에 걸쳐 조직을 가장 위협할 요인은 어떤 것인가?
- 단기1~5년와 장기5년 이상에 걸쳐 변화하게 될 사업과 그에 따른 전략은 어떤 것인가?
- 가문은 미래에 어떤 방식으로 성장할 예정인가?
- 단기 및 장기전략을 추진하기 위해 가문은 어떤 역량을 갖추어야 하는가?

가업승계
경영수업 및 교육프로그램

중소벤처기업의 성공적인 가업승계를 위해서는 승계 전 교육프로그램을 통한 경영수업은 필수적이라 할 수 있다. 후계자 교육은 사내·사외의 각종 교육 프로그램을 활용하는 것이 바람직하고, 경영자 자신의 경영이념과 노하우를 넘겨주는 것이 필수적이며, 경영권 및 소유권의 이전에 대해서는 관련 법제도에 맞추어 대비함으로써 예상치 못한 어려움을 미리 막아내도록 해야 한다.

중소벤처기업진흥공단은 '청년창업사관학교'를 신규 설립해 기술 지원에부터 교육, 자금, 마케팅에 이르는 창업 지원체제를 갖추고, 혁신적인 생각과 우수한 기술로 창업에 도전하는 젊은 CEO 양성에 나섰다. 또한 CEO 고령화 문제해결에 나섰다. 우리나라는 앞으로 중소기업 CEO의 고령화 문제를 해결하지 않으면 문제가 심각해질 것이라고 지적하며 청년사관학교를 통해 청년기술 창업과 가업승계를 위한 방향으로 교육을 진행할 예정이라고 밝혔다. 청년창업사관학교는 기술집약형 창업아이템을 사업화하고자 하는 만 39세 이하의 청년 예비창업자를 선발해 사관학교와 같은 체계적인 지원 프로그램으로 미래의 CEO를 양성한다. 이를 통해 청년들의 창업 활성화와 일자리 창출, 중소기업의 CEO 고령화 문제 해결에 나설 방침이다.

청년창업사관학교는 외부 인사 13명과 중소벤처기업진흥공단 관계자 3명으로 구성된 전문 멘토들의 관리로 기술 및 제품개발 장비 활용, 단계별 사업비 및 마케팅 지원 등이 이뤄질 예정이다. 체계적인 교육은 물론 사업 준비 공간 제공과 졸업한 학생에 한해 창업지원금으로 10~20억 원의 융자도 이뤄지고 있다. 이미 중진공은 2011년 개교 첫 해 청년기술창업 예비 CEO 약 211명을 선발했다. 이들은 1천137명의 지원자 중 서류, 면접, 입교심사의 3단계 심사를 통해 선정된 인원으로, 6개월 단위로 19명의 전문 멘토의 중간점검을 통해 사업수행능력 미달자를 단계별로 퇴교시키는 등의 과정을 거치게 된다. 청년창업사관학교는 "개교 10년 동안 4천798명의 청년사업가를 탄생시켰으며, 1만 3천759명의 고용창출을 하는 등 창업생태계 조성에 앞장서고 있다."

후계자 경영역량 강화를 위한 가장 효율적인 경영수업 방법으로는 경영자, 후계자 모두 "사내근무" 의견이 가장 높았다 경영자 46.0%, 후계자 33.5%.

다음으로는 경영자의 경우 "대기업, 동종업계 근무" 23.2%, 후계자의 경우 "경영자의 코칭·멘토링" 28%로 조사되었다.

표 3-5_ **경영역량 강화를 위해 효율적인 경영수업**

(단위: 명, %)

구분	응답자수	사내근무	대기업, 동종업계 근무	연구기관, 공공기관 근무	MBA 과정 등 외부교육	독립적인 사업 운영	경영자의 코칭, 멘토링	무응답
경영자	(263)	46.0	23.2	1.9	2.7	7.2	17.9	1.1
후계자	(161)	33.5	22.4	1.2	6.2	8.1	28.0	0.6

경영후계자 역량 강화를 위한 외부 전문 교육프로그램 필요성에 대해서도 경영자, 후계자 모두 필요하다는 의견이 높았으며 구체적으로 보면 "프로그램이 필요함" 의견이 경영자 62.3%, 후계자 75.8%로 외부 교육프로그램의 필요성을 느끼는 정도는 경영자보다 후계자가 13.5% 높은 것으로 조사되었다.

표 3-6_ **경영역량 강화를 위한 교육프로그램 필요성**

(단위: 명, %)

구분	응답자수	프로그램이 필요함			보통	프로그램이 필요 없음		
		매우 필요함	필요함	소계		필요성 별로 없음	필요성 전혀 없음	소계
경영자	(262)	13.4	48.9	62.3	24.0	11.8	1.9	13.7
후계자	(161)	28.0	47.8	75.8	19.9	3.7	0.6	4.3

05

가업승계 관련
중요 애로사항

　우리나라 중소기업은 현재 1960~1970년대에 창업해 경제성장을 견인했던 경영 1세대의 고령화로 대규모 은퇴가 예상되면서 원활한 가업승계가 장수기업의 토대를 마련하고 안정적인 고용창출에 기여할 수 있는 중요한 시기에 놓여 있다. 우리나라 기업인들의 60% 정도가 경영권 승계를 고려해야 할 정도로 고령화되어 있고, 이 중 75% 정도가 자식한테 물려줄 생각을 가지고 있다고 한다. 그러나 우리나라에서 중소기업인이 2세에게 기업을 물려주기가 간단치 않다. 예컨대, 매출 500억대의 건실했던 중소기업의 창업자가 지병으로 갑자기 사망했는데 2세가 총 200억 원의 재산을 상속받았으나 100억 원 가량의 상속세를 내야 했다고 한다. 따라서 상속을 받고 회사의 자금사정이 어려워졌고, 거래처들마저 등을 돌리게 되어 결국은 폐업을 했다. 이렇게 가업승계가 원활히 이루어지지 않게 되면 기업의 수명은 짧아질 수밖에 없으며, 기업에 축적된 고유기술이나 경영노하우는 사장死藏되고 고용불안을 가져오게 되는 것이다.

어느 연구기관은 우리나라에서 10년 안에 가업승계가 원활히 정착되지 못하면 제조업 기반이 무너지게 된다고 말하고 있다. 중소기업 가업승계와 관련한 애로로는 경영자73.4%와 후계자78.3% 모두 "상속·증여세 등 조세부담"을 꼽고 있어 이에 대한 대책마련이 시급한 실정이다.

표 3-7_가업승계 관련 중요 애로사항

(단위: 명, %)

구분	경영자	후계자
응답자 수	(263)	(161)
상속 증여세 등 조세부담	73.4	78.3
영위 사업의 사업 수익성 악화	29.3	18.6
후계자의 경영 역량 부족	17.1	19.3
자녀들이 가업 승계를 원치 않음	5.7	2.5
지분 구조의 복잡성으로 승계곤란	5.3	9.3
경영자(후계자) 또는 가족과의 갈등	3.8	5.0
종업원, 거래처와 관계 악화	3.0	6.8
기타	1.9	3.1
무응답	0.8	0.0

현재 우리나라는 10년 이상 경영한 중소기업의 사업용 자산이나 최대주주로서 지분율이 50% 이상인상장 30% 주식을 상속할 경우 상속재산의 40%를 과세가액에서 공제해 주고 있으며, 가업승계 후 10

승계전략과 핵심인재 육성

년간 상속 시점 사업용 자산의 80% 이상, 상속받은 지분 100%를 유지하지 않으면 공제받은 상속세 전액을 다시 납부해야 한다.

독일은 지분율이 25% 이상인 주식을 상속할 상속재산의 85~100%를 과세가액을 공제해 주고 있다. 구체적으로 가업승계 이후 7년간 고용의 93%를 유지하면 상속재산의 85%, 10년간 고용의 100%를 유지하면 상속재산의 100%를 공제해 주고 있다. 가업승계와 고용을 연계한 것이다.

일본은 지분율이 50%를 초과하는 비상장 주식을 상속할 경우 비상장주식가액의 80%에 해당하는 상속세를 면제해 주고 있으나, 상속이후 5년간 고용의 80% 이상, 지분 100%를 유지해야 한다.

표 3-8_ **각국의 가업승계지원 정책**

구분	한국	독일	일본
적용대상	상장주식(지분율 30% 이상), 비상장주식(지분율 50% 이상), 사업용 자산	상장주식(지분율 25% 이상), 비상장주식(지분율 25% 이상), 사업용 자산	비상장주식(지분율 50% 초과), 사업용 토지
사전요건	10년 이상 장기사업자	장기사업 여부 불문	장기사업 여부 불문
세제지원	상속재산의 40%를 과세가액에서 공제 *공제한도: 가업승계 전 사업 영위기간에 따라 차등 적용(10~40년) 60억 원, (15~19년) 80억 원, (20년 이상)100억 원	(7년간 사업유지) 상속재산의 85%를 과세가액에서 공제, (10년간 사업유지) 상속재산의 100%를 과세가액에서 공제	(비상장주식) 주식과세가액의 80%에 해당하는 상속세를 납세유예, (토지) 80%를 과세가액에서 공제

*자료: 대한상공회의소, '韓·獨·日 중소기업 가업승계 지원제도와 시사점', 2010

중소기업중앙회를 중심으로 한 중소기업계는 그동안 가업승계의 필요성을 역설하며 고용과 연계한 독일과 같은 상속세제의 도입을 정부와 정치권에 지속적으로 건의해 오고 있다. 그러나 "가업승계는

좋지만 부의 대물림은 안 된다"고 하면서 중소기업계 '가업상속공제
확대' 요구에 국회에는 '신중' 의견 또는 "혜택만큼 고용·복리후
생·연구개발을 약속해야 한다"는 주장이 팽배해 중소기업계가 꾸
준히 요구해 온 '가업상속공제 확대'가 국회 심의과정에서 제동이 걸
리면서 '가업승계 = 부﹐대물림' 논란이 다시 불거지고 있다. '독일식
상속세제'는 상속 후 10년간 고용을 유지할 경우 500억 원까지 기업
의 상속세를 소득공제해 주는 제도다. 즉, 근로자의 일자리 보장을
전제로 경영자의 상속 부담을 덜어주자는 내용이다. 정부도 중소기
업계 의견을 받아들여 가업상속 공제율을 40%에서 100%로 공제한

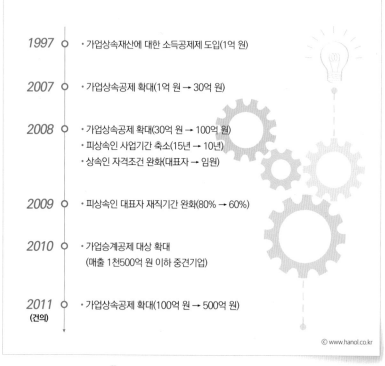

I 그림 3-6_ **가업승계 관련 상속세제 변화**

도를 100억 원에서 500억 원으로 확대하는 것을 주요내용으로 하는 '상속세 및 증여세법' 개정안을 지난 9월에 국회에 제출해 놓고 있다. '좋은 기업으로의 장수기업 육성=고용유지와 고용창출'로 연결될 수 있도록 적극적인 정책전환과 가업승계의 상속세 완화가 필요하며 '가업승계=부 대물림'이라는 부정적 인식을 벗어나기 위한 구체적인 사전 약속과 사후관리가 필요하다. 따라서 가업승계기업들도 정부에게 요구만 할 게 아니라 예상되는 혜택만큼 고용, 복리후생, 연구개발 등을 포함한 사회환원에 대한 구체적이고 신뢰할 수 있는 계획을 내놓아야 한다.

06

가업승계 원활화를 위한
정책과제

'구구팔팔9988'이라는 말이 있을 정도로 중소기업은 우리나라 경제에서 중요한 비중을 차지하고 있다. 우리나라 전체 기업 중 "99%가 중소기업이고, 취업 인력의 88%를 중소기업이 고용하고 있다"는 말이다. 그러나 실제로는 '구구팔이9982'인 것으로 확인됐다. 국내 중소기업의 정확한 현황이 파악된 것을 계기로 중소기업과 소상공인 관련 정책이 대폭 보완 및 개선돼야 한다는 지적이 제기된다. 중소벤처기업부는 통계청과 협업을 통해 기존 '사업체' 단위의 통계를 '기업' 단위로 변경한 '중소기업 기본통계'를 처음으로 작성했다고 2019년 발표했다. 관련 통계에 따르면 국내 중소기업 수는 2017년 말 기준 630만 개, 중소기업 종사자는 1천599만 명으로 집계됐다. 이는 전체 기업의 99.9%, 전체 기업 종사자의 82.9%에 해당된다. 기존 중소기업을 설명할 때 흔히 쓰이던 '9988'보다는 다소 차이가 있는 숫자다.

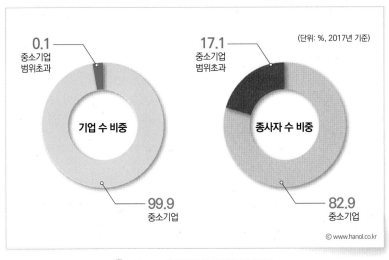

© www.hanol.co.kr

┃ 그림 3-7_**기업단위 중소기업 기본통계**

여기에 더해 국내 생산의 50%, 수출의 32% 그리고 국가 부가가치의 51.5%를 중소기업이 담당하고 있다. 따라서 중소기업이 짧은 기간 활동하다 사라지게 되는 경우 일자리의 감소와 투자 축소 등 국가 경제 측면에서 부정적인 영향을 끼치게 된다. 반대로 중소기업이 지속적인 성장과 발전을 해준다면 고용창출과 투자 등을 통해 경제 활력의 선순환에 큰 도움이 될 것이다. 그런데 "중소기업의 70%는 가족기업"이라는 것이다. 즉, 창업자 및 가족이 소유권과 경영권을 동시에 가지고 있는 형태라는 것이다. 이것은 우리나라만의 특별한 현상은 아니다. 미국, 영국, 일본, 이탈리아 등 전 세계의 공통적인 현상이다. 영국을 비롯한 유럽이 75~85%, 미국의 경우에도 국내 생산의 절반 정도를 가족기업이 차지하고 있는 것으로 알려져 있을 정도이다.

가업승계기업의 주요 특징은 독보적인 기술과 경영노하우 보유를 통한 한 우물 경영, 고객과의 신뢰구축과 가족친화적인 기업문화 형성, 임직원의 높은 책임감과 소명감, 향토산업 및 전통문화 계승으로 나타났다. 중소기업중앙회가 최근 전문리서치기관인 ㈜사라홀딩스에 조사를 의뢰해 실시한 '중소기업 가업승계 원활화를 위한 국민인식' 조사 결과, 중소기업 가업상속 지원시스템 수립이 시급한 것으로 나타났다. 일반 국민들은 기업의 가업승계를 바라보는 시각은 전체의 63.1%가 긍정적이었으며, 부정적 시각은 11%에 불과하였다.

선진국에 비해 가업승계의 정책지원이 미흡한 사유에 대해서는 "정책지원에 대한 국민적 공감대 미형성"28.6%, "관계기관의 지원정책 수립에 소극적"28.5%, "가업승계에 대한 실상 및 평가부족"26.5%으로 조사되었다.

이는 정책당국에서 향후 가업승계 원활화를 위해서는 가업승계에 대한 정확한 실태파악과 대국민 홍보를 통해 사회적 공감대를 형성하고 적극적인 지원 대책을 마련해야 한다는 것을 극명하게 보여주고 있는 것이다.

가업승계 원활화를 위해 필요한 정책과제로는 "상속·증여세 부담 완화" 의견이 83.3%로 가장 높았으며, 다음으로 "가업승계 금융지원 확충"27.0%, "법률·조세·회계·경영 컨설팅 지원"21.3%, "후계자 육성 프로그램 마련"14.4%, "사회의 부정적 인식 개선"13.3%, "세대 간 의사소통 프로그램 마련"4.9% 순으로 조사되었다.

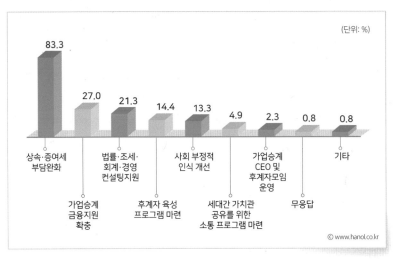

Ⅰ 그림 3-8_ **가업승계 원활화를 위해 필요한 정책과제**

상속·증여세 완화를 위한 가장 효율적인 방안으로는 "상속·증여
세율 인하"라는 의견이 36.7%로 가장 높았으며, 다음으로 "가업상속
공제제도 확대"25.2%, "독일식 상속세 감면제도 도입"23.0%, "증여세 과
세특례 확대"10.6%, "주식평가방법개선"3.1% 순으로 조사되었다.

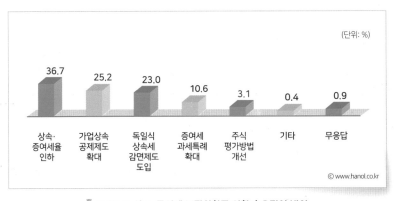

Ⅰ 그림 3-9_ **상속·증여세 부담완화를 위한 효율적인 방안**

경영후계자 역량 강화를 위한 정책과제로는 "체계적인 승계 매뉴얼 보급 및 컨설팅 지원" 의견이 63.8%로 가장 높았으며, 다음으로 "경영후계자 육성 프로그램 확대"33.1%, "기업가 정신 및 장인정신 고취"22.5%, "후계자 모임 운영을 통한 애로 및 경영노하우 공유"20.6%, "1 · 2세대 간 가치관 공유를 위한 소통 프로그램 마련"19.4% 순으로 조사되었다.

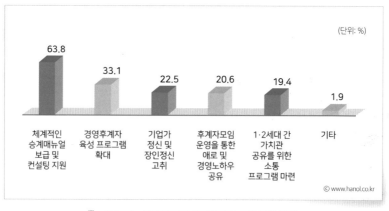

ㅣ 그림 3-10_ **경영후계자 역량강화를 위한 정책 과제**

승계전략과 핵심인재·육성

07

가족기업 종합진단 및
중장기 로드맵 수립

독일·일본은 '중소기업 강국'이지만 후계자가 없어 문 닫는 기업
많아지고 있다. 한국도 창업 1세대 고령화에 직면하여 승계문제로 자
녀 간 분쟁이 매스컴을 통해 보도되기도 한다. 창업세대가 점차 고
령화되면서 가업승계 과정에서 위기를 맞는 기업이 곳곳에서 생기고
있는 것이다. 자녀들 간 분쟁으로 탄탄한 기업이 공중분해 위기를 겪
는가 하면 가족 간 소송으로 화목이 깨지고 원수로 돌변하는 사례도
나오고 있다.

'컨설팅이란 기업이나 조직의 경영상 문제가 있거나 당면한 문제에
대해 보다 더 나은 해결책을 모색하고자 할 때 기업체나 조직을 진단

하고 필요에 따라 해결책을 제시하고 예방조치를 강구하게 되는 일련의 활동'을 말한다. 기업 활동에 있어서 전략수립이나 성과측정과 분석은 경영성과의 평가, 비전 수립, 인적자원의 관리 및 전략실행의 중요한 도구로 사용되고 있다. 특히 요즘 복잡해지고 있는 경영환경은 "측정할 수 없다면 관리할 수도 없다"는 에드워드 데밍 Edward Dening 의 말처럼 조직의 지속적인 성과를 관리하기 위해 성과측정 및 분석의 중요성을 부각시키고 있으며, 이러한 중요성 때문에 전통적인 제조업에서부터 첨단사업에 이르기까지 효율적이고 체계적인 측정 및 분석 시스템을 개발하기 위한 노력들이 계속되고 있다. 그렇다면 모든 성과는 측정될 수 있을까? 기업의 비전과 전략을 달성하기 위해 반드시 추진되어야 하는 중점추진 과제임에도 불구하고 수치로 측정하기 어려운 경우도 있다. 이러한 정량적인 평가의 단점을 보완하기 위해 정성적인 평가가 도입되었으나 기업의 평가체계에는 여전히 보이지 않는 한계가 존재하고 있다.

따라서 진단과 평가는 단지 일회적인 단계로 끝나는 것이 아니라 각각의 분석 결과가 다른 단계의 활동에도 영향을 주는 전 과정적인 활동이어야 하며 모든 핵심적인 의사결정자, 이해관계자, 영향력을 행사하는 자들과 연관된 하나의 과정이어야 한다. 분석이나 평가가 없다면 제 아무리 유능한 전문가라 할지라도 자신이 얼마나 업무를 잘 수행하고 있는지, 그리고 조직 내에서 어떻게 인식되고 있는지를 알 수가 없다. 다시 말해서 분석 및 평가는 반성적인 고찰이고 지속적인 개선을 위한 열쇠인 것이다. 분석 및 평가는 얼마나 프로젝트가 잘 이루어졌는가를 평가하는 이상의 것이고 단순히 목적을 달성하였는가를 검토하는 이상의 것이며, 프로젝트의 결과를 평가하는 이상

의 것으로서 조직 전체 미래를 준비하는 중장기 로드맵 의사결정을
위해서도 꼭 필요한 것이다.

Ⅰ 그림 3-11_ **가족기업 종합진단의 필요성 및 효과**

예컨대 인적자원개발에 있어서 분석과 평가는 인적자원개발의 모
든 측면을 측정한다. '우리가 어디에 있는가?'라는 상황을 분석하고
'어디로 가야할 것인가?'라는 목표를 설정하며 '어떻게 그 목표에 도
달하고 있는가?'라는 과정을 분석하고 평가하여 '목표를 달성했는
가?'를 검증하는 활동으로서 조직, 수행 및 요구분석, 설계와 개발과
정, 학습과 전이과정에 모두 내재되어 있는 활동들을 포함하고 있다.
따라서 기업에서 실행하고 있는 인적자원개발 프로그램을 평가함으
로써 현재 실행되고 있는 상황을 진단하여 그로 인한 효과는 무엇이

며 문제점은 무엇인지 파악할 수 있고 더 나아가 이러한 문제에 대한 대응방안을 모색할 수 있는 것이다. 즉 현 상태를 진단하고 앞으로 나아가야 할 방향을 제시하기 위해 인적자원개발에서 '평가'는 없어서는 안 될 필수불가결한 과정이라 할 수 있다.

따라서 가업승계를 앞두고 있는 기업이나 경영승계에 관심이 있는 기업이라면 체계적인 분석과 검증, 평가를 받아 영속적인 기업으로의 발전을 모색하는 대응방안전략과 중장기 로드맵을 수립해야만 한다. 즉, 가족기업의 종합진단을 통하여 가족기업 종합역량을 확인하고 개선과제를 도출함으로써 가족기업의 전략적 방향성을 확인해야 한다.

┃ 그림 3-12_ **가족기업 진단 프레임워크**

승계전략과 핵심인재 육성

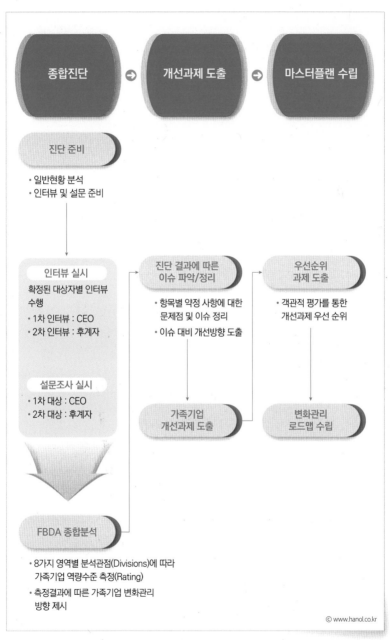

종합진단 → 개선과제 도출 → 마스터플랜 수립

진단 준비
• 일반현황 분석
• 인터뷰 및 설문 준비

인터뷰 실시
확정된 대상자별 인터뷰
수행
• 1차 인터뷰 : CEO
• 2차 인터뷰 : 후계자

설문조사 실시
• 1차 대상 : CEO
• 2차 대상 : 후계자

진단 결과에 따른
이슈 파악/정리
• 항목별 약정 사항에 대한
 문제점 및 이슈 정리
• 이슈 대비 개선방향 도출

우선순위
과제 도출
• 객관적 평가를 통한
 개선과제 우선 순위

가족기업
개선과제 도출

변화관리
로드맵 수립

FBDA 종합분석
• 8가지 영역별 분석관점(Divisions)에 따라
 가족기업 역량수준 측정(Rating)
• 측정결과에 따른 가족기업 변화관리
 방향 제시

© www.hanol.co.kr

⚍ 그림 3-13_ **가족기업 개선과제 도출 진단 프레임워크**

가족기업의 FBDA를 **통하여** 가족기업의 8대 핵심영역에 관한 수준을 **정량적으로 진단함으로써 향후** 가족기업 변화관리에 대한 시사점을 도출**합니다.**

◯ 가족기업 진단 시사점 도출 평가모델

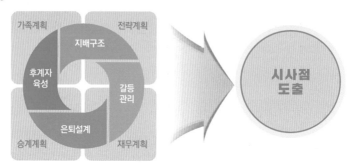

적절히 관리되지 않으면 계속기업(going-concern)
존속위협 → 장수 DNA 상실

◯ 설문결과 종합점수

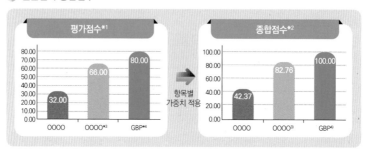

◯ 분석결과

- OOOO은 GBP(Global Best Practice) 대비 약 40% 수준을 나타내며, OOOOOOOOO에 비해서도 약 50%의 수준에 위치하고 있음
- OOOO은 종합적인 가족기업으로서의 수준이 OOOOOOOOO에 비해 낮은 편으로 종합적인 개선안이 필요함

*1 8개 영역의 총점, 각 영역 10점씩 총 80점 만점
*2 평가점수에 국내 전문가에 의한 항목별 가중치 부여 후 점수, 100점 만점
*3 그레파트너스가 최근 3년간 OOOOOOOO에서 실시한 OOOO임
*4 그레파트너스가 조사한 전 세계적 최우수 가족기업의 수준

© www.hanol.co.kr

‖ 그림 3-14_ **가족기업 종합진단 설문 및 분석결과**

승계전략과 핵심인재 육성

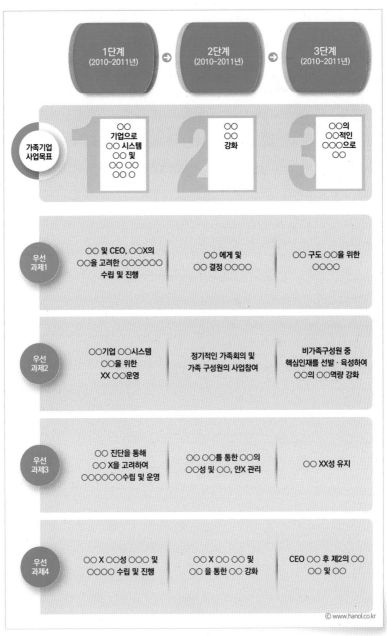

강소기업의 미래를 결정하는
승계전략

강소기업들은 '창업주가 원하는 시점까지 경영권을 유지하면서 전략적인 접근과 솔루션을 통해 바통baton을 넘긴 후에도 법적다툼이 없는 합리적인 증여·상속을 할 수 있는가'가 중요한 핵심이다. 따라서 위대한 리더는 다음 세대의 리더에게 가장 정확한 타이밍에 가장 적절하게 리더십의 바통을 넘겨줄 수 있도록 준비하고, 후계자는 바통을 받을 수 있도록 기업경영의 전반적인 분야 역량을 쌓아야 한다.

모든 기업의 성공에는 창업자의 자질과 집념 등의 정신적인 측면이 강하게 작용한다. 창업자는 새로운 조직체를 구성하여 기업을 이루고 관리와 경영을 통하여 기업의 번영을 꾀하는 기업가의 역할을 수행해야 한다. 기업가는 새로운 것에 대한 도전, 즉 혁신성이 강해야 하며 제품의 발명뿐 아니라 생산방법, 생산조직, 판로 개척 등 업무를 총괄하는 관리자Manager의 역할도 수행하게 된다. 또한 벤처venture적 기업화를 유도하여 기업의 성공, 자신의 성취욕과 내면의 만족이라는 측면이 존재하는 한편 재정 위험을 감수해야 하는 양날의 검인 셈이다. 가족기업의 기업가는 크게 관리, 경영을 담당하는 경영자Manager,조정자Coordinator의 역할과 혁신가Innovator, 위험수용자Risk-Taker로서의 역할을 모두 병행해야 한다. 가족기업의 창업자이자 기업가인 것이다.

혁신가이자 위험수용자로서는 기업의 목적을 염두에 두고 새로운 방법을 시도하기 위해 최선의 방안을 물색하여 선택해야 하고, 경영자이자 조정자로서는 가족기업의 목적달성과 생존을 위해 자원을 배열하고 통제하는 역할을 담당해야 한다. 기업가는 이 두 가지 역할을 모두 병행해야 하며 상호보완이 필수적이다. 기업가는 기업가적 특성, 특정한 개인적 자질과 동기, 가치 등을 소유하고 있다고 가정하여 왕권신수설과 같이 기업가는 처음부터 신이 정해준 자질이라고 가정하는데서 시작한다. 구체적 특성으로는 성취욕구, 위험수용 성향, 내적 통제성향, 모호성에 대한 인내심, 독립성과 자율성, 혁신과 창조성 등이 있다.

가족기업을 경영하기 위해서는 가족기업의 창업과정, 환경, 경영을 통한 부가가치의 창출 등의 과정을 통해 가족기업을 성공적으로 이끌기 위한 기업가 정신의 자질이 요구되고 있다. 성공적인 기업가의 자질에서 강조하는 바와 같이 경영후계자의 개인적 특성은 가족기업 승계과정의 주된 핵심요소로 작용한다.

01

가업 후계자의
경영승계 3대 원칙

    초고액자산가 가문의 가업승계 및 다음 세대로의 리더십 전환은
세계 최대 규모 패밀리오피스 협회인 'FOX_{Family Office Exchange}' 멤버들
의 주요 관심사이다. FOX의 연구에 따르면 다음 세대의 과반수는
가업승계의 목적을 단순히 리더십의 승계, 가업의 번영으로만 생각
하지 않는다. 더 나아가 그들은 가문이 미래에 어떤 역할을 할 수 있
을지 확인하고자 한다. '열린 의사소통, 명확한 전략, 확실한 개인의
역할 정의 및 강력한 리더십 준비 등'의 과정을 통해 가문은 다음 세
대로의 승계를 보다 전략적으로 구현할 수 있다. 초고액자산가 가문
의 성공적인 가업승계 과정에서 가장 기본적으로 고려되어야 하는
부분이 있다. 가족기업에서 리더십이란 무엇을 의미하는가, 미래 지

도자에게 필요한 자질은 어떤 것인가, 가업승계에 소요되는 시간은 어느 정도인가, 성공적인 리더십 승계를 위해 필요한 점은 어떤 것인가?

1996년 보스니아로 향하던 비행기가 갑자기 산악지대로 추락했다. 이 사고로 탑승자 전원이 사망했다. 비행기에는 미국 상무성 장관을 비롯해 많은 대기업의 최고경영자들이 탑승하고 있었다. 뜻밖의 사고로 CEO를 잃은 벡텔Bechtel, ABB 등의 기업들은 한동안 어려운 시간을 보냈다. 하지만 포스터 윌러Foster Wheeler는 사전에 준비해 놨던 CEO 승계계획에 맞춰 새로운 적임자를 선출해 큰 혼란 없이 위기를 넘길 수 있었다.

"1년 계획은 곡식 심는 것만큼 좋은 것이 없고, 10년 계획은 나무 심는 것만큼 좋은 것이 없으며, 100년 계획은 사람을 키우는 것만큼 좋은 것이 없다"고 한다. 기업의 100년을 좌우할 '사람 키우기'는 어떻게 해야 할까? 〈하버드 비즈니스 리뷰Harvard Business Review〉에 실린 '내외부 리더로 승계위기 풀어보기Solve the Succession Crisis by Growing Inside-Outsider Leaders'에서 제시하는 경영승계 3대 원칙을 살펴보자.

올해 초 애플의 CEO 스티브 잡스Steve Jobs가 질병으로 잠시 CEO 자리를 비웠을 때, 애플의 주가는 7%나 떨어졌다. 사람들은 스티브 잡스가 거둔 성과를 계속 이어갈 만한 리더가 애플에 있는지 확신하지 못했다. 게다가 스티브 잡스를 대신해 공식 석상에 모습을 드러낸 애플 내 제2의 잡스, 예컨대 조너선 아이브Jonathan Ive 산업디자인 수석 부사장이나 팀 쿡Tim Cook 최고운영책임자COO가 "스티브 잡스의 카리스마를 따라잡기엔 역부족"이라는 평가를 받으면서 애플의 미래에 불안한 전망이 쏟아져 나왔다. 이처럼 리더가 기업에서 차지하는 비중은 절대적이다. 그렇다면 이렇게 중요한 승계 계획을 기업에서는 어떻게 준비하고 있을까? CEO 승계계획이 미흡하기는 국내나 해외나 마찬가지로 하버드 비즈니스 리뷰가 최근 1천380개의 글로벌 기업을 대상으로 조사한 결과 60%가 "CEO 승계계획이 준비되어 있지 않다"고 답했다. 24%의 기업만이 "CEO 승계계획을 철저히 준비하고 있다"고 답했다. 하버드 경영대학원Harvard Business School의 조셉 L. 바우어Joseph L. Bower 교수는 리더로서 갖춰야 할 능력을 네 가지로 정의했다.

· 세계 시장과 기업이 속한 시장의 흐름을 예측하는 능력
· 인재를 발굴하고 신뢰성 있는 사업 파트너를 찾아내는 능력
· 기업의 문제점을 파악하고 해결방안을 제시할 수 있는 능력
· 자신의 기업을 객관적으로 잘 파악할 수 있는 능력

바우어 교수는 이 중 '기업을 객관적으로 파악할 수 있는 능력'이 새로운 CEO의 성패를 가르는 가장 중요한 요소라고 했다. 1996년 2월, 애플의 신임 CEO가 된 길 아멜리오Gil Amelio는 부임한 지 17개월 만에 새로운 일자리를 찾아봐야 했다. 길은 내셔널 반도체의 뛰어난 경영자였으나 결국 애플이라는 기업의 특성을 정확히 파악하지 못해 실패하고 말았다. IBM의 전 CEO 리처드 토먼Richard Thoman도 제록스의 새 CEO로 부임한 지 13개월 만에 회사를 떠나야만 했다. 새로운 기업의 특징을 잘 모른 채 섣불리 중요한 결정을 내린 탓이다. 유럽

과 미국의 대기업을 대상으로 한 통계 자료에 따르면 외부 경영자들이 새 기업의 리더로서 실패할 확률은 내부 경영자보다 20% 가량 높다고 한다. 이처럼 외부에서 영입한 CEO의 경우 기업의 문화나 역사를 철저히 파악하는 것이 무엇보다 중요하다. 반면 내부 출신 CEO는 한 기업에서 수십 년간 일해 그 기업의 장단점을 완벽히 알고 있는 반면 기업 밖의 변화에 대한 정보는 외부인보다 부족할 수 있다. 이런 문제점을 극복하려면 개인의 노력은 물론 기업 차원의 지원도 뒷받침되어야 한다.

결과적으로 내부인과 외부인에게는 모두 장단점이 존재한다. 이 장단점을 조합해서 기업에 가장 적합한 리더를 찾는 방법은 없을까? 아무리 리더십이 있는 경영자라도 회사 내부의 사정밖에 모른다면 최고의 CEO로 성장할 수 없다. 그러나 만약 내부인이면서 기업 내 사정뿐 아니라 바깥 사정에도 정통하다면 더할 나위 없이 좋은 리더가 될 수 있다. 그 리더가 바로 〈하버드 비즈니스 리뷰〉에서 제시하는 '인사이드 아웃사이더Inside Outsider'다. '인사이드 아웃사이더'란 바깥 사정을 외부에서 영입한 경영자만큼 잘 아는 내부 경영자를 말한다. 하지만 이런 경영자가 되려면 본인의 노력만 필요한 것이 아니다. 기업의 끊임없는 도움과 관심이 더욱 중요하다. 그렇다면 기업은 이들이 갖춰야 하는 외부인의 관점을 어떤 식으로 보충해 줄 수 있을까? 〈하버드 비즈니스 리뷰〉는 기업에 CEO 승계를 위해 세 가지 계획을 단계적으로 세우라고 조언한다. 이 과정을 통해 기업은 인재들의 장점과 단점을 파악하고 여러 실무 경험을 통해 단점을 보완할 수 있다는 설명이다. 〈하버드 비즈니스 리뷰〉가 밝힌 'CEO 경영승계 3대 원칙'은 다음과 같다.

♟ 다양한 후보자를 미리 선정하라

다양성은 조직의 성과를 높여준다. 그래서 대부분의 기업이 다양한 유형의 직원을 채용하려고 애쓰는 것이다. CEO 선발에서도 예외는 아니다. 영국의 제약 회사 글락소스미스클라인GlaxoSmithkline은 CEO 승계를 앞두고 적게는 3명, 많게는 10명의 후보자를 뽑는다. 이때 이들 역시 GE와 마찬가지로 전문성보다는 경영자로서 자질을 본다. 이처럼 다양한 사람을 미리 선발해 두는 것은 CEO 승계 절차에서 필수다. 세계인적자원협회GHR의 밥 조이Bob Joy 부회장은 "미리 후보자를 선정해 두는 것은 이들이 CEO가 되기 위해 갖춰야 할 경험과 지혜를 더 빠르고 효율적으로 가르쳐줄 수 있는 유일한 방법이기 때문"이라고 말했다. GE의 CEO 제프리 이멜트Jeffrey Immelt와 승계 이사회의 임원들은 매년 20~25명의 CEO 후보를 뽑는다. 영업팀부터 생산팀까지, 그들이 속한 부서는 각양각색이다. 주니어 매니저부터 이사까지, 직급 역시 다양하다. 후보 선정 기준은 그 사람의 직급이 아니라 리더십과 위기관리능력, 업무 능력, 판단력, 신뢰도 등 경영자에게 꼭 필요한 능력이다. 여러 분야에 종사하는 직원 중 각 분야의 최고 인재를 뽑는데, 이들은 6~7년 동안 그들의 업무와 회사 발전에 대한 기여도를 평가받고 CEO 승계기간이 오면 그동안 차출된 인원 가운데 경쟁을 통과한 한 명만이 살아남는다.

♟♟ 다양한 업무를 맡겨 시야를 넓게 하라

내부 경영자가 시장에 대한 판단력과 예측력이 부족한 것은 이들의 한정된 경험 때문이다. 한 직원이 여러 사업 분야에서 일하는 것은 쉽지 않다. 전문성이 떨어지기 때문이다. 하지만 CEO에게는 다양한 경험이 필수다. 생활용품 업체 콜게이트 팜올리브_{Colgate Pamolive}는 전 세계 200여 개국에서 비즈니스를 하고 있다. 하지만 각 나라마다 영업전략이 다르다. 각 지사의 리더가 주도권을 쥐고 운영하기 때문인데 이것이 최고 강점이다. 이 기업은 CEO 승계 후보자에게 여러 분야의 비즈니스업계에서 경험해 볼 수 있는 기회를 제공한다. 단순한 제공에서 끝나는 것이 아니다. CEO를 비롯해 다양한 임원으로 구성된 콜게이트 팜올리브의 HR 이사회가 어떤 직원이 다른 환경에 잘 적응하며 새로운 업무를 빠르게 터득하는지 평가한다.

♟♟ 실전 운영능력을 높여라

리더는 예상치 못한 다양한 상황에 처할 수 있다. 또 수많은 업무를 동시에 처리해야 한다. 그래서 실제 기업을 운영해 보며 전략을 세우거나 세부적인 의사결정을 내리고 여러 돌발 요소를 관리하는 능력이 무엇보다 중요하다. 다시 말해 실전 경영능력을 키우는 것이다. 삼성테스코의 HR 전문가 상무는 코엑스에서 열린 '2009 HR 지식 포럼'에서 자사의 승계계획 프로그램에 대해 설명했다. 삼성테스코의 경영자 후보는 기업운영 실무 경험을 쌓을 수 있는 다양한 과정을 거친다. 그

중 대표적인 예가 실제 매장 관리이다. 매장의 대표 관리자들은 현재 삼성테스코에서 근무하는 차장, 부장급이다. 이들은 이때부터 그의 관할인 수백 명의 직원과 함께 매장을 운영한다. 매장 운영은 작은 기업을 운영하는 것과 마찬가지인 만큼 다양한 것을 동시에 신경 쓰고 관리해야 한다. 특히 임원급 또는 CEO 후보자에 오르게 되면 그들은 더 큰 사업을 운영함으로써 지식과 경험을 쌓는다. 이런 실전 경험은 준비된 CEO에게 가장 든든한 자산이자 가장 막강한 무기이다.

"최고의 1인에게 물려준다. 이케아Ikea의 CEO 승계원칙이다. 스웨덴의 세계적인 가구 유통업체 이케아의 창업자 잉바르 캄프라드Ingvar Kamprad·84세 회장은 치밀한 인물이다. 그는 경영권 승계도 아주 치밀하게 준비하고 있다. 캄프라드 회장에게는 3명의 아들이 있다. 첫째 페테르Peter, 둘째 요나스Jonas, 셋째 마티아스Matthias가 그들이다. 캄프라드 회장은 이 세 아들을 이케아에서 일하게 해 능력 경쟁을 시키고 있다. 이들은 서로 아버지에게 능력을 보여주려고 필사적으로 경쟁 중이다. 그중 한 명에게만 그룹을 물려줄 것이 확실하다. 이케아의 모회사 격인 스티흐팅 잉카Stichting INGKA 자선 재단에 성이 캄프라드인 사람은 오직 한 명만 참여할 수 있도록 규정을 못 박아두었기 때문이다. 이케아 그룹을 소유한 재단에 "캄프라드인 사람은 오직 한 명만 이사회에 참여할 수 있다"라는 규정을 둔 것은 여러 가지 의미가 있다. 세 아들이 사후에 재단을 독단으로 운영하거나 이케아를 분할해 나눠 갖는 일을 아예 원천적으로 막는 것이기 때문이다. 또 가장 뛰어난 한 명에게만 기회를 주겠다는 의미다. 경쟁을 유발하되 독단은 막는 캄프라드 회장의 용의주도함이 돋보인다.

명문 장수기업 CEO들의
특별한 DNA

성공적인 리더십 승계는 어떤 것이 필요할까? 유연한 가업승계를 위해서는 기업이 미래에 대한 비전을 가지고 있어야 한다. 기업의 비전은 미래의 지도자에게 명확한 방향을 제시할 수 있기 때문이다. 또한 급변하는 사회에 맞춰 미래 사회가 요구하는 기술을 적절히 식별할 수 있는 능력도 필요하며, 그 기술은 과거의 그것과는 전혀 다를 수 있다. 지도자의 권한과 책임에 대한 명확한 역할을 정의하는 것도 필요하지만 중요한 의사결정 과정에 가문의 구성원이 참여하는 절차도 빼놓을 수 없는 부분이다. 또한 성공적인 리더십 승계를 위해서는 이사회의 멘토링 및 피드백이 필요하며 이는 가문의 성장에 커다란 지원 요소가 된다. 가장 중요한 부분은 새로운 도전에 직면했을 때

변화하려는 의지이다. 가문과 패밀리오피스가 항상 승승장구할 수는 없다. 관건은 복잡한 문제를 풀어가려는 마음가짐이다.

미국에는 '18클럽'이란 신조어가 있다. 말 그대로 18개월 이내에 회사를 떠나는 최고경영자CEO들을 가리키는 말이다. CEO는 경제적인 면은 물론 사회적인 지위, 명예 등에서 직장인들의 성공을 상징하지만 그 꿈을 이루는 사람은 손에 꼽을 정도인데다 그 자리를 오랫동안 유지하는 것은 더욱 힘들다. 국내는 물론 해외 유명 경영인들이 취임한 이후 얼마 되지 않아 교체되는 것을 흔히 볼 수 있다. 지난 10년 가까이 수많은 CEO들을 만났다. 때로는 인터뷰를 위해, 때로는 일반적인 대화를 나누기 위해서였다. 그러는 동안 최근 궁금증이 하나 생겼다. 하루에도 수많은 기업들이 생사의 기로에 서 있는 요즘, 10년 이상 장수한 CEO들에게는 어떤 공통점이 있을까 하는 것이었다. 이들의 특별한 DNA가 바로 불황을 극복할 수 있는 돌파구 가운데 하나가 아닐까 하는 생각이 들었기 때문이다. 우리나라 CEO의 평균 재임 기간은 5.7년이다. 가장 먼저 주목한 것은 과연 우리나라에 얼마나 많은 장수 CEO들이 있는가 하는 점이었다. 한국상장회사협의회에 따르면 각 기업들의 계열사 및 관계사, 장외 상장회사, 중소기업 등까지 모두 합하면 일일이 헤아리기 힘들 정도로 많은 회사와 CEO들이 활동하는 상황이다. 그렇다면 10년 이상 일한 CEO들은 과연 몇 명이나 되고 그들에게는 어떤 특별한 공통점이 있는 것일까.

포스코의 싱크탱크인 포스코경영연구소POSRI가 발표한 보고에 따르면 국내 기업의 CEO 평균 수명은 5.7년으로 유럽 7.5년, 미국 10.5

년, 아시아 11.2년에 비해 크게 짧은 편이다. 특히 기업 규모가 크고 상대적으로 안정성이 있다고 생각한 유가증권시장 상장 기업의 CEO 수명4.8년이 코스닥6.8년 기업보다 더욱 짧았다. LG경제연구원의 보고서에서도 한국 상장기업 CEO들의 평균 재임기간은 4.2년으로 8.9년인 미국의 절반에도 미치지 못하는 수준이고 6.5년인 유럽보다 짧았다. 하지만 CEO의 재임 기간은 점차 짧아지는 추세를 보이고 있다. LG경제연구원의 조사 결과 상장 기업들의 CEO 교체 비율도 점점 높아지고 있다. 변화하는 기업 경영에 대응하기가 그만큼 더 어려워지고 있기 때문이다. 특히 요즘처럼 한 치 앞도 알기 힘든 경제 상황에서는 이런 경향이 더욱 두드러질 것이다.

그렇다면 상장기업 가운데 10년 이상 장기 재직한 CEO는 과연 몇 명이나 될까. 상장회사협의회가 발간한 '상장사 경영 인명록2005년'에 따르면 상장 기업의 대표이사는 1천여 명이다. 이 중에서 10년 이상 대표이사로 일한 사람들은 222명이다. 전체의 20%가 넘으니 예상 외로 많은 숫자로 생각할 수 있다. 하지만 이들 가운데 192명이 기업의 대주주이거나 그들의 친인척이었다.

결국 이런 관계에 있는 CEO들을 제외하면 순수한 전문 경영인으로 10년 이상 상장 기업의 대표이사로 재직하고 있는 장수 CEO는 겨우 30여 명에 불과한 수준이라고 할 수 있다.

"명문 장수기업엔 장수 CEO가 있다." 서울대 조동성 교수팀이 공개한 '장수기업 메커니즘 보고서'를 살펴보면 30년 이상 된 기업 중 존속 기간의 80% 이상 지속적으로 흑자를 낸 기업 가운데에서도 최

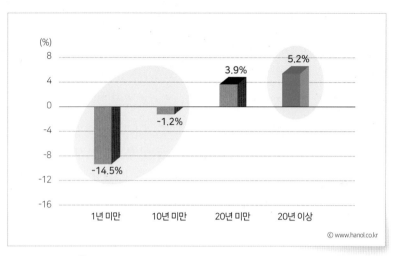

그림 4-1_장수CEO와 기업의 경영성과 비교(영업이익율)

출처: LG경제연구원, 한국신용평가정보(기준일 2005년 8월 8일, 국내 전체 상장기업 1천373개 대상, 2000~
2004년의 5년간 영업이익률 합산)

근 15년간 매출액이 지속적으로 늘어난 기업을 선택했다. 이렇게 고른 30개 기업의 평균 수명은 51.9년으로, 대기업과 중소기업이 각각 59.3년과 45.7년이었다.

명문 장수기업의 공통점은 CEO의 재임 기간이 상대적으로 길다는 것이다. 30개 장수기업의 역대 CEO 130명의 평균 재임 기간은 17.2년으로, 중소기업이 21.5년, 대기업은 11.9년이었다. 보고서는 "CEO가 단기성과를 좇기보다 장기적 안목으로 전략적 의사결정을 할 수 있기 때문"이라고 분석했다.

짐 콜린스는 "CEO가 기업의 장기적인 생존 여부에 직접적인 영향을 준다는 점에서 CEO의 수명은 중요한 문제로 인식되고 있다"며

"위대한 기업Great Company으로 도약한 기업에는 분명한 비전을 제시하고 이를 지속적으로 실천해 나가는 뛰어난 CEO들이 존재한다"고 말했다. 이미 세계적으로 성공한 GE, 소니, IBM, 3M, 모토롤라 등의 CEO들은 장기간 재임하면서 기업을 계속적으로 발전시켜 나갈 수 있었다는 것이다.

CEO의 재임 기간이 짧다는 것은 소신 있게 경영혁신을 추진하거나 중·장기 전략을 개발하는데 제약이 될 수 있다. CEO의 잦은 교체가 주가 관리, 배당 실시 및 위기 회피 등 자칫 단기적인 성과에 집중할 수 있는 가능성이 높기 때문이다. 장수 CEO가 있기 때문에 회사가 무조건 잘된다는 것은 아니지만 좋은 실적을 내는 기업에 장수 CEO가 존재할 가능성이 높다는 것이다. 장수 CEO들의 특별한 DNA는 셀 수 없이 많을 것이다. 하지만 이를 크게 묶어 나누면 비전과 도전, 현장경영 등 세 가지로 나눌 수 있다.

♟♟ 비전, 큰 그림과 작은 그림을 동시에 그린다

장수 CEO들의 특징은 큰 그림과 작은 그림을 동시에 그린다는 점이다. 큰 그림이 5년, 10년에 걸친 중·장기적인 것이라면 작은 그림은 이를 구체적으로 실행할 단기적인 세부 행동강령이라고 할 수 있다. CEO가 자주 바뀌는 기업일수록 큰 그림을 세우기가 어려워진다. 단기적인 성과에만 급급해 기업이 나아가야 할 방향성을 잃게 마련이다. 변화하는 최근 상황에 맞춰 유연하게 대처하기도 상대적으로 힘들다.

♟️ 도전, 지속적인 혁신을 통해 변화에 대응한다

사람은 누구나 편한 것을 좋아한다. 특히 어느 정도 성공을 거두면 변화를 피하게 마련이다. 현재 얻은 것만으로도 애써 모험을 감수하지 않더라도 충분하다고 여기기 때문이다. 하지만 이렇게 현실에 안주하는 사람이 많으면 기업은 발전할 수 없다. 특히 CEO가 매너리즘에 빠져 있다면 오랫동안 살아남기 힘들다. 한 치 앞도 내다보기 힘든 경제 상황에서 미리 대처하지 않으면 도태될 수 있기 때문이다. 어느 기업이든 위기는 반드시 찾아온다. 외부 환경일 수도 있으며, 내부적인 요인일 수도 있다. 위기와 기회는 절대 혼자 오지 않는다. 위기 뒤에는 항상 기회와 위험이 따라오게 마련이다. 따라서 위기를 현명하게 넘긴 경영인이야말로 최대 기회를 잡을 가능성도 높다.

♟️ 현장경영, 고객과 현장중시 철학이 몸에 뱄다

현장경영은 고객중시 및 직원들의 상황을 살피는 데 큰 도움이 된다. 어떤 기업이든 이론으로만 운영될 수 없고 책상 위에 군림하는 CEO일수록 단명한다는 것은 이미 수많은 사례들이 잘 보여주고 있다. 현장에서 고객들이 무엇을 원하는지 직접 보고 직원들의 아이디어를 듣는 CEO일수록 시장과 고객을 리드해 나갈 수 있다. 삼성전자1969년는 하루아침에 만들어지지도 않지만, 하루아침에 무너지지도 않는다. 무한 경쟁의 정글을 헤치며 50여 년 이상 정상을 향해 달리고 있는 삼성전자의 장수비결은 무엇일까? 중소기업청은 창업 이후

10년 동안 생존율이 13.1%_{KDI 보고서}에 불과한 국내 기업현실에서 장수기업의 노하우를 배우기 위해 조동성 서울대 교수팀에 '장수기업의 비결'에 관해 용역을 의뢰했다. 보고서에 따르면, 오래 살아남은 기업의 특징은 크게 네 가지다.

'안정적 지배구조_{주체}와 주기적 기업변신_{환경}, 장수제품 보유_{자원}, 강력한 기업문화_{메커니즘}' 등이다. 운이 차지하는 비중은 3%에 불과하다. 장수기업은 탄생하는 것이 아니라 만들어진다는 것이다. 조동성 교수는 "장수기업들은 예외 없이 안정적인 내부 경영자 승계를 통해 장수 메커니즘과 기업의 비전, 구성원의 핵심가치를 합치, 지속가능 경영의 기반을 구축해 왔다"고 설명했다. 조동성 서울대 교수팀은 "평균 수명의 증가에 따른 고령화 사회로의 급속한 전환은 기업의 지속가능 경영에 대한 사회적 요구를 점점 증가시켜 '기업의 장수'가 기업 경쟁력의 중요한 원천이 될 것"이라고 강조했다.

03

대 잇는 장수기업들의
특별한 성공 DNA

4세 경영이 시작된 대표적인 곳은 두산그룹, 조선선재, 행남자기를 꼽을 수 있다. 경영권 승계는 쉽지 않다. 피를 동반하는 숙청이 뒤따르는 왕권 다툼만큼이나 복잡한 파워게임이 도사리고 있다. 경영권 분쟁은 형제와 자녀 사이에서도 예외는 아니다. 최고最古 역사를 자랑하는 두산그룹이 4세 경영체제로 접어들었을 때 최대 위기를 맞았다. 삼성그룹과 현대기아차그룹은 3세로 경영권을 넘기는 과정에서 복병을 만나기도 했다. 과연 국내 기업들의 경영권 승계는 어디까지 왔으며 어떤 방법으로 경영권을 넘겨줬을까. 정상적인 방법으로 경영권을 승계했다면 가족기업이라 해도 비난받을 이유가 없다.

급변하는 경제 여건 때문에 생겼다 사라지는 기업이 수도 없이 많지만 창업에서부터 2대, 3대로 가업을 잇고 있는 장수기업들도 분명히 존재한다. '가족 경영' 문화가 비교적 보편화되어 있는 우리 사회에선 가업을 잇는 장수기업은 후한 점수를 받는다. 장수기업의 경우 대개 경영철학이 반듯하고 비교적 건실한 재무구조를 갖추고 있기 때문이다.

최근 중소기업중앙회는 대를 이어 가업을 계승시키고 있는 한국의 '국가대표급' 중소기업을 선정해 소개했다. 장수기업들은 '근면', '성실', '도전정신' 등의 공통적인 '경영 DNA'를 갖고 있었다. 이들 기업들의 경영철학과 가업계승 성공 이유 등을 정리해 보았다. 중소기업 중앙회에 따르면 우리나라 가족기업의 비중은 68%이다. 사회전반의 고령화 추세로 인해 1960~1970년대에 창업한 경영 1세대들이 자식들에게 가업을 승계하는 사례가 늘고 있다. 합법적이면서도 원활한 가업승계는 국가 경제를 안정적으로 발전시키는 원동력이다.

♟♟ 가업승계 전도사 신대양제지 권대홍 회장

대양그룹은 1970년 골판지 원지 생산전문업체로서 대양제지공업 주식회사가 설립된 이래 업계 선두주자로서 산업발전의 시기에 일익을 담당하던 중 1996년 국내 상장 회사 중 최우량 기업 3위에 선정되는 등의 눈부신 발전을 거듭하고 있다. 권 회장이 학업을 마친 1960년대 후반 한국은 농사 말고는 먹고살 수단이 많지 않았다. 그러던 중 골판지사업을 하던 아홉 살 터울 형님이 일손이 부족하다며 도움을 요청해 왔다. 잠깐 돕겠다는 생각으로 하루 이틀 나가서 일하다 보니 자연스럽게 정식 직원이 됐다. 형님의 개인기업이던 회사가 대양제지공업이라는 주식회사로 전환되던 1970년에 권 회장은 이사로 정식 취임했다.

대양제지공업을 경영한 지 10년이 지난 1982년, 권 회장은 형님과 논의한 끝에 골판지 제조기업 신대양제지를 창업했다. 골판지업계 경쟁이 치열해지면서 규모를 키우고 사업구조를 수직계열화할 필요가 있었기 때문이다. 권 회장 형제는 제지업체 대양제지와 신대양제지를 바탕으로 대영포장, 광신판지, 신대한판지, 대양판지 등 골판지 상자 제조기업을 설립해 DY그룹을 만들었다.

일하느라 세월이 흘러가는 줄도 모른다는 말이 딱 어울렸다. 공장 근로자들 사이에서는 권 회장이 1년에 360일 일한다는 농담이 돌 정도였다. 권 회장은 "1년에 두 번 있는 명절 때마다 기차를 타고 고향으로 내려가면서 창밖을 보면 온통 푸른색이거나 흰색이었는데 이 광경을 보면서 '아, 계절이 바뀌었구나'라고 생각을 할 정도로 시간이 가는 줄 모르고 일했다"고 말했다.

권 회장은 신대양제지 창업 후에도 우직하게 열심히 일했다. '회사 목숨이 곧 내 목숨'이라는 생각으로 가족과 친구보다는 일에 더 신경을 썼다. 그는 "친구들을 만나 술자리를 가지거나 가족과 나들이를 가는 것 같은 작은 여가생활도 여유 있는 사람들이나 하는 일이라 생각했다"며 "우리 같은 기업인들은 자나 깨나 일만 해야 한다는 것이 당시 기업인들의 마인드였다"고 말했다. 권 회장의 솔선수범은 직원들에게 긍정적인 영향을 미쳤다. 회사 전체에 열심히 일하는 분위기가 조성됐다. 1985년 47억 원에 불과했던 매출액이 1996년 500억 원 수준까지 10배 이상 늘었다. 하지만 1990년대 후반 한국 경제를 휩쓸고 간 외환위기 앞에서는 신대양제지도 설립 이래 최대 고비를 맞을 수밖에 없었다. 다행히 전 임직원이 마른 수건도 쥐어짜는 원가절감에 동참해 위기에서 살아남을 수 있었다고 말했다. 1999년 처음으로 매출액 1천억 원을 넘어섰고 2011년 매출은 2천724억 원 정도이다. 신대양제지는 국내 골판지 업계에서 점유율 기준 1~2위를 다투고 있다. 신대양제지를 포함한 DY그룹 전체 매출액과 이익은 꾸준히 증가해 2020년 골판지 생산 6천92억 원 매출 2020.12. IFRS 연결을 달성했다.

권 회장은 60세가 되면서 큰아들을 회사에 입사시켰다. 선배 기업인들이 가업승계 과정에서 예상치 못한 세금 폭탄을 맞고 기업을 포기해 버리는 모습을 보면서 미리 가업승계를 준비해야 한다는 경각심이 들었기 때문이다. 또한 "100년 기업으로 성장하기 위해 성공적인 가업승계가 무엇보다 중요한 시기"라며 "승계 후 아들이 회사를 더 훌륭하게 성장시켜 줬으면 하는 바람"이라고 말했다. 권 회장은 사업이란 젊을 때부터 몸으로 부딪치며 온갖 고생을 다 해야 제대로 할 수 있는 것이며 때가 오면 신대양제지를 미련 없이 물려줘야 한다는 사실을 누구보다 잘 알았다. 그렇지만 마음속 한구석 어딘가에 석연치 않은 느낌이 있었다. 그는 "기업을 물려주는 아버지 입장에서는 내가 걸어온 길을 후계자도 그대로 따라와 주기를 기대하지만 이를 그대로 수용하려는 사람은 거의 없다"며 "후계자 스스로의 능력으로도 자신만의 길을 찾을 수 있다는 믿음을 갖고 길을 찾도록 능력을 계발해 주는 것이 1세대 기업인들에게 무엇보다 중요하다"고 말했다. 또한 권 회장은 "우리가 대한민국 1세대 경영인이니 가업승계는 이제 시작이라고 볼 수 있다. 한국의 모든 기업들이 언젠가는 가업승계를 생각하게 된다"며 "가업승계협의회를 통해 해외 기업들이 부러워할 수 있는 모범적인 가업승계 모델을 제시할 것"이라고 말했다.

♟ 국민상비약 '정로환'의 집념과 신화 동성제약(주)

　동성제약은 1957년 인류의 생활과 건강을 증진하겠다는 취지로 창립되어 의약품, 염모제, 화장품 등 다양한 제품군 개발을 통해 생활밀착형 제약회사로 성장해 왔다. 특히 동성제약을 대표하는 '정로환'은 1972년에 출시되어 국민상비약으로 불리며 대한민국의 장건강을 책임져 왔다. 또한 60년 전통의 염모제 기술을 바탕으로 출시된 세븐에이트를 통해 셀프염색 시장을 개척해 온 동성제약은 명실상부 대한민국 염모제 시장을 리드하는 대표 제약회사가 되었다.

　1957년 설립 후 지난 2001년 고 이선규 회장의 셋째 아들인 이양구 대표이사는 대를 이어 화장품 사업과 신약 제조로 동성제약의 명성을 꾸준히 이어가고 있다. 이 회사의 꾸준한 성장요인은 집념과 실패경험에서 얻는 기회를 원동력으로 꼽을 수 있다. 창업주가 보였던 사업 아이템 발굴을 위한 무서운 집념을 후계자가 이를 이어받아 실패 속에서도 돌파구를 찾아보다 내실 있는 경영으로 전환하는 위기관리 능력은 이 회사의 전통이 되었다. 염모제와 화장품 수출에서 완제 전문의약품 수출까지, 아시아와 미국을 넘어 유럽과 중동시장 개척까지, 동성제약은 세계로 나아가고 있다.

♟ 창업이래 국내에서 가장 역사 깊은 (주)대륙제관

　(주)대륙제관은 1958년 창업이래 국내에서 가장 역사 깊은 제관업체로서 끊임없는 혁신과 도전을 바탕으로 대한민국을 대표하는 종합 충전 포장 업체로 성장해 오고 있다. 국내 제관산업의 역사와 함께해 온 대륙제관은 혁신적인 제품과 헌신적인 서비스로 더 높은 가치를 창출하기 위해 노력함으로서 고객과 함께 100년 기업을 향해 발돋움해 나가고 있다. 금속용기 제조업체인 (주)대륙제관회장 박봉국, 대표이사 박봉준은 1958년 박창호 총회장에 의해 설립되었으며, 2003년 차남인 박봉준 사장이 4대째 가업을 승계해 오늘에 이르고 있다. 대륙제관은 세계 최초로 넥트인 캔Necked-In Can을 발명했다. 이는 다중적제, 공간 활용을 극대화시키며 특히 캔을 장기 보관할 때 생기는 녹 발생, 오염 등의 문제를 개선했다. 이 기업의 특징은 창업주의 삼형제가 모두 대표직을 역임하며 강력한 가족애로 회사를 운영하고 있다는 점이다. 또한 위기 속에서도 2세 경영인 중심으로 한 가족들의 믿음으로 위기를 새로운 도약의 계기로 만들었다. 대륙제관은 금속 용기와 에어로졸관, 휴대용 부탄가스 및 다양한 제관용 부품을 제조 판매하는 국내 최대의 종합 충전 포장 업체이다. "단순한 용기에 특별함을 더하는 기술력과 차별화된 서비스"는 국내 제관업계를 선도해온 대륙제관만의 핵심역량이다. 고객의 행복이 대륙제관이 추구해나갈 최상의 가치이기에 작은 차이로부터 다름을 창조하고, 끊임없는 노력을 통해 더 나은 세상을 만들어나가고 있다.

♟ 세계최고의 FASTENER 및 정밀가공 부품기업
영신금속공업(주)

영신금속공업주은 1967년 창업 이래 고객의 신뢰를 바탕으로 55년의 역사 속에 FASTENER 전문 기업으로서의 위상을 다져왔다. 최근에는 정밀가공 분야로의 사업영역을 확대하는 등 명실상부한 글로벌 기업으로 성장하고 있다. 영신금속공업은 '고객감동 · 품질경영'을 목표로 지속적인 설비투자와 함께 핵심기술개발, 인재육성 등을 통해 경쟁력을 더욱 튼튼히 확보하고 있으며, 어떠한 어려움 속에서도 끊임없는 도전과 혁신으로 급변하는 시장환경에서 고객의 다양한 요구에 부합할 수 있는 품질과 원가경쟁력을 확보하기 위해 더욱 더 노력하고 있다. 1967년 창업한 영신금속공업대표이사 선지영은 1999년에 창업주 이성재 회장의 아들인 이정우 사장이 대표 자리를 물려받았다. 영신금속공업은 국내 최초로 스크류를 개발하고 볼트, 단조부품을 생산하는 패스너 전문업체로 국내외 자동차, 기계 등 1만여 종의 제품을 공급하고 있다. 이정우 사장 취임 이후 찾아온 자동차 납품회사들의 부도는 가장 큰 위기이자 기회였다. 이 사장은 연속 적자상황에서도 과감한 기술경영 투자로 위기 속에서 큰 성공을 거두었다. 이 사장은 "아버지의 지나친 간섭이 아닌 큰 방향만 잡아 모든 걸 믿고 맡겨주는 아버지의 조언이 큰 힘이 됐다"고 한다. 이처럼 위기에도 지속적인 성장을 할 수 있었던 데는 신구 직원들의 협력조화와 인간관계, 거래관계에 신뢰를 중시했던 이 회장의 뜻을 그대로 이어받은 '효성'이 있었기 때문이다. 21세기 점점 더 심해지는 글로벌 경쟁 속에서, 당사는 이를 오히려 '기회의 장'이라고 생각하고 항상 한 발 앞서가며 '금속산업분야의 글로벌 리더'로서 자리매김하고 있다.

🏛 뚝심의 기술개발로 명문가로 우뚝 선 이구산업(주)

1968년 국내최초로 비철금속 산업의 미개척 분야인 신 동품 압연에 국가 소재산업의 터전을 마련해 온 이구산업㈜은 제품의 국산화에 성공한 이래 최고품질의 신동제품을 생산하여 저렴한 가격으로 적기에 공급함으로써 신뢰받는 기업으로 성장해 왔다. 이구산업회장 손인국이 50년이 넘는 성년기업으로 성장하게 된 것은 그동안 끊임없는 성원으로 이끌어주신 수요자 여러분의 사랑이 가장 큰 힘이었으며, 또한 '인화·성실·창의'의 사훈을 바탕으로 회사와 본인의 발전을 위해 열심히 근무해 온 모든 이구산업 가족들이 노력 덕분이라고 하였다. 2004년에 포승공장 준공으로 재도약의 발판을 삼아 신소재개발을 위한 투자와 연구개발을 계속하고 진취적인 사고로 장인의 혼이 담긴 최고의 제품을 생산, 공급하여 수요자의 이익증대에 더욱 최선을 다하고 있다. 또한 "국내 비철금속소재 산업의 개척자로서 글로벌시대를 선도하는 기업역할에 정신하여 첨단소재 생산 공급을 통한 세계 속에 한국기업의 위상을 더 높이겠다"고 한다. 이구산업회장 손인국은 창업주 손정환 회장의 아들인 손인국 회장이 1983년 가업을 승계했다. 이구산업은 비철금속 산업의 신동품 압연 등이 주요 생산품이었지만 개발을 거듭하면서 전자제품과 자동차, 반도체 등 첨단 분야에 들어가는 고품질의 제품 생산으로 비철금속 소재의 세계강자로 거듭나고 있다. 포승공장은 손인국 회장의 야심작으로 글로벌 기업으로 도약하는 발판이 됐다. '경영자가 부지런해야 회사가 큰다'는 손정환 회장의 뜻을 받은 손인국 회장은 해외 진출과 품질력 향상으로 발전의 토대를 마련했다고 한다. 손인국 회장의 아들인 손장원 전무는 이 같은 토대를 이어받으며 현재 경영수업 중이다. 이구산업은 3대를 이어가는 명문 장수기업으로 자리잡고 있다.

'개인 평균수명 100세 시대에 접어들었지만 기업의 시장은 전쟁 터'이다. 기업들이 한 세기 넘게 살아남을 가능성은 여전히 낮다. 신화처럼 불멸不滅할 것 같은 '유니콘기업가치 10억 달러 이상인 벤처회사'도 창업 수년 만에 사멸하곤 한다. 기존 우량 기업이라고 다르지 않다. 세계 최대 주식시장인 미국 증권시장에 상장한 기업들조차 생존 전망이 불확실할 정도다. 국제 신용 평가사 스탠더드앤드푸어스S&P에 따르면 뉴욕증권거래소NYSE와 나스닥의 시가총액 상위 500대 회사를 묶은 S&P 500지수에 포함된 평균수명은 17년2017년 기준에 불과하다. 지난 1920년에는 67년이었다. 지난 100년 동안 대기업 평균수명이 3분의 1로 줄었다는 것이다. 유망 기업도 창업한 지 10~20년 안에 생사가 갈릴 것이란 계산이 가능하다.

그렇다면 창립 이후 수십 년, 수백 년 동안 부도나 인수·합병M&A 위기를 넘기며 창업자 정신을 유지한 명문 장수기업들에는 어떤 특별한 비결이 있을까? 유럽·일본의 장수기업 경영자들은 '고객과 신뢰 관계 유지' '가족처럼 단합하는 조직 분위기' '시대에 맞춘 사업 변화' 등 세 가지를 오랜 생존 비결로 꼽았다.

信: 신뢰감 유지에 사활 걸어라

나폴레옹이 하루에 두 병씩 사용하며 사랑한 향수 '4711 오드 콜

로뉴Eau de Cologne'는 1709년 이탈리아 사람 조반니 파리나가 쾰른에서 개발했다. 창업자 후손들이 대를 이어 비전秘傳을 전수하면서 향수를 만든다. 어렸을 때부터 후각을 단련하고 전문지식을 쌓아 조향사로 육성한다. 요한 마리아 파리나 CEO는 "300년 넘게 향수의 고유한 향기를 유지한 점이 기업 장수의 핵심 비결"이라고 말했다.

일본 보석 브랜드 미키모토는 전 세계 최초로 진주 양식에 성공한 기업이다. 창업한 이래로 일정한 수준에 못 미치는 진주는 출하하지 않는 '품질 관리'와 평생 수리 서비스를 제공하는 '사후 관리' 기준만큼은 양보하지 않는 경영방침으로 소비자들의 신뢰를 얻었다. 요시다 히토시 사장은 "이런 노력을 지속한 덕분에 고객들이 미키모토를 성실하고 믿을 수 있는 브랜드로 인식한 것 같다"고 설명했다.

유럽 최고最古의 가족 기업인 프랑스 보석 업체 멜레리오 멜러의 로랑 멜레리오 CEO는 "세상이 바뀌었어도 우린 아직도 고객 한 명 한 명만을 위한 특별한 디자인을 한다. 수 세대 동안 각 고객과 사적이고 개인적이며 은밀한 관계를 갖고 있는데, 우리도 고객도 서로를 신뢰한다"고 말했다.

結: 직원들이 한 몸처럼 일하게 하라

세계 최고最古의 모직 회사 카노니코를 설립한 이탈리아 바르베리스 카노니코 가문은 경쟁사가 더 낮은 인건비를 찾아 중국과 인도로 떠날 때에도 창업한 자리를 지켰다. 355년째 회사를 위해 일해준 직원들을 '동업자'로 생각하기 때문이다. 카노니코 가문에서는 직원들의 업무능력을 평가하지 않는다. 선대로부터 이어져온 일종의 불문율이자 동업자에 대한 예의다. 대신 숙련된 기술자들이 앞장서서 경험이 부족한 직원들을 이끌도록 투자를 아끼지 않는다. 창업자 15대 손 프란체스코 바르베리스 카노니코는 "새로 들여오는 방적기에 소음을 줄여주는 장치를 단다고 하니 다른 사람들이 '원래 방직 공장은 시끄러운 것이 정상'이라며 불필요한 투자라고 했지만, 직원들이 서로 대화를 나누며 일할 수 있도록 투자해 효과를 봤다"고 말했다. '지금 내 옆에서 일하는 사람이 바로 내 가족'이라는 전통을 살리기 위해 작업 환경을 개선하는 데 몰두한다는 것이다.

350년 가까운 역사를 자랑하는 종합상사 그룹인 일본 오카야코우키1669년는 정년 퇴직자에게까지 관심을 쏟는다. 해마다 선물을 보내주는 것은 물론, 세상을 떠난 직원의 제사까지 지내준다. 오카야 도쿠이치 사장은 "정년퇴직자와 돌아가신 분들까지 소중히 여긴 오카야의 정신이 우리 사원들이 회사를 믿고 열심히 일하도록 만든다"고 말했다.

動: 변화에 맞춰 쉼 없이 움직여라

네덜란드 건강보조식품 회사인 '반 에그헌 앤 코'의 빌럼 반 에그헌은 "회사가 350년 넘게 살아남은 이유는 뭐라고 생각하느냐"고 묻자 "변화에 열려 있었다는 점"이라고 말했다. 원래 이 회사는 무역업으로 출발했다. 처음엔 리넨과 울 등 직물을 거래했고 나중엔 대륙

을 넘나들며 향신료, 커피, 와인, 설탕 등 식품을 사고팔았다. 1990년
대에는 핵심 사업이 건강기능식품이라고 보고, 현재는 건강기능식품
원료를 네슬레 등 식품 대기업에 공급하고 있다.

오카야코우키의 오카야 도쿠이치 사장도 변화를 강조했다. 그는
기업이 시대와 새로운 환경에 맞춰 사업 구조, 영역 등을 바꿔나가야
한다고 강조했다. 그는 "주력 사업인 산업재에 관해서는 항상 새로운 분
야에 대해 공부하면서 신상품을 찾아 나서고 있다"며 "전체적으로
시대와 함께 조금씩 변화해 나갔다는 점, 항상 새로운 것을 받아들
이고 실행한 점"을 오카야코우키의 장수 비결 중 하나로 들었다.

위와 같이 가업승계가 성공적으로 이뤄지기 위해서는 장기적인 전
략적 접근, 가정교육, 사업경험 등의 체계적인 교육과정이 필요하며,
특히 가업승계는 민법, 상법 등 기업의 소유권과 관련된 법률문제가
복잡한 만큼 관련사항을 면밀히 검토하고 원칙대로 진행해야 계획된
후계자에게 소유권이 돌아갈 수 있다는 것을 명심해야 한다.

승계전략과 핵심인재 육성

04

기업 가치분석과
안정적인 승계성공

　'명문 장수기업은 성장하고 발전해도 경제적으로 어려운 CEO'를 만나게 된다. 반대로 'CEO는 경제적으로 어려움이 없어도 회사 경영은 어려운 기업'도 보게 된다. 또한 '회사도 지속적으로 성장하고 CEO도 더불어 튼튼한 경제력을 자랑하는 경영자'도 만나게 된다. 창업자이자 경영자CEO들은 '월화수목금금금'하며 회사를 위해 온 몸과 마음과 정성을 쏟아부으며 회사를 키워왔는데 왜 이렇게 다른 모습일까? "사장님, 이제부터라도 준비를 하셔야지요"라고 말하면 "그게 무슨 소리요"하고 묻는다. 바로 그때 "회사와 사장님이 함께 성장해 가셔야지요"라고 말해야 한다.

가업승계란 용어가 기업을 경영하는 최고경영자들에게 화두가 되고 있다. 중소기업을 경영하던 CEO가 갑자기 사망하여 어렵게 성장시킨 기업이 도산하거나 어려움에 처한 경우를 흔하게 보아왔기 때문이다. 그동안 기업의 경영권을 승계하는 것에 대해 부의 대물림 또는 부의 세습이라는 관점에서 보아왔고, 상속이나 증여에 대하여 중과세하는 경향이 있어 왔기 때문에 가업승계는 그다지 중요하게 여기지 않았다. 비록 세법에서 가업승계를 지원하기 위한 가업상속공제가 허용되기는 하였으나 그것을 적용받은 대상은 그 수를 셀 수 있을 정도로 극히 적었다. 정부에서는 중소기업의 원활한 가업승계를 위해 지속적으로 지원을 확대해 왔으며, 가업승계와 관련된 세제지원 내용에는 「가업상속공제」 제도, 「가업의 승계에 대한 증여세 과세특례」 제도, 「창업자금에 대한 증여세 과세특례」 제도, 「중소기업 주식 할증평가 배제」, 「가업상속에 대한 상속세 연부연납」 제도가 있다. 다행히 2008년부터 가업을 2세에게 쉽게 승계할 수 있도록 하기 위하여 가업승계에 대한 증여세과세특례제도가 도입되었고, 2009년부터 가업상속공제의 범위와 금액이 대폭 확대되어 기업을 운영하는 사업자에게는 여간 다행스러운 일이 아니다. 그러나 이러한 정부의 지원제도가 있다고 하여도 가업상속과 가업승계에 대하여 사전에 충분한 검토를 하지 아니하면 적용을 받지 못하거나 낭패를 당할 수도 있으므로 이에 대한 준비가 필요하다.

중소기업의 원활한 가업승계를 지원하기 위하여 중소기업 주식에 한해서는 상속·증여받는 경우 최대주주라도 주식가액 평가 시 '상속세 및 증여세법'에 의해 할증 평가하지 않는다.

승계전략과 핵심인재 육성

♟ 주식·출자지분의 평가

상속·증여재산은 평가기준일_{상속개시일 또는 증여일} 현재 시가에 의하여 평가하며, 주식 등_{주식 또는 출자지분}에 대한 원칙적인 평가방법을 요약하면 아래와 같다.

상장주식 코스닥 포함	**평가기준일 이전·이후 각 2개월간(총 4개월)의** 최종 시세가액 평균액
비상장주식	'상속세 및 증여세법 시행령' 제54조에 따른 **보충적 평가방법**

♟ 주식 등 할증평가

최대주주 등이 보유하는 주식·출자지분은 해당 기업의 자산가치와 수익가치 외에도 경영권 프리미엄이 있는 것이 일반적이므로, 일반 주주의 주식평가액에 일정률을 할증하여 평가한다.

● 할증평가 대상

최대주주 등이 보유하는 상장법인 및 비상장법인의 주식 등이 해당되며, 기업공개 준비 중이거나 거래소에 상장 신청한 주식 및 상장주식 중 증자로 취득하여 평가기준일 현재 상장되지 아니한 주식도 할증평가 대상에 포함한다.

◯ 최대주주 판단

'최대주주 등'이란 주주 등 1인과 그의 특수 관계인_{상속세 및 증여세법 시}_{행령 제2조의2}의 보유주식 등을 합하여 그 보유주식 등의 합계가 가장 많은 경우의 해당 주주 등 1인과 그의 특수 관계인 모두를 말한다.

◯ 할증평가액 산정

최대주주 및 그와 특수 관계에 있는 주주의 주식·출자지분에 대해서는 시가 등 주식평가액에 20%를 가산한다. 2019년 12월 31일 이전 상속이 개시되거나 증여받는 경우에는 지분율 50% 초과 시 30% 가산한다. 이 경우 최대주주 등이 보유하는 주식 등의 지분을 계산할 때 평가기준일 부터 소급하여 1년 이내에 양도하거나 증여한 주식 등을 최대주주 등이 보유하는 주식 등에 합산함에 유의해야 한다.

> 최대주주 주식의 평가액 = (시가·보충적 평가가액) × (1 + 할증률)

◯ 할증평가 제외

중소기업이 아니더라도 아래의 경우에는 '할증평가'를 하지 않는다.

❶ 평가기준일이 속하는 사업연도 전 3년 이내의 사업연도부터 계속하여 법인세법상 결손금이 있는 법인

❷ 평가기준일 전후 6개월_{증여재산은 평가기준일 전 6개월부터 후 3개월} 이내의 기간 중 최대주주 등이 보유하는 주식 등이 전부 매각된 경우

❸ 「상속세 및 증여세법 시행령」 제28조_{합병}, 제29조_{증자}, 제29조의2_{감자}, 제29조의3_{현물출자}, 제30조_{전환사채}의 규정에 따른 이익을 계산하는 경우

❹ 평가대상인 주식 등을 발행한 법인이 다른 법인이 발행한 주식 등을 보유하여 다른 법인의 최대주주 등에 해당하는 경우로서 다른 법인의 주식 등을 평가하는 경우

❺ 평가 기준일부터 소급하여 3년 이내에 사업을 개시한 법인으로서 사업 개시일이 속하는 사업연도부터 평가기준일이 속하는 사업연도의 직전 사업연도까지 각 사업연도의 기업회계기준에 의한 영업이익이 모두 '영$_0$' 이하인 경우

❻ 상속세 과세표준 신고기한 또는 증여세 과세표준 신고기한 이내에 평가 대상 주식 등을 발행한 법인의 청산이 확정된 경우

❼ 최대주주 등이 보유하고 있는 주식 등을 최대주주 등 외의 자가 10년 이내에 상속 또는 증여받은 경우로서 상속 또는 증여로 인하여 최대 주주 등에 해당되지 아니하는 경우

❽ 주식 등의 실제소유자와 명의자가 다른 경우로서 「상속세 및 증여세법」 제45조의2에 따라 해당 주식 등을 명의자가 실제소유자로부터 증여받은 것으로 보는 경우 2016.1.1.이후 평가분 부터

❾ 「중소기업기본법」 제2조에 따른 중소기업이 발행한 주식

♟ 중소기업 주식의 할증평가 배제

중소기업의 영속성을 유지하여 원활한 가업승계를 지원하기 위하여 중소기업 주식에 한해서는 상속·증여받는 경우 상속·증여재산가액 평가 시 할증평가를 하지 않는다. 이 경우 '주식 할증평가에서 제외하는 중소기업'이란 「중소기업기본법」 제2조에 따른 중소기업을 말한다.

"최근 삼진식품 기업가치가 600억 원으로 책정됐지만 이는 목표치에 10분의 1정도이다. IPO기업공개에 대한 자신감은 분명했지만 불안해하는 직원과 가족에게 가능성을 보여주기 위해 단행된 투자유치였다. 성장하고 있는 식품시장에서 어묵은 확실한 카드다."

올해 6월 삼진식품은 상환전환우선주 3천320주를 발행해 총150억 원의 투자를 유치했다. 1주당 451만 9천978원으로 이를 총 기업가치로 환산하면 600억 원에 달하는 규모다. 그러나 삼진식품 오너 3세 박용준 삼진어묵글로벌SAMJIN AMOOK GLOBAL 대표는 목표했던 기업가치에 한참 미치는 못하는 것으로 아직도 배가 고프다는 입장이다. 삼진식품은 1950년 초반 창업주 故 박재덕 회장이 부산 봉래시장에서 판잣집을 임대해 어묵 판매점을 개업하면서 시작됐다. 6 · 25전쟁으로 피난민이 급증하면서 호황을 누렸고, 1953년에 '삼진식품가공소'로 상호를 정했다. 이를 이어받은 게 오너 2세 박종수 현 회장이다.

박 회장은 부산 영도공장과 2011년 장림공장을 신축하며 나름대로 어묵 대량생산 체계를 갖춰나갔다. 그러다 박 회장은 미국에서 회계사를 준비 중인 장남 박 대표를 2011년 국내로 복귀시켰다. 건강 악화로 직접 사업을 도맡아 진행하기 힘들었기 때문이다. 박 대표는 당시를 회상하며 "공장가동률이 제대로 나오지 않을 만큼 생산설비를 다 돌리지 않고 있었다"며 "이를 타개하려면 B2C 사업구조로 전환해야 된다고 판단했고 베이커리형 '삼진어묵'이 탄생하게 된 계기가 됐다"고 설명했다. 이와 함께 법인화를 진행했다. 이전까지 사업을 전폭적으로 키우기 위해서는 개인사업자로만 운영해서는 안 됐기 때문이다. 2015년 삼진식품옛 삼진어묵을 설립한 후 박 회장이 지분 100%

를 보유한 삼진식품을 흡수합병하면서 오너 3세 박 대표가 최대주주가 됐다. 법인화와 경영승계가 동시에 이뤄진 셈이다. 그는 "사각 형태의 '부산어묵'만으로 소비자를 공략하기 힘들다는 판단에 먼저 제품 포트폴리오를 다양화했고 덕분에 베이커리형 점포를 늘려나갈 수 있었다"며 "어릴 적 공장에서 다양한 형태로 제조된 어묵을 접했던 것이 이를 생각할 수 있게 한 배경이 됐다"고 전했다.

B2C 전환 등 공격적으로 사업을 진행하고 있지만 회계학을 전공한 박 대표는 보다 신중하고 냉철하게 시장을 접근한다. 때문에 사업을 진행할 때도 미사여구보다는 숫자로 표현하기를 선호한다. 의욕을 앞세우기보다는 흥분을 가라앉히고 '징검다리도 두드려보는' 스타일이다. 냉철한 경영자 박 대표에게 어묵은 승부수를 던질만한 확실한 패였다. 가성비 높은 고단백질과 대체단백질 식품으로 시장에서 각광을 받고 있는 만큼 해외까지 안정적인 판로가 개척되면 그 성장성은 뚜렷할 것이라고 분석했다. 물론 어릴 적부터 동거동락同居同樂한 제품이기도 하다. 삼진식품에서 2019년 분할 설립된 삼진어묵글로벌에서 박 대표가 직접 해외사업을 진행하고 있는 것도 이러한 배경이 작용했다. 삼진식품이 보유한 삼진어묵글로벌 지분은 40%이고 나머지는 해외 사업 경험이 많은 국내 벤처기업이 보유 중이다. 협업을 통해 해외 시장을 뚫겠다는 전략이다.

이러한 협업전략은 박 대표의 양면성을 확인할 수 있는 지점이다. 삼진어묵글로벌 분할로 모기업에 지워지는 부담을 덜어내는 신중함과 벤처기업과 맞손을 잡고 해외 시장 개척에 속도를 내는 공격성을 지녔다는 평가다. 내년 아마존에서만 100억 원 매출을 올릴 계획이다. 박 대표는 삼진어묵의 성장은 아직도 무궁무진하다고 말한다. 그는 "직원들에게 성공에 대한 자신감을 불어넣기 위해 150억 원의 투자 유치를 받은 것이고 때문에 규모도 최소한으로 진행했다"고 한다. 이후 투자 유치에서는 현재보다 10배 이상의 기업가치로 책정될 것이라는 기대감이다. 삼진식품은 2023년 상장 추진계획을 추진 중이다. IPO을 향한 험난한 여정을 택했지만 계속해 가속페달을 밟고 있다. '어묵명가' 삼진식품의 성장 엔진 여력은 충분하다는 판단이다.

♟♟ 가업승계를 해야 할 기업과 하지 말아야 할 기업의 분석

상속세와 증여세는 서로 연관되어 과세된다. 일반적으로 자녀에게 증여를 하고 10년 이내에 상속이 발생되는 경우에는 상속세 과세가액에 가산한다. 이에 반하여 가업승계에 대한 증여세과세 특례제도는 10년 기간에 관계 없이 상속세과세가액에 가산한다. 그러므로 사전에 충분한 검토 없이 아무 기업이나 가업승계에 대한 증여세 과세특례의 적용요건에 해당된다고 하여 쉽게 가업승계를 결정한 경우에는 낭패를 당할 수 있다. 따라서 가업승계에 대한 증여세과세특례의 적용은 현재의 주식가치보다 미래의 주식가치가 높을 가능성이 있는 기업을 대상으로 하여야 한다.

미래 주식가치가 높을 것으로 예상되는 기업을 조기에 가업승계에 따른 증여세 특례제도를 적극 활용하면 낮게 평가된 증여재산가액에 의하여 증여세 절세효과가 클 수 있고, 이 증여재산가액이 그대로 상속재산가액에 가산되기 때문에 상속세 절세도 가능한 것이다. 반면에 기업의 장래가 밝지 않는 기업을 가업승계 받은 경우에는 더 불리해질 수 있다.

　이러한 경우에는 승계받은 가업의 운영이 어려워 도산하거나 주식가치가 하락하게 되어도 증여 당시의 주식평가액이 그대로 부모의 다른 상속재산가액에 가산하여 상속세가 부과되기 때문이다. 더군다나 부모의 다른 상속재산이 없는 경우에는 기왕에 납부한 증여세마저 돌려받을 수 없기 때문에 더욱 불리하다. 따라서 가업승계에 대한 증여세 과세특례는 눈앞에 예상되는 절세효과만 고려하지 말고 반드시 그 기업의 미래 기업환경이나 경영후계자의 경영능력을 고려하여 결정해야 한다.

강소기업의
DNA 장인정신

독일 경제의 중추는 강력한 오너십과 전문경영인의 역할이 조화를 이루는 강소 명문 장수기업들이다. 이들은 지난 금융위기 와중에도 '고용 기적'을 이루며 위기극복의 신화를 써냈다. 창업 이래 175년간 독일의 작은 도시인 이다어오버슈타인을 떠나지 않은 휘슬러도 그렇다.

"175년을 이어온 휘슬러만의 가치, 혁신을 강조한 창업 정신은 우리의 성공을 이끌었던 힘이고, 앞으로도 변함없이 이어나갈 것이다. 나는 여기에 고객과 시장을 지향하는 새로운 문화를 불어넣고 싶다. 전통을 이어가면서도 소비자 니즈와 글로벌 시장을 이해하는 안목을 조직 안에 심는 게 내 역할이자 과제이다."

휘슬러에 합류한 제이콥 울스타하프 Jacob Osterhaab CEO는 전문경영인으로서 자신의 경영목표를 이같이 밝혔다. 그가 밝힌 각오는 독일 경제와 기업의 중추를 이루는 미텔슈탄드 Mittelstand, 중소·중견 제조기업의 과거와 현재, 미래를 고스란히 담고 있다. 흔히 독일을 대표하는 기업으로 폴크스바겐이나 메르세데스벤츠, BMW, 지멘스 같은 대기업을 떠올리지만, 창업주 가문이 중심이 된 가족경영 기업이나 기업공개를 꺼리는 비상장기업이 대부분인 미텔슈탄트는 독일 경제를 떠받치는 핵심축이다. 370만 개에 달하는 이들 강소 명문 장수기업들은 독일 전체 기업 매출의 30%, 전체 고용의 70%를 차지한다. 독일 중소기업 중 95%는 이러한 비상장 가족기업이 차지하고 있다. 휘슬러도 창업주 칼 필립 휘슬러 Carl Philipp Fissler 이래 오너가家가 직접 주요 경영 이슈에 참여하는 오너십과 전문경영인의 활약이 조화를 이루며 발전해 왔다.

기업공개를 통한 자본조달이 일반화된 미국, 영국, 한국과 달리, 독일 강소 명문 장수기업들은 폐쇄적 구조의 가족경영이 오랜 전통으로 이어지고 있다. 이들은 수만 명에 달하는 직원들을 고용한 대기업으로 성장하기보다, 여전히 창업자가 처음 터를 닦은 조용한 시골 마을에서 공장을 가동한다. 대신 경쟁사가 넘보기 힘든 기술력과 장인정신으로 무장한 '마이스터 Meister'들의 기술을 바탕으로 자기 분야에서 세계시장을 장악한다. 독일의 '마이스터' 제도는 독일의 직업교육 제도를 의미하는 말이다. 독일어의 Meister는 '선생님'이라는 뜻의 라틴어 'Magister'에서 유래한 독일만의 독특한 기술 및 기능인력 제도이다. 마이스터는 직업에 필요한 공부를 하고, 실기과정을 이수하고,

정규시험을 통과한 사람에게 부여하는 명칭이기도 하다.

세대를 잇는 아름다운 도전과 탁월한 기술력을 발휘해 최고의 제품을 생산해 내는 회사야말로 모든 기업들의 바람이다. 탁월한 기술력은 경제 위기를 견디어낼 수 있는 갑옷이 되고 성장을 이끌어내는 발판이 되기도 한다. 어떤 상황에서도 매년 성장세를 보이며 장수기업이란 타이틀도 얻었다. 과연 이런 중소기업은 존재할 수 있는 것일까. 존재 한다면 무엇이 이를 가능케 만들었을까. 이코노믹리뷰는 '가업 승계에 성공한 중소기업'에서 답을 찾아봤다.

가업승계를 통해 자연스레 대물림 된 '장인 정신'은 불황에도 잘 나가는 기업만이 갖고 있는 특별한 DNA이기 때문이다. 세대를 잇는 아름다운 도전을 통해 한국 경제의 밑바탕을 떠받치고 있는 곳이 바로 장인 기업인 것이다.

최근 장인기업의 중요성이 자주 거론된다. 불황에도 흔들리지 않는 기업의 특별한 공통점인 장인정신을 갖고 있기 때문이다. 오랫동안 수많은 위기를 넘기며 잘 나가는 기업만의 장인 정신 DNA, 이것이 바로 장인기업을 주목받게 하는 이유이다. 장인 정신이 없으면 아무리 큰 기업도 언제 무너질지 모른다. 지난날 유례없는 금융 위기를 겪으며 몸소 체험했다. 이는 장인기업이 많아져야 경제가 탄탄해진다는 것을 의미한다.

"초일류 장수기업에게는 체질로 내화된 독특한 생존 DNA가 있고, 이는 시대를 거쳐 유전된다." 한국경제연구원은 '한국 기업의 생존 보고서'를 통해 자동차, 화학, 철강 등의 산업 분야에서 초우량 장수기업의 지위를 누리고 있는 한국과 미국, 일본, 유럽 업체들의 사례와 장수 비결을 분석했다.

분석 대상기업에는 자동차산업의 포드, 폴크스바겐, 도요타, 화학 산업의 듀폰, 바스프, 미쯔비시화학, 철강산업의 US스틸, 티센크룹, 신일본제철 등이 포함됐고, 동종 산업내 한국의 대표적인 장수기업인 현대자동차, LG화학, 포스코 등이 비교 분석대상이 됐다. 또 "사례 분석 결과, 세계 초일류 장수기업은 명확한 미래지향적 목표와 그것을 구체적으로 실현하기 위한 차별적인 자원 및 핵심역량을 보유하고 있고, 이를 통해 외부의 환경 변화에 맞서 위기대응 및 기회활용 능력을 키워가는 것으로 나타났다"고 했다. 이어 '환경의 위협', '환경의 기회', '자원과 역량', '비전' 등 안팎의 환경이 상호작용하는 결과로서 특정한 생존 DNA가 장수기업 내에 축적된다며 "장수기업에는 '위기를 기회로 전환하는 퀀텀 점프Quantum Jump', '과거의 영광에 안주하는 관성의 극복', '효과적인 비즈니스 생태계의 구축' 등 세 가지 특성이 있다"고 했다. 보고서는 "기업의 생존 DNA는 시대를 거쳐 유전되지만, 모든 환경에 적합한 우성 유전자가 없는 것처럼 기업의 장수 유전자 역시 언제든지 열성으로 변할 수 있다"고 덧붙였다.

그러나 장인정신을 갖춘 기업이 된다는 것은 쉽지 않다. 장인정신은 기업이 '지금부터 시작한다'고 해서 당장 발휘되는 것이 아니다. 세대를 거듭하며 자연스레 쌓인 기술력과 경영 노하우가 바탕이 되어 있어야 가능하다. 또 장인이라고 불리는 튼실한 버팀목이 필요하다. 장인은 CEO가 될 수도 있고, 최고의 기술력을 갖춘 회사의 직원이 될 수도 있다. 대신 창업자의 정신을 가장 잘 이해하고 품질에 대한 책임감을 전달할 수 있는 사람이라는 전제가 필요하다. 그래서인지 장인기업으로 분류되는 곳은 많지 않다. 국내를 대표하는 대기업도 장수기업은 될 수 있어도 장인기업이 되기엔 몇 가지 부족한 점들이 있다. 경영권이 승계되는 것과 직접적인 기술이 전달되는 차이점을 갖고 있기 때문이다. 그렇기 때문에 중소기업 중에 '장인기업'으로 불리는 곳들이 많다.

파워 중소기업의 경쟁력 '전통 계승', 장인기업의 가장 큰 특징으로 '가업승계'를 꼽을 수 있다. 대를 잇는 장인정신은 시대를 거듭하며 겪게 된 온갖 위기를 극복하는 중요한 역할을 했다.

전통적인 기술력을 계승하고 새로운 기술을 접목시키며 장인기업으로, 장수 기업으로 성장한 것. 성공적인 가업승계가 이뤄진 곳을 보면 설립 이후 적게는 30년에서 많게는 80년 이상 된 곳이 많다. 문정희 할머니 고추장, 삼덕삼공주식회사, 삼화실업주식회사, 자산유리 등이 대표적인 곳이다가나다순. 국내 중소기업의 평균 수명이 10.6년인 점에 비춰봤을 때 엄청난 수치이다. 이 같은 현상은 국내뿐 아니라 해외에서도 나타난다. 500년 이상 되는 세계적 장수기업 대부분은 가업 승계가 이뤄진 기업이다. 이들 기업은 매출도 꾸준히 증가세를 보이고 있다.

경기 불황도 타지 않는다. 지난 금융 위기를 겪은 상황에서도 두 자릿수 상승세를 나타낸 것으로 알려진다. 가업승계를 통해 중소기업의 경쟁력이 강해지고, 강해진 중소기업 경쟁력은 국가 경쟁력으로 환원된다는 이야기다.

전국경제인연합회의 한 관계자는 "가업승계를 통해 형성된 장인정신의 경쟁력은 국가 경제발전의 원동력으로 직결될 수 있다"며 "최근 해외 가업승계 기업의 현황과 도요타 성장 등 가업승계 기업의 장점은 많다"고 말했다.

그는 또 "최근 해외의 가업승계의 장점 등이 부각되며 이들의 장인정신을 국내 기업에서도 본받을 만하다"고 전했다. 문제는 장인정신 계승을 위한 가업승계 기업을 어떻게 늘려나갈 것인가 하는 점이다. 유럽, 일본 등은 기술력을 가진 기업의 가업승계를 지원하고 있다. 일본 최대 은행 미쓰비시도쿄UFI가 조성한 60억 엔 규모의 '꿈 승계 펀드'가 대표적이다. 독일과 스위스 등은 100%에 가까운 세금 절세 혜택을 주며 가업승계를 적극적으로 지원하고 있다. 국내의 경우 가업 승계와 관련된 각종 정책을 내놓고 움직이고 있다. 무엇보다도 중소기업에 대한 지원에 중점을 둬 각종 세제 혜택을 시행한다는 계획이다. 중소기업중앙회에 따르면 전체 중소기업 중 가업승계 기업의 비중은 두 자릿수가 채 안된다. 90%가 넘는 곳이 가업승계를 포기하고 있다는 얘기다. 왜일까? 높게는 50% 이상 책정됐던 상속세와 증여세가 발목을 잡았던 것으로 보인다.

또 중소기업 최대주주의 경우 주식에 대한 할증 평가를 하지 않는 조치도 1년을 연장해 연말까지 시행한다. 일반적인 최대주주가 주식을 상속할 경우 경영권 프리미엄을 반영해 주식 평가액의 10~15%가 할증된 상속세율이 적용된다. 하지만 이 같은 가업승계 육성책은 아직까지 빛을 발휘하지는 못하고 있다. 정책은 있지만 실효성이 떨어진다는 지적이다.

삼성경제연구소는 지난해 발표한 '명품 기업의 DNA'라는 보고서에서 "장인 조직을 운영해야 한다"고 했다. 급변하는 글로벌 시장에서 장인정신을 이어온 기업의 활약에 주목해야 한다고 했다. 미국의 버드와이저, 일본의 도요타, 독일의 BMW, 스웨덴 인베스터 등은 가업 승계를 통한 장인정신 계승을 통해 장인기업으로 성공을 거둔 사례들이다. 세계 경제 변화에 따른 국내 경제 변화의 폭도 어느 때보다 커지고 있다. 시시각각 변하는 환경에 적응하며 국가 경쟁력을 강화하기 위해선 수많은 장인기업의 힘이 필요할 것으로 보인다.

06

가업승계와 증여·상속세
아는 만큼 혜택

2019년 기준 '창업주가 회사를 운영 중인 중소·중견기업은 약 5만 1천256개 정도' 된다. 이 중 '60세를 넘는 CEO가 1만 7천21개로 33%'에 이르고 있다. 하지만 이 가운데 '가업승계를 완료한 기업은 전체의 3.5%의 수준'에 머물고 있다. 그만큼 중소기업 CEO들이 가업승계를 준비하다가 과도한 증여·상속세 때문에 결국 M&A를 고려하는 추세이다. 이러한 어려움을 타개해 보고자 '가업상속공제제도'란 것이 있다. 10년 이상 운영한 기업매출 3천000억 원 미만의 기업 중 원활한 가업승계를 지원하기 위하여 요건을 갖추면 상속세 적용 때 과세대상액에서 최대 500억 원까지 상속공제액을 해주는 제도이다. 그러나 '가업상속공제제도'가 모든 기업에 해당하는 것도 아니며, 모든 기업이 진행할 수 있는 것도 아니다.

"가업승계 준비 시 최대주주 지분율 상장사 30%, 비상장사 50% 10년 이상 보유와 근로자수 유지 등 까다로운 요건과 증여·상속세 과세특례를 받아도 과도한 세금 부담 때문에 가업승계를 포기하는 사례가 증가" 하고 있다. 하지만 증여·상속세 때문에 수십 년간 성장시켜 놓은 기업을 매각하다는 것은 너무나 안타까운 일이다. 따라서 가업승계 관련 전문가를 통해서나 확실한 가업승계 절세 방법을 찾아 증여·상속세로부터 해방될 수 있도록 준비를 해야 한다.

현재 국내 비상장법인의 가업승계 규모는 자산규모 50조 원에 5만여 개로 추산되고 있다. 정부와 금융권, 컨설팅회사 등에서 후계자 승계, 가업승계, 기업승계, 최고경영자CEO플랜, 기업재무설계, 주식이동 조사 등 여러 용어가 혼재돼 있다. 이에 따라 기업 입장에서는 많은 비용과 시간을 투자하면서도 중복된 컨설팅 등으로 오히려 결정에 장애가 되고 있는 실정이다. 또한 국내 중소기업들이 중견기업으로 성장하기보다 중소기업으로 남아 있기를 원하는 것은 기업가 정신과 기업 역량 부족 때문이 아니라 가업승계와 여러 세제 혜택이 사라지기 때문이다. 중견기업을 육성하기 위해서는 기업 성장을 가로막는 시스템을 고쳐야 한다. 중소기업을 운영하는 CEO는 이런저런 고민이 많다고 한다. 후계자 문제도 큰 고민거리이고, 자녀에게 물려주고 싶은데 증여·상속세가 걱정이 된다. 가업승계와 상속·증여세, 아는 만큼 누리는 혜택도 커진다.

♟️ 세액의 계산

상속세와 증여세의 산출세액은 과세표준에 세율을 곱하여 계산한다.

⬤ 상속세 과세표준

*상속재산가액을 초과하는 채무 등은 없는 것으로 함("0")
- 간주상속재산: 보험금·신탁재산·퇴직금 등
- 추정상속재산: 상속개시 전 처분재산 중 사용처가 불분명하여 상속으로 추정한 재산 등
- 사전증여재산: 피상속인이 10년 이내(상속인이 아니면 5년)에 증여한 재산

⬤ 증여세 과세표준

* 증여재산가산액: 해당 증여 전 10년 이내에 동일인(직계존속인 경우 배우자 포함)으로부터 받은 합산대상 증여가액 (1천만 원 이상)

🏆 표 4-1_ 상속세·증여세 세율

과세표준	상속세·증여세 세율	누진공제액
1억 원 이하	10%	-
1억 원 초과, 5억 원 이하	20%	1천만 원
5억 원 초과, 10억 원 이하	30%	6천만 원
10억 원 초과, 30억 원 이하	40%	1억 6천만 원
30억 원 초과	50%	4억 6천만 원

상속세 세액계산 흐름도 (피상속인이 거주자인 경우)

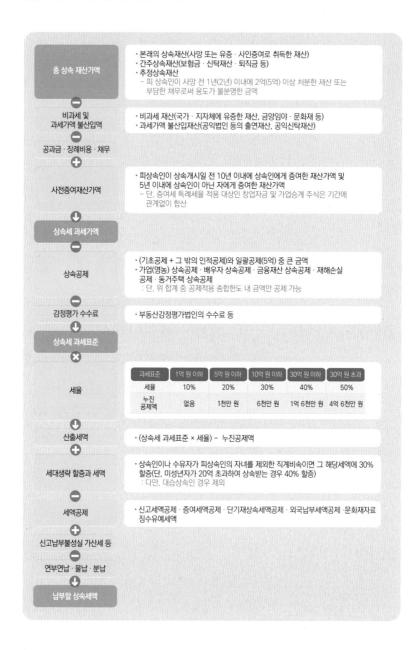

| 총 상속 재산가액 | • 본래의 상속재산(사망 또는 유증 · 사인증여로 취득한 재산)
• 간주상속재산(보험금 · 신탁재산 · 퇴직금 등)
• 추정상속재산
　- 피 상속인이 사망 전 1년(2년) 이내에 2억(5억) 이상 처분한 재산 또는
　　부담한 채무로써 용도가 불분명한 금액 |

(−)

| 비과세 및
과세가액 불산입 | • 비과세 재산(국가 · 지자체에 유증한 재산, 금양임야 · 문화재 등)
• 과세가액 불산입재산(공익법인 등의 출연재산, 공익신탁재산) |

(−) 공과금 · 장례비용 · 채무

(+)

| 사전증여재산가액 | • 피상속인이 상속개시일 전 10년 이내에 상속인에게 증여한 재산가액 및
5년 이내에 상속인이 아닌 자에게 증여한 재산가액
　- 단, 증여세 특례세율 적용 대상인 창업자금 및 가업승계 주식은 기간에
　　관계없이 합산 |

(↓) **상속세 과세가액**

(−)

| 상속공제 | • (기초공제 + 그 밖의 인적공제)와 일괄공제(5억) 중 큰 금액
• 가업(영농) 상속공제 · 배우자 상속공제 · 금융재산 상속공제 · 재해손실
공제 · 동거주택 상속공제
　: 단, 위 합계 중 공제적용 종합한도 내 금액만 공제 가능 |

(−)

| 감정평가 수수료 | • 부동산감정평가법인의 수수료 등 |

(↓) **상속세 과세표준**

(✕)

세율					
과세표준	1억 원 이하	5억 원 이하	10억 원 이하	30억 원 이하	30억 원 초과
세율	10%	20%	30%	40%	50%
누진 공제액	없음	1천만 원	6천만 원	1억 6천만 원	4억 6천만 원

(↓)

| 산출세액 | • (상속세 과세표준 × 세율) − 누진공제액 |

(+)

| 세대생략 할증과 세액 | • 상속인이나 수유자가 피상속인의 자녀를 제외한 직계비속이면 그 해당세액에 30%
할증(단, 미성년자가 20억 초과하여 상속받는 경우 40% 할증)
　: 다만, 대습상속인 경우 제외 |

(−)

| 세액공제 | • 신고세액공제 · 증여세액공제 · 단기재상속세액공제 · 외국납부세액공제 · 문화재자료
징수유예세액 |

(+) 신고납부불성실 가산세 등

(↓) 연부연납 · 물납 · 분납

(↓) **납부할 상속세액**

♟️ 상속 공제액

공제의 종류	상속공제액
① 기초공제 (상증법 §18)	기초공제: 2억 원
	가업상속공제액: 가업상속재산가액(200억 원~500억 원* 한도) *피상속인 가업영위기간 10년 이상 200억, 20년 이상 300억, 30년 이상 500억
	영농상속공제액: 영농상속재산가액(공제한도: 15억 원)
② 그 밖의 인적공제 (상증법 §20)	자녀공제: 자녀수 x 1인당 5천만 원
	미성년자공제: 미성년자수 x 1천만 원 x 19세까지의 잔여연수 *상속인(배우자제외) 및 동거가족 중 미성년자. 자녀공제와 중복가능
	연로자공제: 연로자수 x 1인당 5천만 원 *상속인(배우자제외) 및 동거가족 중 65세 이상자에 한함
	장애인 공제: 장애인수 x 1인당 1천만 원 x 성별·연령별 기대여명 연수 *상속인(배우자포함) 및 동거가족 중 장애인 *자녀·미성년자·연로자·배우자공제와 중복공제 가능
③ 일괄공제 (상증법 §21)	일괄공제: MAX(㉮, ㉯) ㉮ 5억 원 ㉯ (기초공제 2억 원 + ②의 그 밖의 인적공제 합계) *배우자가 단독으로 상속받는 경우: 일괄공제 적용 안됨 *신고기한 내 무신고한 경우: 일괄공제(5억 원) 적용
④ 배우자상속공제 (상증법 §19)	배우자상속공제액: MAX(㉮, ㉯) ㉮ MIN (㉠, ㉡) 　㉠ 배우자가 실제 상속받은 금액(총재산가액 – 비과세·채무 등) 　㉡ 공제한도액 MIN(i, ii) 　　i) (상속재산가액 x 배우자 법정상속지분)-(합산대상 증여재산 중 배 　　　우자가 증여받은 재산의 과세표준) 　　ii) 30억 원 ㉯ 5억 원 *㉮는 신고기한의 다음날부터 6개월까지 배우자상속재산 분할 시 적용(부득이한 경우 배우 자재산분할기한 경과 후 6개월되는 날까지 신고)
⑤ 금융재산상속공제 (상증법 §22)	• 순금융재산가액(금융재산-금융채무)이 2천만 원 초과시: MIN(㉮, ㉯) 　㉮ 순금융재산가액의 20%와 2천만 원 중 큰 금액　　㉯ 2억 원 • 2천만 원 미만 시: 금융재산가액 전액
⑥ 재해손실공제 (상증법 §23)	신고기한 이내에 화재·자연재해 등으로 멸실·훼손된 손실가액
⑦ 동거주택상속공제 (상증법 §23의2)	[상속주택가액(부수토지 포함)-해당 자산에 담보된 채무](6억 원 한도)
⑧ 공제적용 종합한도액 (상증법 §24)	상속세 과세가액-[선순위 상속인이 아닌 자에게 유증·사인증여한 재산가액 +상속인의 상속포기로 후순위 상속인이 받은 상속재산가액+상속세 과세가 액에 가산한 증여재산가액(증여재산공제액과 재해손실 공제액을 차감한 가액으로 상 속세 과세가액이 5억 원을 초과하는 경우에만 적용)]

*피상속인이 거주자인 경우 상속공제액은 (①~⑦합계)와 (⑧공제적용 종합한도액) 중 적은 금액을 공제. 다만, 피상
속인이 비거주자인 경우에는 기초공제 2억 원과 ⑧공제적용 종합한도액 중 적은 금액을 공제함.

♟ 증여세 세액계산 흐름도(기본세율-수증자가 거주자이고 일반 증여재산인 경우)

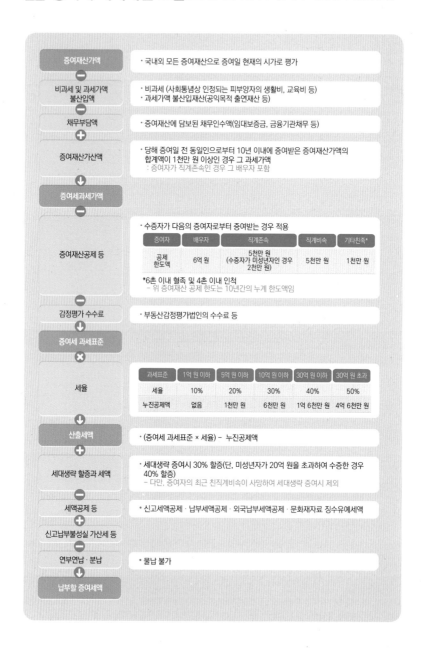

증여재산가액
- 국내외 모든 증여재산으로 증여일 현재의 시가로 평가

비과세 및 과세가액 불산입액 ⊖
- 비과세 (사회통념상 인정되는 피부양자의 생활비, 교육비 등)
- 과세가액 불산입재산(공익목적 출연재산 등)

채무부담액 ⊕
- 증여재산에 담보된 채무인수액(임대보증금, 금융기관채무 등)

증여재산가산액 ⊕
- 당해 증여일 전 동일인으로부터 10년 이내에 증여받은 증여재산가액의 합계액이 1천만 원 이상인 경우 그 과세가액
  : 증여자가 직계존속인 경우 그 배우자 포함

증여세과세가액 ⊖

증여재산공제 등
- 수증자가 다음의 증여자로부터 증여받는 경우 적용

증여자	배우자	직계존속	직계비속	기타친족*
공제한도액	6억 원	5천만 원 (수증자가 미성년자인 경우 2천만 원)	5천만 원	1천만 원

*6촌 이내 혈족 및 4촌 이내 인척
– 위 증여재산 공제 한도는 10년간의 누계 한도액임

감정평가 수수료 ⊖
- 부동산감정평가법인의 수수료 등

증여세 과세표준 ⊗

세율

과세표준	1억 원 이하	5억 원 이하	10억 원 이하	30억 원 이하	30억 원 초과
세율	10%	20%	30%	40%	50%
누진공제액	없음	1천만 원	6천만 원	1억 6천만 원	4억 6천만 원

산출세액 ⊕
- (증여세 과세표준 × 세율) – 누진공제액

세대생략 할증과 세액 ⊖
- 세대생략 증여시 30% 할증(단, 미성년자가 20억 원을 초과하여 수증한 경우 40% 할증)
  – 다만, 증여자의 최근 친직계비속이 사망하여 세대생략 증여시 제외

세액공제 등 ⊕
- 신고세액공제 · 납부세액공제 · 외국납부세액공제 · 문화재자료 징수유예세액

신고납부불성실 가산세 등 ⊖

연부연납 · 분납 ⊕
- 물납 불가

납부할 증여세액

♟️ 증여세 세액계산 흐름도(특례세율-창업자금 또는 가업승계 주식 등 과세특례 적용 대상)

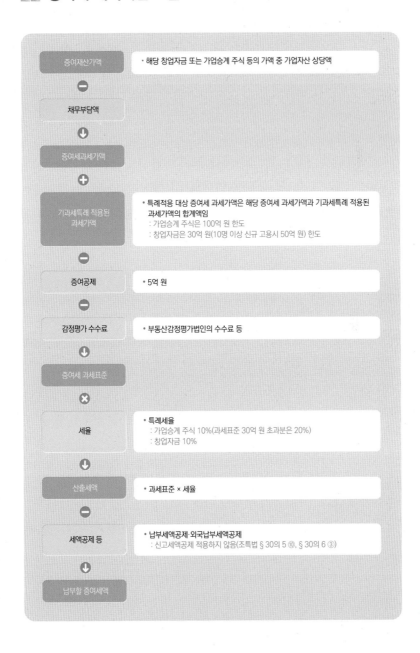

증여재산가액
- 해당 창업자금 또는 가업승계 주식 등의 가액 중 가업자산 상당액

⊖

채무부담액

⬇

증여세과세가액

⊕

기과세특례 적용된 과세가액
- 특례적용 대상 증여세 과세가액은 해당 증여세 과세가액과 기과세특례 적용된 과세가액의 합계액임
  : 가업승계 주식은 100억 원 한도
  : 창업자금은 30억 원(10명 이상 신규 고용시 50억 원) 한도

⊖

증여공제
- 5억 원

⊖

감정평가 수수료
- 부동산감정평가법인의 수수료 등

⬇

증여세 과세표준

❌

세율
- 특례세율
  : 가업승계 주식 10%(과세표준 30억 원 초과분은 20%)
  : 창업자금 10%

⬇

산출세액
- 과세표준 × 세율

⊖

세액공제 등
- 납부세액공제·외국납부세액공제
  : 신고세액공제 적용하지 않음(조특법 § 30의 5 ⑩, § 30의 6 ③)

⬇

납부할 증여세액

07

가업승계는
후계자로서 제2의 창업

　가업승계에서 고려되어야 할 부분은 무엇일까? 초고액자산가 가문의 가업승계는 간단한 과정이 아니다. 가업승계를 위해서는 명확하게 잘 이해되고 유연하게 관리되는 프로세스가 필수적이다. 해당 프로세스는 가문의 전략, 지배구조 및 사업적 이해관계가 다루어져야 하며, 갑작스러운 리더십 상실에 직면할 경우 백업 계획도 마련이 되어야 한다. 해당 과정에는 패밀리오피스의 도움이 필수적일 수 있다. '제2의 창업정신을 살릴 수 있는 가업승계 후계자로서 고려되어야 할 지표'는 다음과 같다.

승계전략과 핵심인재 육성

- 큰 그림을 볼 수 있는 정신적인 유연성과 사고의 민첩성
- 새로운 도전을 두려워하지 않으며 실패로부터 회복하고 상황에 적응하는 능력 및 목표를 위해 전진하는 에너지
- 지도자의 높은 자존감과 통찰력, 그리고 타인에게 동기를 부여할 수 있는 능력
- 사람들을 참여시키고 영감을 주면서도 겸손함과 성실함을 잃지 않는 것
- 다양한 관점에 열려 있고 경청하며 구성원에게 소속감을 부여하고 강한 문화적 통찰력을 보여주는 것

"어떠한 경우에도 미쉘린은 R&D 투자를 줄이지 않는다. 절대로. R&D는 장기적인 활동이다. 이걸 다른 경영 수단으로 대체할 수도 없고 대체해서도 안 된다. 우리는 위기 속에서도 투자를 줄이지 않았고 공장 설비를 철거하지 않았으며 직원도 해고하지 않았다. 그런 것들을 줄인다면 100년을 지속해올 수 없었을 것이다. 더욱이 향후 100년을 바라보는 기업이 될 수 있을지 모르겠다." 미쉘린에는 항상 '세계 최초'라는 수식어가 붙는다. 1895년 세계 최초로 공기 주입식 타이어를 개발했고 1946년에 역시 최초로 고무 외 금속을 사용한 래디얼 타이어를 만들어냈다.

1981년에 세계 최초 항공기용 타이어, 1992년에는 최초 친환경 타이어를 각각 선보였다. 타이어 업계 선구자나 다름없다. 그러면서도 120년간 꾸준히 업계 선두 자리를 놓치지 않았다. 혁신적인 제품을 남보다 먼저 내놓으며 시장을 주도했기 때문이다. 그래서 '한 우물 기업'이지만 생산 제품군은 다양하다. 일반 승용차에서부터 항공기, 농

기계, 트럭에 이르기까지 거의 모든 종류 차량 타이어를 특화 생산한다. 1889년 설립돼 전 세계 18개국 70개 공장에 11만 1000여 명에 달하는 임직원을 두고 있다. 이들이 오랜 시간 업계 선두를 유지하며 건강하게 장수하는 비결은 여러 요인이 있으나 이 중 독특한 경영 구조도 큰 몫을 차지한다. 창업 이후 4대째 미쉐린 가문이 대를 이어 사업하고 있는 '가족기업'이지만 그렇다고 대주주가 마음대로 회사를 운영하는 '오너경영'을 한 적은 없다. 오너 단독경영의 문제점을 막기 위해 오너와 동등한 위치에 있는 '공동 경영자Managing partner'가 기업을 함께 이끌어왔기 때문이다. 현재는 미쉐린가家 일원인 미셸 롤리에를 포함해 총 3명의 경영자가 공동경영 중이다.

지금까지 "한국경제를 이끌어왔던 명문 장수기업 창업세대들이 은퇴 시점"에 접어들고 있다. 중소벤처기업부에 따르면 70~80년대 창업한 최고경영자CEO들의 평균 연령이 2009년 기준으로 50.2세에 달하고, 60세 이상 CEO 비율은 12.4%에 달한다. 원활한 가업승계는 장수기업의 토대 마련, 안정적 일자리 창출·유지, 기술·노하우 계승 등 국가 차원에서도 중요한 문제다. 하지만 중소기업의 가업승계 준비는 미흡한 실정이다. 중소기업중앙회 조사에 따르면 경영후계자가 없는 경우가 10.6%였고, 아직 정하지 못했다는 응답도 41.1%였다. 사회 여건도 녹록치 않다. 주요 선진국 대비 과도한 세금 부담으로 승계 비용이 높고, 가업승계를 '부의 대물림'으로 인식하는 등 사회적 시선도 부정적이다. 또한 가업승계를 부의 대물림 차원에서 바라보는 시각이 많다. 그것보다는 기술과 경영 노하우의 대물림으로 보는 게 옳다. 세계적인 첨단기술도 원활한 가업승계가 이뤄져야 나올 수 있다. 실제로 첨단기술 중 가업승계를 통해 전래된 고유기술을 기초로 발전된 경우가 많다. 독일은 세계시장 점유율 1~3위 기업이 1천200개에 달하는데, 이 중 200년 이상 장수기업이 840개나 되고 있다. 이것이 바로 성공적인 가업승계가 중요한 이유이다.

"원활한 가업승계는 명품 장수기업으로 가는 초석"이다. 상장 기업의 평균 수명은 20년 안팎에 불과하다. 그런데 지금 가업승계를 고민하는 기업들은 30~40년간의 오랜 세월 동안 살아남아 기반을 다져온 곳이다. 이들이 축적해온 생산기술, R&D, 경영노하우가 계승되지 못한다면 국가적인 큰 손실이다. 국부 원천이 시장에서 퇴출되는 것과 마찬가지인 것이다. 기업생태계의 DNA가 젊음을 유지하려면 가업승계가 원활해야 한다. 따라서 가업승계에 초점을 맞출 필요가 있다. 혈연을 따지지 않고 능력 있는 후계자를 회사 내부에서 키우는 풍토가 필요한 것이다. 고용창출과 고용유지에 있어서도 가업승계 역할이 매우 크다. 한국은행 자료에 따르면, 우리나라는 후계자가 없어 폐업한 중소기업이 1만 7천755개에 달하고 이로 인한 일자리 감소는 6만 8천 개나 된다고 한다. 원활하게 가업승계가 이뤄진 기업들이 그렇지 않은 기업들보다 이익률, 자기자본비율, 주가상승률 등 경영성과가 훨씬 우수하다.

가업승계에 있어 가장 큰 걸림돌 중 압도적으로 많은 지적이 나오는 게 과중한 승계비용, 다시 말해 상속·증여세 부담이다. 이 같은 세금 부담 때문에 경영권을 넘기거나 아예 기업을 청산하는 사례가 적지 않다. 그리고 TV를 보다 보면 2세 경영자들에 대한 묘사가 천

편일률적이다. 스포츠카를 몰고 사회적 물의를 일으키는 경영 2세들이 나오는가 하면 기름때 묻혀 가며 회사일 돕고, 해외 영업 다니느라 가족 얼굴 보기 힘들다고 하는 2세들이 나온다. 이런 현실을 제대로 보여줄 필요가 있다. 내부적인 문제 중 가장 심각한 건 후계자 부재다. 일본은 후계자 부재로 매년 7만 개 정도의 기업이 폐업한다고 하는데 남의 나라 일이 아니다. 가업승계란 어느 날 갑자기 회사를 물려주는 것이 아니라 착실하게 후계자 수업을 받은 이에게 경영권을 넘겨주는 것이어야 하는데, 경영역량 축적 없이 갑작스럽게 승계하는 일이 많다.

가장 큰 문제가 있다면 당사자들의 문제이기도 하다. 창업주가 후계자 선정 문제가 시급하다는 것을 제대로 인지하지 못하는 경우가 많고 자녀가 가업을 이어받으려 하지 않거나 임직원과 갈등을 빚는 일도 잦다. 과중한 조세부담 이야기를 많이 하는데, 2007년 이후 정부에서 4차례에 걸쳐 상속증여세법을 고쳤다. 1억 원 이던 공제액을 100억 원까지 올렸고, 분납·현물납도 허용했다. 조세지원도 중요하지만 다른 차원의 지원들이 필요하다고 본다. 세대 간 소통 문제가 대표적이다. '중소벤처기업진흥공단 청년창업사관학교 경영후계자 과정'을 지켜보면 의외로 부모와 자식 간에 소통이 안 되는 경우를 발견하게 된다.

따라서 가업승계 문제의 해법은 정부에서도 가업승계에 창업에 준하는 지원을 해 줘야 할 것이다. 금융권에는 가업승계 관련 컨설팅 서비스와 자금 지원을 해줘야 한다. 가업승계 시점에서 5년 정도 기간은 운전자금·시설자금 대출 금리를 기존 대출보다 낮춰주면 좋겠다.

하나 제안하고 싶은 것은 주식 매입 펀드를 만들어주는 방법도 좋을 것이다. 승계받을 때 세금을 낼 돈이 없는 경우가 많은데, 회사 자산을 팔지 않고 물려받은 주식 일부를 매각해 세금을 낼 수 있게 하면 기업의 생산 활동이 유지될 수 있고 기술이 외부로 유출되는 일도 막을 수 있을 것이다. 또한 창업세대인 경영자들에게 하고 싶은 말이 있다면 경영후계자 자리를 언제 넘겨줄지를 고민하라는 것이다. 주식은 갖고 있더라도 경영후계자 자리는 일찍 넘기는 것이 좋다. 창업 및 경영 1세대가 조언자 역할을 5년 이상은 해줘야 하기 때문이다.

가업승계 기업의 주식 매입은 현재도 가능하다. 벤처캐피털이 주식을 매입할 수 있다. 널리 알리도록 해야 한다. 지금까지는 세제에만 관심을 가져왔는데 그것 말고도 할 일이 많다. 중소기업청 정책자금 중 사업지원자금 등이 가업승계와 연계하는 것도 고려해 보아야 한다. 가업승계 기업을 제2의 창업기업으로 보고 대책을 마련해 주어야 한다. 가업승계는 기업생태계의 강건성을 높이고, 기업주가 장기적 안목으로 투자할 수 있게 해 혁신과 성장에 긍정적인 기여를 하고 있는 것이다. 하지만 가업승계가 새로운 기업의 창업이나 창조, 혁신을 막을 가능성에 대해서도 유의할 필요가 있다.

가업승계 사례 중 벤치마킹할 만한 해외 사례가 있다면 세금 부담을 낮춰줄 수 있는 방안을 살펴보는 것이 좋다. 호주, 캐나다, 뉴질랜드, 홍콩, 싱가포르 등 상속세를 아예 폐지한 나라도 많다. 우리가 가장 원하는 건 앞에서 언급한 독일식 제도라고 주장하는 사람이 많다. 고용을 창출하거나 일자리를 만들기 위해서는 우선 현재 일자리부터 유지하는 것이 중요하다. 이런 차원에서 독일 제도가 바람직하다는 것이다. 또한 일부 전문가들은 제도 자체보다는 그러한 제도를 가능하게 한 사회적 합의가 어떻게 도출됐는지 그 과정에 대해 살펴볼 필요가 있다고 한다. 독일이나 일본의 중소기업들은 지역에 기여를 상당히 많이 한다. 지역주민들에게 혜택을 많이 주기 때문에 가업승계 시 그들을 우군으로 끌어들일 수 있다. 자기 지역을 챙기는 노력이 필요하다는 것이다. 이제 우리는 가업승계를 '제2의 창업'으로 인식할 필요가 있다. 이런 인식이 확산될 때 세금 등 관련 제도들이 전향적으로 개선될 수 있을 것이다. 우수한 자질과 능력을 갖춘 후계자를 양성해 가업승계를 미리 준비할 수 있도록 하는 것도 필요하다.

가업승계를 하기 위해 기업은 세금이 가장 큰 부담이라고 앞에서 지적했다. 상속세·증여세율은 30억 원 초과분에 대해 50% 세율이 적용된다. 상속세·증여세 말고도 붙는 세금이 많다. 어떤 기업의 경우 상속세를 내기 위해 부동산을 팔았는데, 양도세를 내라고 해서 내고 나니 부동산 매각 대금 65%가 세금으로 나가버리더라는 것이다. 경영후계자들은 주식을 받는 것이지 돈을 받는 게 아니다. 세금을 내려고 집 팔면 전세금도 안 남는 경우가 많다.

세법상 기업들의 주식평가액이 높은 것도 문제다. 비상장법인은 부동산평가액이 취득가액이 아닌 시가 기준으로 주식평가액에 반영된다. 여기에 경영권 프리미엄까지 감안해 주식평가액을 할증해 평가하고 있다. 세법에서는 이 같은 문제점을 보완하기 위해 중소기업에 한해 내년 말까지 상속증여분에 할증평가를 면제하고 있는데, 한시규정이 아닌 영구규정으로 개정할 필요가 있다. CEO들도 일찍부터 절세에 대해 관심을 가지고 전문가들의 상담을 받을 필요가 있다. 이러한 조세 문제 해법은 수십 년 전 창업한 기업 중에는 자산이 몇 백억 원 이상인 곳이 많다. 그런 기업들이 상속을 할 때 현행 시스템하에서는 편법을 동원하지 않고서는 가업승계가 힘들다고 한다. 기업인들을 죄인으로 만들지 않으려면 과도한 부담을 완화해 제2의 창업정신을 발휘할 수 있도록 사회적 관심과 제도적 뒷받침이 되어야 할 것이다.

Chapter 05

효율적인 승계계획과
핵심인재 육성

오늘날 기업들은 1인 창업으로 시작해 규모가 커지면서 대부분 가족기업으로 발전하는 모습을 발견하게 된다. 특히 일본은 재벌들의 경우 가족기업이 일반화된 경향이다. 우리나라의 가족기업은 대부분 창업자를 중심으로 관리되고 있으며, 이들의 주된 관심사는 자신의 소유권을 유지하면서 기업의 계속적인 성장과 발전의 길을 모색하는 것이다. 따라서 가족기업의 강점은 무시되고 약점만 강조되거나 성장을 위한 하나의 과정으로만 여겨졌다. 또한 기업의 규모가 점차로 커지면서 가족기업은 족벌경영의 모순을 갖는 경우가 많아졌다. 이에 따라 가족기업은 비효율과 부조리의 원형처럼 여겨지기도 했다. 하지만 국내외 가족기업들의 성공사례는 이제 존경받는 기업의 한 유형이 될 수 있음을 보여준다. 가족기업만이 갖고 있는 특성과 잠재력을 살려서 기업의 성장과 발전에 연결시킬 수만 있다면 가족기업은 국가 경쟁력과 일자리 창출을 위한 강력한 조직이 될 수 있다.

　　따라서 다음과 같은 연구모형박경록, 가족기업의 승계전략이 조직유효성에 미치는 영향, 박사학위 논문, 2008을 참고하여 승계전략과 조직유효성 간의 관계를 파악하기 위해 승계전략이 리더만족에 영향을 미치는지, 리더만족이 조직유효성직무만족, 조직몰입에 어떠한 영향을 미치는지, 또한 조직문화유형이 승계전략과 조직유효성 간에 어떠한 조절효과를 가져오는지에 대해 살펴보고 제언하고자 한다.

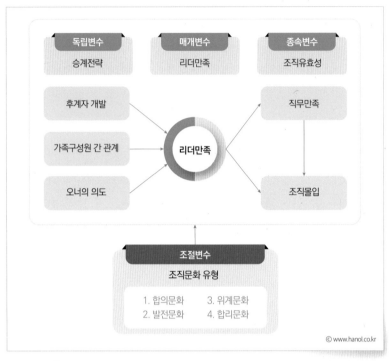

독립변수   매개변수   종속변수
승계전략   리더만족   조직유효성

후계자 개발   직무만족

가족구성원 간 관계   리더만족

오너의 의도   조직몰입

조절변수
조직문화 유형

1. 합의문화   3. 위계문화
2. 발전문화   4. 합리문화

© www.hanol.co.kr

Ⅰ 그림 5-1_ 연구모형, 가족기업의 승계전략이 조직유효성에 미치는 영향

01

승계계획,
후계자 육성과 훈련

　후계자에게 경영승계를 위해 학습과 교육훈련 기회 및 지원을 제공하는 후계자 개발 프로그램은 회사 경영자에 대한 만족을 향상시키는 역할을 하고 있다. 잠재적인 후계자의 능력에 대한 현재 리더_{경영자}의 신뢰는 승계계획에 큰 영향을 미친다. 따라서 후계자에 대한 승계과정을 미리 준비하고 제대로 실행하지 않으면 가족과 기업 양측에서 모두 비싼 대가를 치러야 한다. 또 기업으로서도 새로운 최고경영자에 대한 확신이 없을 때, 또는 소유주를 둘러싼 환경이 안정적이지 못할 때 핵심인재들은 기업을 떠날 수도 있다. 기업들의 사례에서 볼 수 있듯이 최고경영자에 대한 불안감은 즉시 기업의 주식시장에도 반영되고 있기 때문이다.

또한 자녀에게 선택권을 주는 교육기회도 필요하다. 자녀가 아버지의 사업에는 전혀 흥미를 느끼지 못하거나 다른 일을 간절히 하고 싶어 할 때 억지로 사업을 물려받으라고 강요해서는 안 될 것이다. 또한 사업체를 승계함으로써 최대의 혜택을 누리려고 하기보다는 회사를 위해 최대한 공헌하겠다는 자세를 갖도록 후계자 개발 교육훈련을 해야 한다. 즉 기업을 가족 내에서 유지하고 싶다는 소망을 감출 필요는 없지만 그렇다고 자녀가 그 기업을 자신의 소유물로 생각하도록 해서는 안 된다는 것이다.

'잠재적인 후계자'로 정해진 자녀는 20대에 아버지의 사업체가 아닌 다른 큰 회사에서 3~5년 정도 경험을 쌓도록 하는 것이 좋다. 즉, 적절한 멘토를 연결시켜 주어 기업의 경영과 전략, 철학과 문화 등 사업의 기본을 학습할 수 있도록 하는 것도 중요하다. 공식적인 리더십 개발 프로그램은 '후보자가 30~35세'일 때 시작하면 이상적일 것이다. 후계자는 생산, 마케팅, 경영전략 등 주요 분야에 걸쳐 세밀히 계획된 경력경로를 따라 훈련되어야 하며 교육훈련 결과는 반드시 기록으로 남기고 평가 역시 객관적으로 이루어지게 해야 한다. 그 후 어느 정도 경력을 쌓으면 자신만의 책임으로 팀을 이끌거나 프로젝트를 완수하는 기회를 갖도록 해준다. 다른 가족기업의 후계자들과 함께 관심을 공유하고 토론함으로써 다른 시각을 접하면서 자신의 생각을 정리할 기회를 갖는 것도 필요하다.

이와 같이 기업의 소유권과 경영권을 유지하기를 원한다면 자녀가 어릴 때부터 바람직한 가치관, 생활 태도, 사업에 대한 객관적인 시각 등을 갖도록 주의 깊게 노력하는 후계자 육성이 필요하다. 그렇다면 어떻게 잘 물려줄 것인가를 고민하면서 후계자에 대한 교육훈련을 통한 능력개발과 경영수업을 통한 경험을 쌓게 하는 등 후계자로서 부족함이 없도록 준비를 시켜야 조직구성원들로부터 리더^{경영자}에 대한 신뢰와 만족을 이끌어낼 수 있다.

또한 '승계계획'을 실행함에 있어 가족구성원 간의 우호적이고 긍정적인 관계의 형성은 오너에 대한 존경심을 갖게 할 것이며, 조직 구성원들에게도 긍정적 영향을 줄 가능성이 높다. 아무리 화목한 가족일지라도 승계과정을 둘러싸고 갈등과 반목을 피하기 어렵다. 어린 시절부터 형제 간 경쟁이나 부모 사랑에 대한 질투 등이 있게 마련이며, 이런 경쟁의식이 소유권을 승계받는 과정에서 증폭될 수 있다. 승계과정에서 원칙이나 뚜렷한 기준이 적용되지 않은 채 진행되면 가족구성원들의 갈등과 반목이 매우 커지고 이는 외부에까지 알려지는 사건이 될 수 있다. 또한 창업자는 은퇴 후 안락함과 자신감을 제공해 줄 확실한 소득원이 필요하다고 느낀다. 재정적인 보장은 창업자에게 매우 중요한 것이기 때문에 가족들이 모임을 갖고 진지하게 토론하고 또 전문가의 상담을 받는 등 가족구성원들이 기업에 대해 자신들의 가치관을 정리하고 공유하고 합의점을 갖도록 노력해야 한다.

최종적으로 '후계자를 선정하는 과정'에는 주요 가족구성원의 동의와 협조가 있어야 하며 이사회에서도 합의가 이뤄져야 한다. 이 과정을 위해 가족의 의견을 표출하고 합의점을 찾기 위한 가족위원회, 가족이 아닌 사람들로 구성된 비가족 경영위원회, 변호사, 산업심리학자, 가족기업 컨설턴트 등과 같은 전문가, 사외이사, 승계 태스크포스 팀 등 다양한 그룹으로부터 도움을 받을 수 있어야 한다. 무엇보다 중요한 것은 가족과 경영진, 이사회 등에서 후계자에 대해 충분히 의논하고 합의하는 과정을 거쳐야 갈등을 최소화시킬 수 있다.

이 과정에서 다른 가족구성원의 사업 참여에 대한 원칙, 보상, 성과 평가계획 등이 분명하게 정해져야 한다. 가족 간의 긴장, 특히 형제 간의 경쟁심과 갈등은 흔히 볼 수 있는 양상이다. 이를 위해 몇 가지 원칙을 정해서 공유하는 것이 필요하다. 그 원칙에는 사업의 최대 이익을 최고 우선으로 생각하고, 책임의 영역을 분리하고, 서로의 관심 분야를 존중하고, 가끔 비공식적인 커뮤니케이션의 미팅을 갖는 것이 필요하다.

또한 경영자가 은퇴 후 자신이 좋아하는 일을 할 수 있도록 준비하는 것도 중요하다. 창업자는 최고의 성공적인 최고경영자로 활동하다가 은퇴 후 아무런 활동을 하지 않게 되면 긴장감이 떨어지면서 무기력해지고 자신의 사업체로 다시 돌아가고 싶은 유혹을 느끼게 될 것이다. 가족기업이 지속적으로 발전할 수 있으려면 소유권과 경영권 등에 대한 전반적인 계획과 개발이 이루어져야 한다. 결과적으로 승계계획을 수행함에 있어 가족구성원 간의 우호적이고 긍정적인 관계의 형성은 경영자에 대한 조직구성원의 존경심과 신뢰성에 긍정적인 영향을 미치게 된다.

"승계계획의 시작은 창업자 또는 소유주의 마음의 준비로부터 시작된다"고 볼 수 있다. 창업자는 자신의 인생과 사업을 하나로 보려는 경향을 갖고 있다. 때로는 자식보다 더 소중한 자신의 분신으로까지 생각하게 된다. 따라서 가장 먼저 해야 할 것은 창업자가 자신의 정체성을 사업으로부터 분리하는 것이다. 자신이 죽음을 피할 수 없는 것처럼 언젠가 사업을 물려줘야 하는 것도 피할 수 없는 것임을 깨달아야 한다. 승계계획을 언제 시작할 것인가에 대해서는 사실 뚜렷한 해답이 없다. 존 워드John Ward 켈로그대학 교수는 "창업자 또는 소유주가 65세가 되기 이전에 모든 승계절차가 완료되어야 하며, 그 이후에도 승계절차가 미완일 경우 어려움을 겪게 된다. 특히 창업자가 70세를 넘었을 경우에는 매우 큰 어려움이 예상 된다"고 하였다. 승계계획은 준비에서 완료에 이르기까지 5~15년이 걸린다고 전문가들은 이야기한다. 따라서 창업자의 나이 50~60세에 승계계획이 시작되어야 할 것이다. 되도록이면 후계자를 훈련 및 육성시키고 그들의 능력을 선보일 기회를 주고 다른 경영진이 그를 도울 수 있는 멘토링 기회를 갖기 위해서는 일정 기간 시간을 갖고 진행하는 것이 좋다.

이어달리기에서 선발 주자가 후발 주자에게 정확하고 신속하게 바통을 넘겨주는 것은 경기의 결과를 좌우하는 중요한 요소다. 후계자가 정해졌으면 이제 공동선언문 등을 통해 대내외적으로 공표하고 경영자는 아름답게 물러나야 한다. 막상 후계자가 정해졌음에도 불구하고 애매모호한 상황이 지속되는 가족기업이 의외로 많다. 후발 주자에게 바통을 넘겨주지 않거나 우물쭈물한다면 조직구성원들의 충성심은 떨어진다. 승계 이후 창업자는 미리 준비한 자신의 새로운 인생을 위해 즐겁고 아름답게 떠날 수 있어야 한다.

또한 후계자가 CEO가 되고 자신은 회장이 되는 경우에도 자신의 영역을 명확하게 하여 기업의 구성원들로 하여금 혼란을 느끼게 해서는 안 된다. 자신이 가지고 있었던 결정권과 경영권 등을 분명하고 구체적으로 후계자에게 넘겨주어야 하며 이를 공식화해야 한다. 그리고 일정 기간이 되면 완전히 손을 떼야 한다. 결국 오너의 의도가 조직구성원들에게 어떻게 비추어지느냐가 기업의 미래에 결정적인 영향을 미치게 된다.

승계계획과
영속적인 기업의 조건

가족기업이 세대를 거치면서 지속적으로 성장하고 번영할 수 있는 방법은 무엇일까? 물론 승계계획을 잘 세우고 훌륭한 후계자에게 대물림을 하는 것도 방법이지만 가족기업에 근무하고 있는 임원·간부·전문가들은 보다 근본적인 방법을 제시하고 있다. 즉 조직유효성인 직무만족과 조직몰입에 긍정적인 영향을 미쳐야 영속적인 기업이 될 수 있다. 구체적인 방안을 제시해 보면 다음과 같다.

첫째, 능력을 갖춘 전문경영인을 영입하는 것이다. 즉, 능력 있고 강력한 이사회를 구성하고 이사회가 가족기업에 대한 실질적인 지배력을 갖도록 하는 것이다. 맥킨지 컨설팅은 11개의 성공적인 가족기업을 대상으로 조사한 결과 전문경영인 체제를 구축하고, 가족은 기업을 소유하는 데 필요한 지속적인 노력을 기울여야 한다고 주장했다. 이것은 곧 능력 있는 전문경영자를 찾아 발 빠르게 전환하는 기업이 그렇지 않은 가족기업보다 지속적으로 발전하는 데 유리하다는 것이다. 또한 강력한 이사회 특히 사외이사가 중요한 비중을 차지하는 이사회의 존재는 가족기업을 건강하게 생존하도록 도와줄 것이다.

둘째, 가족기업의 초창기부터 기업의 지배구조에 대한 엄격하고 공식적인 원칙과 규칙을 세움으로써 사적인 영역을 줄이려고 노력해야 한다. 가족의 사업 참여에 대한 합의와 원칙이 뚜렷하고 명시적인 언어로 문서화되어 공유토록 해야 한다. 이는 가족구성원들이 막연하게 자신의 권한과 이익에 대해서만 부푼 기대를 하는 것을 차단하고 사회공헌과 책임에 대해 깊이 생각하게 하며 기업의 경영원칙 등에 대해 공감대를 형성하도록 도와준다. 영속적인 가족기업으로서 가족구성원이 경영에 참여하기 위해서는 다른 회사에서 자신의 능력을 충분히 엄정하게 검증받은 후 경영에 참가하는 방법도 좋을 것이다.

셋째, 최선의 전략을 수립하는 것이다. 가족기업은 지배구조 및 자금 조달방법 등에 독특한 특성이 있으므로 그에 맞는 최선의 전략을 수립하는 것이 매우 중요하다. 가족기업에 있어서 경영승계를 준비하는 것은 가장 중요하고도 장기적인 투자이다. 경영승계는 영속적이며 성공적인 가족기업을 위해 반드시 통과해야 할 시험대이기도 하다. 가장 중요한 원칙은 가족의 이익보다 기업과 구성원의 이익이 우선되어야 한다는 점을 잊지 말아야 한다.

> "인간의 생명은 유한한데 기업의 생명은 얼마나 오래갈까?"

대한상공회의소에 따르면 국내 1000대 기업의 평균수명은 약 28년 정도이다. 사실 기업경영의 가장 고귀한 가치는 영속성on going 있는 계속기업을 만들어가는 것이다. 100년, 200년, 1천 년이 넘게 운영되는 장수기업은 어떻게 만들어지며 장수기업이 되기 위한 조건은 무엇일까. 한국은행 보고서에 따르면 세계에서 200년 이상이 된 장수기업들은 일본에 3천113개, 독일 1천563개, 프랑스 331개, 영국 315개 등 주로 일본과 유럽 지역의 회사들이다. 5천 년 역사의 한국에는 200년 이상 된 기업은 없고 100년 이상의 기업이 7개가 있다. 장수기업이 많은 일본과 독일의 경우를 보면 장수기업에 대한 인식이 우리와는 다르다는 느낌이다. 이들 국가에서의 장수기업은 부의 대물림이 아니라 '기술과 경영, 사회적 공헌의 대물림'으로 이해하고 존중되고 있으며, 중소·중견 장수기업들도 상당히 많다.

> "국내외 장수기업에는 공통점이 있다."

첫째, 시대와 환경변화에 적응하며 사업재편을 꾸준히 실행한다는 점이다.

둘째, 끊임없는 기술개발로 틈새시장을 개척하는 등 독자적인 경쟁력을 확보해 나간다는 점이다.

셋째, 고객·소비자·종업원 등 이해관계자와의 신뢰를 중시한다는 점이다. 그래서 장수기업들은 사회적 책임이나 사회적 공헌도를 매우 중요한 기업가치로 생각한다. 프랑스에는 세계 장수기업 모임인

'에노키안협회'가 있다. 에노키안은 구약성서에 나오는 장수 인물 '에녹'이 365년이나 살았다는 데에서 유래한 이름이다. 이 협회 회원사가 되려면 200년 이상 된 기업이면서 창업자의 자손이 경영자이거나 임원이어야 한다. 협회에서 강조한 장수기업의 조건은 '가족의 화합, 기업가 정신과 기술혁신, 스튜어드십과 사회적 책임'이다. 세계의 장수기업들을 보면서 한국에서는 왜 가족소유의 재벌기업에 대한 부정적인 이미지가 큰지를 생각해 본다. 한국에서도 장수기업의 조건을 갖추고 혁신과 영속 발전을 위한 재투자에 열심인 '명문가문의 장수기업'이 많이 나오기를 기대해 본다.

03

핵심인재 육성과
직무만족 및 조직몰입 증대

가족기업의 경쟁력 확보를 위해서는 우수한 인재확보뿐만 아니라 구성원들이 회사와 일에 직무만족을 느끼고 몰입하여 열정적으로 일할 수 있도록 동기부여하는 것이 중요하다. '직무만족'이란 개인의 직무에 대한 호의적인 태도를 말하는 것으로 자신의 일에 긍정적인 감정을 가진 개인의 심리상태를 의미한다. 직무만족 수준이 높은 사람은 자신의 직무에 긍정적인 태도를 가지며, 반대로 직무만족 수준이 낮은 사람은 직무에 부정적인 태도를 갖게 된다. 직무만족은 과학적 관리시대를 지나 인간관계시대에 들어오면서 조직구성원의 생산성은 그들의 기술이나 기능에만 달려 있는 것이 아니라 작업에 대한 그들의 태도나 감정에 크게 영향을 받는다는 인식이 높아지면서 각광을 받게 되었다. 직무만족은 '종업원이 직무와 관련해서 갖게 되는 태도·가치·신념·욕구 등의 감정 상태'를 가리킨다. 직무만족은 개인의 욕구충족과 밀접하게 연관되어 있다. 욕구충족의 정도는 동기부여의 정도를 말하고 이것은 근무의욕에 영향을 준다. 직무만족은 개인의 정신 및 신체 건강상 중요하다. 직장생활에 만족할수록 스트레스가 적고 직장 및 삶 자체에 긍정적인 태도를 보인다. 조직에 직무만족을 느끼는 구성원은 조직 내외에서 원만한 인간관계를 유지하고, 자기 조직을 외부에 호의적으로 이야기하며, 이직률과 결근율이 낮고, 경우에 따라서는 생산성 증가에도 도움을 준다. 따라서 직무만족은 조직구성원 자신뿐 아니라 가족기업인 조직에도 바람직한 결과를 가져오게 된다.

또한 '조직몰입'은 자기가 속한 조직에 대해 일체감, 애착심을 나타내 주는 것으로 조직이 추구하는 목표나 가치에 대한 강한 신뢰와 조직을 위해 애쓰려는 의향, 조직구성원으로 남아 있으려는 강한 의지를 담고 있다. 또한 조직몰입은 일종의 태도라는 점에서 직무만족과 유사하지만, 직무만족은 직무환경 변화에 따라 직무만족 수준이 달라지는 데 비하여 조직몰입은 조직전체에 대한 개인의 감정을 포괄하는 개념으로 쉽게 변하지 않는다는 점에서 차이가 있다. 조직몰입은 자발적인 심리상태로 보는 관점과 좋은 조건이 있더라도 이직하지 않겠다는 계산된 관점 모두를 포함하고 있다.

그동안의 경험으로 보면, 가족기업에서 조직몰입에 영향을 주는 요인으로는 연령이 많고 근무기간이 길수록 몰입도가 높으며, 여성은 전체적으로 남성보다 몰입도가 높다. 또한 고학력일수록 몰입도가 떨어지는 것도 볼 수 있다. '직무충실화'가 이룩된 직무를 맡고 있는 구성원일수록 몰입도가 높으며 업무역할에 대한 갈등이 적은 임무를 맡고 있는 구성원들도 높은 몰입도를 보이고 있다. 또한 회사가 직원들의 복지혜택에 관심이 많다고 느낄 때, 자기 직무가 회사에 아주 중요하다고 생각할 때, 직원들이 조직활동에 참여도가 높을 때, 구성원들의 기대가 직무를 통해 충족되고 있다고 느낄 때 조직몰입이 크게 나타난다.

직무만족을 통한 조직몰입을 증대시키기 위해서는 조직이 개인으로 하여금 의미 있는 목표를 성취할 수 있는 기회를 가지도록 배려하고, 보다 자율성과 책임감을 갖도록 임무를 수정하며 직원들의 복지에 관심을 가져야 한다. 그러나 조직몰입의 이러한 유효성에도 불구하고 단점이 있음을 주시해야 한다.

즉, 높은 조직몰입은 구성원을 한 조직에 묶어둠으로써 이동성과 경력발전을 저해하고 승진기회의 폭을 줄일 수 있으며, 유능한 인재와 새로운 아이디어의 도입이 어려워질 수 있다. 또한 회사를 건전하게 비판할 의사가 없어 집단적 사고나 편향된 사고를 낳기도 한다.

따라서 담당하고 있는 일을 통해 실력을 키우고 업무에 흥미를 느끼고 몰입할 수 있도록 일의 가치를 높여야 한다. 실력 향상을 위한 방법으로 가장 쉽게 생각할 수 있는 것이 교육훈련이다. 또한 전문기술 및 지식을 단기간에 습득할 수 있는 교육기회도 중요하다. 그러나 보다 근본적으로는 평상시 담당하는 일에서 재미와 성취감을 느끼고 일을 통해 성장하고 있다는 자부심을 갖도록 배려하는 노력이 중요하다. 구성원들이 이러한 인식을 갖고 있어야 일에 대한 몰입과 회사에 대한 애사심과 충성심이 보다 높아질 수 있다.

승계전략과 핵심인재 육성

조직문화별
승계계획과 조직유효성

가족기업의 조직문화는 발전합의문화, 위계문화, 합리문화로 구분
할 수 있다.

첫째, 발전합의문화는 구성원들 간의 배려와 친화를 바탕으로 창
의성과 혁신성과 같은 도전정신을 강조하는 문화로 요약할 수 있다.
이러한 문화적 특징을 가진 회사에서 경영자 가족에 대한 승계는 대
화와 배려, 그리고 믿음과 신뢰가 기본이 될 가능성이 높음을 짐작할
수 있다.

이러한 기업에서 오너의 의도는 구성원들에게 긍정적인 영향을 미
치고 있다. 즉, 합의적 문화가 전제가 된 조직에서 가족후계자에게 승
계를 하려는 행위는 경영자의 만족에 긍정적인 영향을 줄 수 있다는

것을 의미한다. 또한 창의성과 개인 능력개발을 중시하는 문화에서는 리더만족이 직접적으로 구성원들의 업무충성도를 높이는 데에 기여한다기보다는, 구성원의 직무만족을 향상시키고 이를 통해 조직과 업무에 대한 충성도를 높이고 있기 때문에 구성원의 적성에 맞는 업무를 수행할 수 있도록 관심과 배려를 해주는 것이 훨씬 효과적일 것이다.

둘째, 위계문화는 규율과 규칙, 통제와 관리가 중시되는 문화로 규정할 수 있다. 이러한 문화에서는 개인적 합의보다는 관리체계와 명령에 의한 위계질서를 통해 조직이 유지되는 경향이 있다. 즉, 승계계획 중 가족구성원 간의 관계는 리더만족에 긍정적 영향을, 오너의 의도는 부정적 영향을 미치는 것으로 나타나기도 한다. 또한 리더만족은 조직몰입에 영향을 미치고 있으며 직무만족 역시 조직몰입에 긍정적인 영향을 미치고 있다. 그러나 리더만족이 직무만족에 미치는 영향은 크지 않은 것으로 나타났다_{박경록, 2008}. 따라서 위계문화에서는 가족을 승계자로 만들려는 오너의 행위가 구성원에게 일방적으로 받아들여질 수 있음을 알아야 한다.

이는 리더_{경영자}만족에 부정적 영향을 미칠 수 있다. 또한 리더_{경영자}만족이 직무만족에 큰 영향을 미치지 못하는 것은 개인의 발전이나 능력보다 반복적인 업무나 표준화된 업무체계를 보이는 조직이기 때문이라는 것을 알 수 있다. 즉, 위계문화에서는 경영자에 대한 만족이 개인의 업무에 큰 동기부여가 되지 못한다는 것을 알 수 있다. 반면 리더만족은 조직몰입에 긍정적인 영향을 주고 있는데, 이 역시 경영자에 대한 만족이 구성원의 업무보다는 충성도 향상에 기여하는 권위적 위계문화의 특징이라는 것을 알 수 있다. 따라서 위계문화는 긴급한 위기 상황일 때 사용할 수 있는 직위 중심적 리더십이라는 것을 인식해야 한다.

셋째, 합리문화는 성과 및 업무의 효율성을 강조하는 문화의 특징을 보이고 있다. 이러한 문화에서는 경영자 혹은 가족의 승계과정 역시 감정적 판단보다는 조직의 성장에 기여할 수 있는지가 구성원들의 주요한 관심사가 될 수 있다. 따라서 승계계획 중 후계자를 체계적으로 교육하고 멘토를 통해 준비시키는 과정이 충실히 이루어지는 것이 경영자의 만족을 향상시킬 수 있다. 또한 합리문화 역시 경영자에 대한 만족이 향상됨에 따라 구성원의 직무만족에 기여할 수 있으며 조직에 대한 충성도에도 직접적으로 긍정적인 영향을 미칠 수 있다.

가족기업은 가족의 목표와 기업의 목표가 충돌하여 어려움을 겪는 경우가 종종 발생한다. 가족은 가족 같은 분위기와 사랑을 목표로 구성원의 발전을 도모하는 데 반해 기업은 강점과 약점, 기회와 위협요소를 적절히 혼합하여 성장과 이익을 목표로 하고 있기 때문이다. 가족기업이 겪는 갈등은 비가족기업 보다 훨씬 복잡하다. 이는 가족기업의 시스템이 가족, 기업, 그리고 경영 등으로 복잡하게 뒤엉켜 있고 가족과 기업의 기능 및 목표가 서로 다르기 때문이다. 따라서 가족기업은 가족관계와 일, 이 양자를 어떻게 관리하는가에 따라 성패가 달려 있다고 해도 과언이 아니다. 만약 경영자가 일과 가족의 관계를 잘 관리하지 못하면 부부생활의 갈등과 자식교육 문제가 끝내는 가정이 파탄할 수 있다는 사실을 명심해야 한다.

가족은 화목함과 단란함을 추구하며 상대적으로 비공식적인 규칙에 따라 움직이지만, 기업은 업무 관계가 중요하게 여겨지게 마련이다. 기업은 공식적인 규칙과 평가 기준에 의해 운영된다. 따라서 가족은 '감정적 시스템'이며 기업은 '합리적 시스템'이라 할 수 있다.

표 5-1_ 가족과 기업 시스템 상호비교

갈등 영역	가족 시스템	기업 시스템
목표	가족 구성원의 발견	이익, 수익, 능률, 성장
관계	개인적인 관계 가장 중요시 여김	비개인적인 관계 두 번째로 중요시 여김
규칙	비공식적 기대	문서화된 공식적 규칙 흔히 상벌의 기준으로 사용
평가	그들이 누구인가에 따라, 노력 정도에 따라 절대적 신뢰	성과와 결과에 따라 종업원은 승진과 해고가 가능
승계	사망이나 이혼으로	은퇴나 승진 혹은 이탈

자료 : The Eenterpreneurial Enperience, 2004. 5.

가족기업의 어려움 가운데 또 하나가 커뮤니케이션 문제이다. 가족기업은 가족구성원과 비가족구성원, 창업세대와 승계세대 등 서로 상반되는 견해나 목표를 가진 사람으로 구성되어 있기 때문이다. 따라서 모든 가족구성원의 관심과 의견일치가 필요하다. 이를 위해 가족기업은 효과적인 커뮤니케이션이 필수다. 그 결과 상호협조를 하게 되고 상호협조는 추구하고자 하는 전략과 목표를 달성할 수 있도록 한다. 또한 가족구성원들이 보여주는 협조적 분위기는 가족기업에 근무하고 있는 조직구성원들에게 경영자 만족을 불러일으켜 조직유효성인 직무만족과 조직몰입을 높일 수 있다.

따라서 가족기업 구성원들은 가족기업의 성공을 보증하기 위해 가장 먼저 고려해야 될 요소 중의 하나로 커뮤니케이션을 통한 상호협조를 꼽는 데 주저하지 않는다. 결국 가족기업은 가족구성원 간과 비가족구성원 간의 효율적인 커뮤니케이션 기법을 교육할 필요가 있으며, 이를 토대로 새로운 조직문화로 자리 잡을 수 있도록 해야 한다. 서로 상이한 두 시스템의 성격을 잘 이해하고 조화와 균형을 유지하는 것이 가족기업에 가장 중요하며, 이는 곧 조직구성원들에게 조직유효성인 직무만족과 조직몰입에 높은 관심을 갖게 할 수 있다.

승계계획과
경영자 만족 및 조직유효성

승계계획과 조직유효성 간의 관계를 파악하기 위해 승계계획이 경영자 만족에 어떠한 영향을 미치는지, 그리고 경영자 만족이 조직유효성_{직무만족과 조직몰입}에 어떠한 영향을 미치는지를 파악할 수 있으며 또한 조직문화유형이 구성원들에게 어떠한 영향을 미치는지를 파악하여 조직효율성 제고를 위한 가족기업의 승계계획 방향을 모색하는데 도움이 될 것이다.

첫째, 후계자 육성은 경영자 만족에 긍정적인 영향을 미칠 것이다. 즉, 승계를 위해 후계자에게 학습과 기회 및 지원을 제공하는 후계자 개발 행동은 조직의 경영자에 대한 만족을 향상시킬 수 있다.

둘째, 가족구성원 간의 관계는 경영자 만족에 긍정적인 영향을 미칠 것이다. 가족구성원 간의 우호적이고 긍정적인 관계 형성은 구성원들에게 경영자에 대하여 긍정적 영향을 줄 가능성이 존재한다고 볼 수 있다.

셋째, 경영자의 일방적인 의도는 경영자 만족에 부정적인 영향을 미칠 것이다. 이는 일방적인 승계의지 혹은 승계과정에 일방적으로 가족들이 개입하는 행위는 경영자 만족에 부정적인 영향을 미친다는 것으로 볼 수 있다.

넷째, 경영자 만족은 구성원들의 직무만족에 긍정적인 영향을 미칠 것이다. 승계계획을 통해 향상된 리더만족은 구성원들이 긍정적으로 인식할수록 직무만족도 향상에 기여하는 것으로 볼 수 있다.

다섯째, 경영자 만족은 구성원들의 조직몰입에 긍정적인 영향을 미칠 것이다. 경영자 만족이 높을수록 조직유효성의 다른 중요한 측면인 조직몰입도가 향상된다고 볼 수 있다.

여섯째, 구성원들의 직무만족은 조직몰입에 긍정적인 영향을 미칠 것이다. 이는 구성원들의 직무만족도 향상은 궁극적으로 조직에 대한 충성을 의미하는 조직몰입도 향상에 기여한다는 것을 의미한다.

가족경영기업의 경쟁력이 높은 이유는 가족의 가치가 기업에 긍정적으로 적용되고, 장기적인 안목으로 사업전략을 수립하는 강점이 있기 때문이다. 강력한 리더십과 투철한 도전정신 그리고 과감하고 신속한 의사결정과 사업 추진력 등이 그 이유일 것이다. 소유경영의 하위개념으로 가족경영을 본다면, 사실 우리나라 대부분의 대기업들은 가족경영기업이지만 사회의 부정적 인식으로 인해 스스로를 가족

경영기업으로 인정하지 않는다. 그러나 선진 외국에서는 가족경영의 강점을 충분히 활용하여 차별화된 경쟁력을 갖추고 있고 사회적 인식 또한 문제되지 않는다. 전략적으로 활용하면 가족경영체제는 상당한 경쟁력을 갖출 수 있는 경영시스템이기 때문이다. '한국형 가족기업'이 성공하려면 다음과 같은 노력이 필요하다.

첫째, 공정하고 투명한 승계과정을 거쳐야 한다. 불투명하고 일방적인 경영승계로 인한 법적·도덕적 문제제기를 피해야 한다. 체계적으로 심화된 경영수업을 통하여 대내외적으로 인정받을 만한 능력을 겸비하고 가족 내의 이해상충을 조정할 만한 덕목을 갖추도록 차세대 경영자를 교육·훈련 시켜야 한다. 공정하고 투명한 경쟁과 평가시스템에서 양성된 후계자라야 시장이나 투자자들로부터 지지를 받을 수 있다.

둘째, 효과적인 지배구조 시스템으로 투명경영의 체제를 확보해야 한다. 대주주의 독단적인 의사결정을 막기 위한 견제장치를 확고히 하고 이사회의 구성과 운영이 신뢰받을 수 있는 원칙과 프로세스를 통해 효율적으로 이루어져야 한다. 특히 사외이사들은 독립성과 전문성으로 회계의 투명성을 견지하고 주주의 이익을 대변해야 한다.

셋째, 기업시민으로서 사회와의 끊임없는 대화에 적극적이어야 한다. 기업의 역할은 지속 가능한 가치창출에 있다. 그것이 경제적 부가되었건 새로운 문화나 기술의 창출이 되었건 꾸준히 사회와 교감하여야 한다. 제품이나 서비스가 갖고 있는 철학과 가치를 전달하는 노력은 물론 다양한 사회적 이슈에 공감하며 환경문제에 대한 투자나 사회공헌과 기부활동에 관심을 쏟아야 한다.

따라서 효율적인 승계계획과 핵심인재 육성을 위해 다음과 같은 '시사점'을 제시할 수 있다.

　첫째, 가족 승계과정에서 전략적 과정과 프로세스의 수립이 필요하다는 것이다. 가족기업의 승계계획이 경영자 만족과 조직유효성에 미치는 인과모델은 적합한 것으로 나타났다. 또한 승계계획의 주요 요인으로 설정한 후계자 육성, 가족구성원 간의 관계, 오너의 의도는 의미 있는 혹은 의미의 가능성이 있는 관계로 파악되었다. 이러한 점으로 볼 때 경영자 독단의 결정이 아니라 세밀한 가족승계의 전략수립이 요구된다.

　둘째, 승계계획은 직무만족·조직몰입과 같은 조직유효성에 대한 직접효과보다는 경영자 만족을 매개로 하여 영향을 미친다는 점이다. 이는 곧 승계계획의 성공여부는 경영자 혹은 가족에 대한 구성원들의 만족 향상에 직접적인 영향을 미치며 경영자 리더십의 중요한 축이라 볼 수 있다.

　셋째, 후계자 육성은 리더만족에 긍정적 영향을 미친다. 이는 곧 승계 후계자를 비공개적으로 혹은 가족 내부에서가 아니라 후계자 양성과정을 투명하게 공개하고 그 과정을 구성원들에게 긍정적으로 보여주는 것이 더욱 효율적인 리더십 성과를 가져올 수 있다는 점을 제시하고 있다.

　넷째, 오너의 의도는 경영자 만족에 부정적 영향을 미친다. 이는 후계자 개발과정과는 상반되는 의미로 볼 수 있다. 즉, 개방적인 커뮤니케이션의 과정이 배제된 채 오너의 의도 자체를 가족 내에서만 일방적으로 다루게 된다면 부정적인 결과를 낳을 수 있다는 것을 보여주고 있다.

다섯째, 가족구성원 간의 관계는 경영자 만족에 긍정적 영향을 미칠 가능성이 높다. 따라서 경영자의 가족승계 과정에서 가족구성원 간의 경영권을 둘러싼 갈등과 같은 부정적 이슈를 조직 구성원에 비추어서는 안 될 것이다.

여섯째, 기업의 문화적 특성에 따른 가족승계의 프로세스와 실행 전략이 필요하다.

❶ 배려와 집단의 친화적 문화가 강조되는 '발전합의문화'를 지닌 조직에서는 의외로 오너의 의도가 긍정적인 영향을 미치고 있었으며, 이러한 문화적 특징을 가진 조직에서 경영자 가족에 대한 승계의 결정, 즉 오너의 의도는 기존의 오너에 대한 긍정적 신뢰가 전제되어 문제가 되지 않는다고 보여진다. 조직문화는 기업에 속한 환경에 의해 결정되기도 하지만, 승계전략의 측면 뿐만 아니라 기본적으로 발전합의문화와 같이 신뢰와 대화 및 배려가 존중되는 문화를 형성하도록 노력해야 할 것이다.

❷ 규율과 규칙, 통제와 관리가 중시되는 '위계문화'에서는 승계에 대한 일방적인 오너의 의도가 더욱 부정적인 영향을 미칠 수 있으나, 가족 간의 긍정적 관계는 경영자에 대한 만족 향상에 긍정적인 관계를 보이는 것으로 볼 때, 승계과정에서 오너와 승계가족관계에 대한 긍정적 이미지에 초점을 두어야 한다.

❸ 성과 및 업무의 효율성을 강조하는 '합리문화'에서는 무엇보다 후계자가 기업에 기여할 수 있는 준비와 능력이 중요하다. 따라서 후계자를 교육하고 멘토를 통해 준비시키는 과정 등 회사의 발전과 성장에 기여하는 후계자의 모습을 갖추도록 노력해야 할 것이다.

06

후계자 승계계획과
핵심인재 육성 방안

　오늘날 산업구조가 재편되면서 인적자원의 중요성이 크게 부각되고 있다. 지식과 정보, 개인의 역량이 회사를 흥하게도 망하게도 할 수 있는 시대를 맞이하여 능력 있는 인력을 확보하고 유지하기 위한 노력은 '인재전쟁war for talent'이라고 불릴 정도로 치열하다. 승계계획은 이러한 인적자원의 전략적 중요성을 반영한 새로운 인력개발 프로그램이라 할 수 있다. 후계자 승계계획이란 기업의 미래 운명을 짊어지고 나갈 능력 있는 경영자를 양성하기 위한 경력개발프로그램으로서, 미래 경영자로서 잠재적 역량을 지닌 사람을 평가하고 선발하여 이들의 역량을 개발·육성하는 일련의 과정을 말한다.

　많은 기업에서 실시하고 있는 핵심인력 양성과 차세대 리더 양성

프로그램인 승계계획은 약간의 차이가 있는데, 핵심인력 양성은 조직 전 계층을 대상으로 능력 있는 인력을 체계적으로 관리하는 것인데 반해 승계계획은 조직의 핵심 포스트에 대한 중견 혹은 고급 간부 중심의 인력개발 프로그램을 말한다. 넓게 보아 승계계획은 핵심 인력관리의 한 형태라고 볼 수 있다.

짐 콜린스Jim Collins가 쓴 「Good to Great」를 보면 내부 승진에 의한 경영자 육성이 외부에서의 경영자 영입보다 기업 성공 가능성이 높다고 한다. 외부에서 영입한 CEO는 "좋은 기업good company에서 위대한 기업great company"으로의 도약과 상관관계가 부정적이며, 도약에 성공하지 못한 기업들은 도약에 성공한 기업보다 6배나 자주 외부에서 CEO를 영입한 것으로 나타났다. 승계계획 또는 후계자양성 프로그램은 기업 내부 인력의 역량강화와 내부 승진에 의한 CEO양성을 목표로 하고 있기 때문에 위대한 기업을 지향하는 기업이라면 고려해 볼 만한 가치가 있는 후계자를 위한 프로그램이라고 할 수 있다. 가족기업의 승계는 미리, 다양한 관점의 의견을 수렴하여, 후계자를 선정·육성하는 것이 성공의 요체이다.

♟♟ 선진기업들의 핵심인재 육성

동양 기업들보다 서구 기업들이 내부에서 인력을 육성하기보다 외부에서 인재를 스카웃하는 방식을 많이 취해왔다. 그러나 최근 GE 등 글로벌 서구 선진 기업들에서 핵심 사업이나 포지션을 담당할 실력과 자질을 갖춘 인재를 외부에서 확보하는 것보다 기업 내부에서 육성하는 경우를 흔히 발견하게 된다. GE는 체계적인 CEO 육성과 정을 거쳐 웰치J. Welch와 그의 후계자인 이멜트J. Immelt 현 CEO를 육성하였다.

먼저 故 잭 웰치 회장이 CEO로서 선정되는 과정을 살펴보면 다음과 같다. 존스 회장 취임 직후인 1975년부터 CEO 후보자 선정을 위한 계획을 수립하고, 교수와 전문가들로 구성된 중역관리스탭을 구성하여 96명의 후보자를 선발하였다. 인품과 역량을 검증하기 위하여 동료, 상사, 부하에 대한 상세 인터뷰와 교수 등의 의견을 참고하여 11명의 후보자를 결정하였다. 리더로서 다양한 분야의 적응력 평가를 거친 뒤 3개의 제조업을 경험하게 한 후 1977년부터는 가전과 금융업에 배치하였다. 마지막으로 업적 검증 및 CEO 인터뷰를 통해 과감한 구조조정 능력 및 변화대응력을 높이 평가받음으로써 잭 웰치는 GE의 CEO가 되었는데, CEO 후보자 선정 이후 CEO 결정까지의 기간은 총 6년이 걸렸다.

다음으로 제프리 이멜트 회장이 CEO가 되기 위해 육성되는 과정을 살펴보자. 잭 웰치 이후 GE를 이끌어갈 후계자를 육성하기 위하여 1994년부터 6년 5개월간 승계계획 프로그램이 가동되었다. 1994년 유사시를 대비한 CEO 후보군 육성프로그램이 수립되었으며, 이사회 부속의 MDCC경영개발보상위원회에서 24명의 후보자가 선발되었다. 사회의 집단 면접과 연 2회의 심층 인터뷰 그리고 비공식 면접 등을 통해 8명의 후보자가 선발되었다. 직무순환을 통해 실제 경영능력을 평가하여 최종적으로 3명의 후보자가 선정되었다. 업적 검증과 CEO

인터뷰 과정에서 상대적으로 젊고 높은 성장가능성을 인정받은 제프리 이멜트가 GE의 미래를 이끌어갈 CEO로 발탁되었다.

이렇듯 GE는 유능한 CEO 후보자들을 육성하는 데 많은 노력과 투자를 기울이고 있는데, 'CEO 양성소', '경영자 사관학교' 등에서 탁월한 리더의 육성에 역점을 두고 있다. GE는 Session C 과정을 통해서 핵심 리더를 조기 발굴·육성하고 있으며 최고경영자가 격주로 크로톤 빌 연수원에서 직접 리더십 과정을 주도한다. GE는 나이와 경험에 관계없이 기회를 부여함으로써 젊고 유능한 인재에게 책임 있는 자리에서 실력을 발휘할 기회를 제공한다. 특히 체험을 통해서 역량을 강화할 수 있도록 일을 통한 육성과 'Action Learning'을 강조하고 있다. 일을 통한 육성의 경우, 우수한 인재일수록 신규 사업이나 실적이 부진한 핵심사업에 배치하는 등 쉬운 일보다는 어려운 과업과 임무를 부여하고 이를 수행하는 과정에서 역량강화를 꾀하고 있다. 'Action Learning'의 교육도 실제 업무 상황에서 경영성과에 직결되는 핵심 이슈의 문제해결활동을 중심으로 직접 행동하고 체험하는 학습을 중시한다. 또한 부하를 차세대 리더로 육성하는 사람을 높이 평가하는 문화와 제도를 만듦으로써 부하 직원을 리더 후보로 육성하는 능력이 곧 리더의 조건 중 하나로 인식되고 있다. 주목할 점은 어렵고 도전적인 사업과 과업을 수행하는 차세대 리더들은 당연히 실패할 확률도 높은데, 따라서 실패를 만회할 다양한 기회를 제공한다는 점이 GE 인재 육성 방식의 주요 특징이다. GE 이외에도 글로벌 경쟁력을 갖추고 있는 선진 외국기업들은 다양한 형태의 승계 프로그램을 가지고 있다.

알카텔Alcatel사 역시 조직 내에서 경영자를 육성하는 것을 원칙으로 삼고 있다. 이 회사는 두 집단의 인재 풀을 가지고 있는데 하나는 'Fast Trackers'로서 5년 내 2단계 이상 빠르게 승진할 인재 중심 풀이며, 다른 하나는 'High-Potentials'로서 5년 이내에 고위직 간부로 성장할 가능성이 있는 문지방 직책threshold position의 인재풀이다.

모토롤라사의 경우 OMDROrganization Management & Development Review 제도를 운영하고 있는데 이는 목표달성과 관련하여 제반 인적자원관리상의 문제를 평가하고 해결하는 프로세스이다. 이 과정에서 사업전략과 연계하여 주요 직책을 담당할 핵심인재를 발굴하고 육성하는 방안을 논의한다. 회사가 요구하는 리더십 잠재력을 평가하고 개발하기 위하여 모토롤라사는 두 가지 평가방식을 이원화하고 있는데, 하나는 잠재능력이 높은 인재 확인을 위한 '리더십 역량평가'이고 다른 하나는 임원 역량 개발을 위한 '리더십 행동 자기평가'이다.

3M사는 핵심 보직을 수행할 핵심리더 육성을 위해 '3M 역량모델기본역량, 필수역량, 비전역량'을 중심으로 12개 리더십 역량평가를 실시하고 있다.

CEO를 포함한 13명의 임원으로 구성된 운영 위원회와 매달 개최되는 ERCExecutive Resource Committee에서 핵심 리더에 대한 논의를 한다. 이외에 인텔Intel사의 '핵심인력 프로그램Key Player Program', 필립스Philips사의 '경영자개발Management Development', 텍사스 인스트루먼트Texas Instrument사의 '승계계획Succession Planning' 등이 모두 CEO 육성 교육훈련제도들이다. 미국기업들의 경영자 교육을 위한 비용이 연간 10억 달러를 상회하는 것으로 알려질 정도로 차세대 리더 육성 혹은 승계 계획이 주목받고 있다.

♟♟ 가업승계에 대한 오해와 후계자 육성

창업 세대가 은퇴하기 직전에 준비하라

가족기업의 승계는 순차적으로 준비를 진행해 나가는 것이 필요하다. 후계자가 결정되고 난 다음이라고 하더라도, 후계자가 다음날 아침 바로 직무를 수행할 수 있는 것은 아니다. 마치 계주 경기에서 바통을 이어받을 때처럼, 이어받기 위한 준비기가 있어야 한다. 예를 들어, 처음에는 생산과 개발의 책임업무를 담당하게 한 다음, 몇 년 후에는 판매 및 마케팅 업무를 맡기는 방식으로 회사 경영의 전반을 순차적으로 경험하게 하는 것이 바람직하다. 이를 통해 창업자와 후계자가 최고경영자와 최고운영책임자의 역할을 각각 수행하는 단계를 지나게 되면, 다음 단계로는 최고경영자CEO로서 역할을 분담하는 단계로 진척시키는 방식이 보다 바람직할 것이다.

후계자를 선정해서 바통을 넘기는 것이 가업승계

가업승계 과정에서 크게 문제되는 것 중의 하나가 부모가 자식들 중에서 마지못해 후계자를 선정하는 경우이다. 이는 은퇴하게 될 부모 입장에서는 몇 가지 심리적 두려움이 있기 때문이다. 이때까지 '기업은 곧 나의 모든 것'이라는 인식 때문에 은퇴는 곧 정체성의 상실로 받아들여진다. 그리고 은퇴 후의 노후자금 문제 등에 대한 두려움이 최대한 승계 문제를 미루게 만드는 요인이 되기도 한다. 또 업무를 넘겨주고도 경영에서 완전히 손을 떼지 못해 후임자와의 보이지 않는 갈등을 빚는 경우도 많다. 이런 결과는 어찌 보면 너무나 당연한 현상일지 모른다. 대부분의 계주 경기에서 앞만 보고 힘차게 달려온 주자가 바통을 넘겨주고도 바로 멈추지 못하고 한참을 관성에 의해 달리고 나서야 멈추는 것과 같은 이치이다. 따라서 은퇴 전의 경영자는 먼저 가업승계 이후 자신의 역할을 먼저 만들 필요가 있다. LG그룹의 모 회장은 은퇴 이후 평소 하고 싶었던 농장 일을 하고 있다. 그 모습이 너무나 여유롭고 멋있기까지 하여 언론에서도 간혹 근황 취재를 하기도 한다.

어떠한 경우라도 무조건 자녀에게 승계를 해야 한다

적합한 가업승계 후보자가 가족 내에는 없는 경우가 있다. 자녀가 없는 경우도 있겠지만, 그보다는 자녀들이 가족기업을 승계할 의지Will가 없거나 능력Capability이 부족한 경우가 대부분이다. 이런 경우에는 비가족 승계자를 포함한 다른 방안을 고려해 봐야 한다. A전자 회사는 부모 세대에서는 형제가 최고경영자 직책을 순차적으로 이어받아 수행하였다. 그리고 이들이 은퇴하면서 다음 세대의 자녀에게 경영권을 승계하지 않았다. 대신 자녀의 연령이 아직 어린 점을 감안하여 회사 내에서 오랜 경험과 충분한 역량을 갖춘 전문경영인을 선정하여 최고경영자 직책을 승계하였다.

'승계제도Succession Planning Program'에서는 이를 이전 세대와 다음 세대를 이어주는 역할을 하는 경영자라는 의미에서 가교Bridge라고 하며, 많은 기업에서 흔히 관찰되는 패턴이기도 하다.

후계자 선택은 경영자의 결단에 의해 결정하는 것

성공적으로 장수하고 있는 가족기업에서 흔히 나타나는 중요 의사 결정 방식은 가족회의를 활용한다는 것이다. 가족기업의 특성상 사업과 관련한 중요 의사결정에서 가족 내 관계를 고려하지 않을 수 없는 특수성이 있기 때문이다. 가족기업으로 출발하여 대기업으로 성장한 국내기업을 살펴보면 가족 내 집단 논의 및 의사결정체로서 가족회의 또는 친족회의를 운영하는 사례가 많다. 또한 외부 경영자문위원회를 운영하는 것도 선진기업에서는 흔히 볼 수 있다. 이 경우 제삼자의 객관적 시각에서 후계자를 선정할 수 있을 뿐 아니라 투명한 지배구조와 합리적 의사결정 구조를 가진 기업으로 시장에서 인정받을 수 있는 장점도 있다. 이렇게 하여 후계자가 결정되고 나면 원활한 경영권의 이전을 위한 작업을 진행해야 한다. 그중 가장 중요한 부분이 바로 후계자에 대한 인재육성 활동임을 잊지 말아야 한다.

♟♟ 후계자 육성을 위한 제언

후계자 육성을 위한 전략은 이론 교육과 현장 경험 그리고 전문가의 지도 등 세 가지 차원에서 생각해 볼 수 있다. 우선 MBA 등과 같은 산업교육훈련을 활용하는 방안이 있다. 국내에서는 아직도 가족기업에 대한 연구가 활발하지는 않지만, 외국의 경우 20여 년 전부터 활발하게 연구가 진행되고 있고, 최근에는 중소벤처기업진흥공단, 전국경제인연합회, 중소기업중앙회, 경영대학원 등에 가족기업에 특화한 승계전략 및 가업승계 과정이 개설된 경우도 있다. 그리고 '교차훈련 프로그램Cross-Training Program'을 활용하는 것도 매우 효과적인 방법이다. 교차훈련 프로그램이란, 타 회사와 협력 관계를 구축해서 가족기업의 후계자가 현재 담당하던 직무를 다른 회사에서 동일하게 경험하게 하는 방식을 의미한다. 이를 통해 능력개발은 물론 그 회사에서 거둔 성공을 통해 후계자의 능력을 입증하는 방편이 되기도 한다. 국내 기업에서 이런 식의 상호 교차훈련을 시키는 사례를 찾기는 쉽지 않다.

멘토(Mentor) 제도를 활용하는 방법

멘토는 지식과 경륜이 풍부한사람으로서, 후계자의 성장을 위한 조언과 자문을 해주고 방향을 제시하는 역할을 한다. 멘토는 주로 외부 기업의 최고경영자나 사내 창업 세대 경영진 중에서 선정된다. 멘토 제도의 성패는 멘토의 자질에 달려 있다. 효과적인 멘토는 사람의 잠재력을 보는 통찰력과 후계자의 실수와 약점도 품을 수 있는 포용력, 그리고 타인을 위해 기꺼이 희생할 수 있는 헌신성을 갖춘 사람이 가장 바람직하다.

중소기업중앙회에 의하면 경영자의 61%가 자녀가 후계자가 되기를 희망한다고 한다. 이들의 희망처럼, 부모로부터 자녀로 암묵지가 제대로 전수된다면 그 기업은 장수기업이 될 가능성이 매우 높아지게 된다. 단 경영 노하우나 사회적 네트워크, 기술 등의 암묵지는 사전에 계획적으로 후계자 승계를 준비하고 실행할 때 보다 성공적으로 전수될 수 있다. 그러나 주의할 점은 부모가 코치Coach의 자세를 견지할 수 있어야 한다는 점이다. 코치는 수직관계에서 후계자를 지도해 주는 멘토나 상대에게 정답을 제시해 주는 컨설턴트가 아니다. 즉, 후계자에게 일방적으로 답을 제시하려 해서는 안 된다.

위계적 관점에서 가르치려 해서도 안 된다. 과거에 성공했던 지혜뿐만 아니라 그 지혜를 현대와 미래에 창의적으로 활용할 수 있는 힘도 동시에 길러줘야 하기 때문이다. 이런 관점에서 가족기업의 임원 코칭Executive Coaching은 창업자의 부담을 상당 부분 덜어줄 수 있는 대안이라고 할 수 있다.

♟♟ 핵심인재 육성전략의 효과

핵심인재 육성전략을 통해 핵심인재육성 프로그램의 개선사항을 보다 체계적으로 파악할 수 있을 것이다. 아직 국내기업에서 교육프로그램의 ROIReturn On Investment에 대한 분석이 이루어지지 못하고 있다. 경험을 토대로 한 핵심인재의 역량변화와 교육프로그램의 경제적 효과에 대한 자료를 확보하는 것은 거시적인 관점에서 보면 핵심인재 육성과 관리의 효율화를 위한 기초자료로 활용될 수 있다는 측면에서 매우 중요하다. 따라서 인사관리부서와 인재개발 부서는 핵심인재의 육성과 관리를 종합적으로 추진하기 위해서 통합 운영되거나 서로 정보를 공유할 수 있는 정보시스템을 갖추는 것이 필요하다.

07

핵심인재 육성을 위한
Succession Plan

핵심인재란 '해당 분야에 대한 전문지식과 리더로서의 자질에 더해 좋은 인간관계를 유지할 수 있는 능력과 조직에 대한 애사심과 조직관을 갖고 있는 사람'이라 정의한다. 구체적으로는 기업이 오랜 기간 동안 유지시켜 나가야 할 인력'이라고 강조한다. 조직의 비전, 미션, 전략적 목표달성을 위하여 필요로 하는 최고 수준의 역량을 보유하고 있는 또는 장차 보유할 수 있는 잠재적 능력자로서, 현재와 미래에 조직을 리드하고 동시에 또 다른 핵심인재를 육성해 낼 수 있는 능력을 갖추고, 궁극적으로는 조직성과를 획기적으로 제고할 수 있는 실천력 있는 사람을 핵심인재라고 볼 수 있다.

삼성그룹 故 이건희 회장은 핵심인재를 "전문지식과 폭넓은 교양이 있는 사람, 국제 감각과 외국어 구사 능력이 있는 사람, 진취적이고 긍정적인 사고를 가진 사람, 도전정신과 성취의식이 있는 사람, 유연한 사고와 창의력을 가진 사람, 가치관이 올바른 사람, 인간미가 있는 사람, 책임감이 있는 사람, 협력하고 협동할 줄 아는 사람, 예의바른 사람이어야 하며 여기에 '천재성'을 덧붙이면 '슈퍼급 인재'다"라고 표현하기도 했다.

　또한 삼성그룹 故 이병철 회장은 사람 욕심이 많았다. 70대의 노[老] 경영자는 20대 초반인 소프트뱅크 손정의 사장을 보고는 한눈에 '물건'임을 알아차렸다. 재일교포 2세인 손 씨가 미국 버클리대 유학 시절 이야기다. 이 회장은 미국에 나가 있던 자신의 사위인 정재은 삼성전자 대표에게 "손 군이 삼성에 어떤 도움이 될지 살펴보라"는 특명을 내렸다. 정 대표는 직접 손 씨를 만났으나 특별한 느낌을 받지 못했다고 한다. 나중에 손 사장이 새롭게 떠오른 인터넷 분야에서 승승장구한 뒤에야 "장인어른의 사람 보는 안목이 남다르다"며 무릎을 쳤다. 이때 맺어진 삼성과 손 사장의 아름다운 인연은 지금까지 이어지고 있다. 요즘 손 사장은 이따금 이 회장 손자인 이재용 삼성전자 부회장과 골프를 치며 경영의 지혜를 나누기도 했다. 삼성의 인재 욕심은 대물림된 모양이다. 이건희 회장은 선진 제품 비교전시회에서 "S[슈퍼]급 천재를 악착같이 확보하라"고 강조하기도 했다. 삼성은 'S급 인재'를 모시려 해마다 전용기를 50차례나 띄웠다.

♟♟ 핵심인재 육성을 가로막는 요소

기업 경영에서 능력 있는 CEO를 발굴·육성하는 것은 아무리 강조해도 지나치지 않다. 그러나 외부 CEO 시장이 활성화되어 있지 않은 한국 상황을 고려해 볼 때, 외부에서 유능한 CEO를 영입하기란 쉽지 않다. 결국 기업들이 유능한 CEO를 확보하는 길은 기업 내부에서 체계적이고 장기적인 관점으로 CEO 후계자를 육성하는 것이 최선의 방법일 것이다. 기업들이 새로운 CEO를 선임하기 위해서 회사 내의 인재풀을 점검하다 보면 '마땅한 사람이 없다'고 하소연하는 경우가 많다. 또한, 정작 선임된 CEO가 당초 기대했던 성과를 내지 못하고 중도하차 하는 경우도 많다. 유능한 CEO 육성을 가로막는 요인과 성공조건을 살펴보면, 제도의 존재 유무 이전에 유능한 인재가 제대로 클수 있는 기초 토양이 제대로 갖추어져 있지 못하다면 심각한 문제가 아닐 수 없다. 유능한 CEO 육성을 가로막는 요인은 다음과 같다.

첫째 요인 : 자기 사람 챙기기

실력 있는 CEO 후계자 육성이 잘 안 되는 가장 큰 이유 중 하나는 CEO의 자기 사람 챙기기이다. 자신이 가장 믿을 수 있는 사람들 위주로 일을 하다 보면, 능력보다는 자신에 대한 충성도가 높거나, 자신과 의견을 같이하는 사람들을 우대하기 마련이다. 부임 후 2~3년 안에 가시적인 성과를 내야 하는 CEO로서는 자신의 경영철학과 의지를 잘 반영할 수 있는 사람들과 같이 일하고 싶은 것이 어느 정도 당연한 것일 수 있다. 그러나 이것이 조직의 정당성을 해칠 정도로 지나칠 경우, 구성원들은 실력을 쌓기보다는 리더에 충성하기 위한 경쟁에 더 몰두할 가능성이 높다. 심할 경우, 조직 구성원들의 줄서기 강요, 반대파 이직 등 정치적 파워 게임으로 변질될 가능성도 배제할 수 없다. 실력 있는 CEO가 끊임없이 배출되는 조직이 되려면 해당 조직에 CEO 후계자들이 풍부해야 하는데, 일부 라인에 속한 인재들만 성장하게 된다면 다른 구성원들은 성장 비전을 상실하고 최악의 경우 이직을 선택할 수도 있다.

두 번째 요인 : 유능한 동료 죽이기

조직 내에서 남보다 튀거나 똑똑한 경우, 자칫 유아독존 인재로 비추어져 동료들로부터 시기와 견제를 받게 되는 경우가 종종 있다. "똑똑한 인재보다는 적응력이 뛰어난 인재가 살아남는다"라는 말처럼, 지나치게 튀거나 유능하면 제대로 크지 못하고 중간에 낙마하기 쉽다. 구성원들 간 건전한 경쟁을 통해서 우수한 인재가 커갈 수 있도록 하는 것이 인재풀 확보 차원에서 보다 바람직하다. 구성원들 간 건전한 경쟁을 유도하는 공정한 게임의 룰이 부재한 회사일수록 CEO 후계자 난에 허덕일 수밖에 없다. 왜냐하면 "악화가 양화를 구축한다"는 그레샴의 법칙처럼 최고의 인재가 동료들의 보이지 않는 견제 속에서 회사를 떠나고 차선의 인재들만 회사에 남게 되기 때문이다.

세 번째 요인 : 잠재적 경쟁자 가지치기

기업 내에서 유능한 인재로 인정받고 CEO 후계자 감으로 관리되는 경우 동료뿐 아니라 현재의 경영진으로부터도 심각한 견제를 받을 수 있다. 현직 CEO들에게 CEO 후계자들이란 머지않은 장래에 자신의 자리를 대신할 잠재적 경쟁자들이다. 그만큼 이들은 현 CEO에게는 위협적인 존재로 느껴질 수 있다. 특히, CEO의 신분 보장이 불확실한 현실을 감안할 때, 잠재적 경쟁자에 대한 견제는 현 CEO 입장에서 어쩔 수 없는 선택일 수도 있다.

실제로 촉망받던 CEO 후계자들이 한직으로 내몰리거나 작은 실수를 빌미로 과도한 책임을 묻는 경우가 종종 발생한다. 자신보다 유능한 잠재적 경쟁자들이 하나둘씩 조직을 떠나게 된다면, 결국 현 CEO를 대체할 인물난에 허덕이게 될 것이 뻔하다.

네 번째 요인 : 편의주의적 조직 운영

단기 실적을 지나치게 우선하다 보면 실력이 우수한 사람이 오히려 교육의 기회를 박탈당하는 역선택의 문제가 발생하는 경우가 간혹 발생한다. 여기서 역선택이란 교육의 기회가 있을 때 유능한 사람에게 기회가 돌아가지 않고 오히려 차선의 사람에게 돌아가는 경우를 말한다. 유능한 CEO가 되기 위해서는 자신의 전공 지식뿐만 아니라 사업적 관점에서 회사 경영 전반을 두루 경험해야 한다. 부하의 육성보다는 당장의 실적을 위해 편의적으로 사람을 배치하다 보면 다양한 경험을 보유한 인재를 배출하기가 어려울 것이다.

이러한 조직의 병리적 현상을 극복하지 못한다면 아무리 훌륭한 CEO 후계자 육성 프로그램을 도입한다 하더라도 제도 도입의 진정한 목적을 달성하지 못할 가능성이 높다. 제도 도입에 앞서 혹은 제도 도입 후에도 이러한 조직의 병리적 현상들이 존재하는지 지속적으로 점검해 보고, 이러한 현상이 목격될 경우 과감히 제거하는 노력을 기울여야 할 것이다.

Succession Plan의 필요성

'Succession Plan'이란 장기적인 관점에서 조직의 주요 직위Key-Position의 승계와 핵심인력에 대한 경력개발의 효과적 운영을 위한 계획이라고 할 수 있다. 이러한 Succession Plan은 미래의 경영을 책임질 차세대 Top Manager의 체계적 육성과 현재 혹은 미래의 주요 직위를 담당할 승계 후보자Successor Candidates를 선발하는 데에 그 목적이 있다. 최근 여러 기업에서 핵심인재 육성을 위한 방안으로 Succession Plan에 대한 관심이 높아지고 있다. 즉, 급변하는 경영환경 속에서 지속적인 경쟁력 확보를 위해서는 핵심인재의 발굴, 육성, 유지, 활용 등이 중요하기 때문이다. Succession Plan은 핵심인재를 위한 CDP경력개발제도라고 할 수 있다.

Succession Plan의 기대효과

Succession Plan은 핵심 직위Position별로 유능한 인재High Performance-Leader를 조기에 발굴하여, 이들의 역량을 개발하고, 육성하며, 배치하는 등 일련의 종합적인 핵심인재 개발활동의 개념으로 볼 수 있다. 이것은 단순히 승진이나 공백을 메우는 배치와는 다른 차원의 개념이다. 장기적으로 기업의 전략적 목표를 달성하기 위해 필요한 핵심인재를 체계적으로 육성하고 개발한다는 것이다. 이러한 Succession Plan은 여러 가지 다양한 기대효과를 가져온다.

첫번째 효과는, 언제라도 핵심사업에 투입할 수 있는 인력을 양성하고 전문적인 지식과 리더십을 확보하는 등 차세대 리더의 육성이 가능하다는 것이다.

두번째 효과는, 직무공백에 따른 업무 흐름의 단절을 예방하고 일관성 있게 사업 및 조직을 운영할 수 있는 직무의 영속성 확보가 가능하다는 것이다.

세번째 효과는, 특정한 사람에 관계없이 해당 직무나 직위에 필요한 전문 지식과 기술의 이전이 가능하고 조직문화의 체화를 유도한다는 것이다.

마지막 효과는, 회사 내·외부인에게 좋은 이미지를 제공하여 외부의 인재를 유인할 수 있으며 내부의 인재를 유지하는 데에 기여하는 것이다.

♟ Succession Plan의 제도 적용 방향

선진기업들이 Succession Plan을 효과적으로 운영하는 데에는 다양한 성공요인이 있다. 가장 중요한 것은 최고경영자의 관심commitment이다. CEO 스스로가 CEO 후계자를 개발하는 데에 책임을 갖고 관심을 기울여야만 한다.

즉, 잠재역량을 갖춘 인재를 조기에 발굴하고 개발하는 것이다.

계획적이고 체계적인 경력개발 기회를 제공하는 등 체계적인 육성 기회를 의도적으로 제공하는 것이 필요하다. 또한 내부 육성전략과 외부 채용활동의 조화가 필요하다. 이것은 내부 육성에만 몰입할 경우 한정된 인력 Pool에서 제한적인 결과가 나올 수 있기 때문이며, 반대로 외부에만 의존할 경우 내부 인재 육성에 상대적으로 소홀해질 수 있기 때문이다. 이러한 성공요인을 바탕으로 Succession Plan의 제도 적용 방향은 CEO의 관심commitment하에 핵심인재 육성과 Succession Plan을 연계하여 운영하는 것이다.

♟♟ Succession Plan 운영방안과 운영 프로세스

Succession Plan은 핵심인재 육성제도의 일환이며, 이는 미래의 경영을 이끌어 나갈 수 있는 역량을 지닌 인재를 조기에 발굴하여 Top Manager로 체계적으로 육성하는 것이다. 이를 위해서는 보직자나 주요 직책에 대해 일정 시점부터 단계별로 육성하는 것이 필요하며, 내부육성과 외부인재 영입을 병행하는 등 성과창출을 위한 역량중심의 육성체계를 시행하는 것이 필요하다. 이를 정리하면 〈그림 5-2〉와 같다.

Succession Plan의 운영 프로세스는 주요 포지션 및 인원계획을 수립하는 것으로부터 시작된다. 이후 승계자 풀을 구성하고 Review 단계를 거쳐 평가 및 다음 계획을 수립하는 과정으로 진행된다. 이를 정리하면 〈그림 5-3〉과 같다.

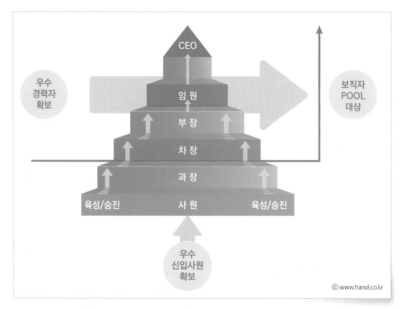

▌ 그림 5-2_ Succession Plan 운영방안과 운영 프로세스

▌ 그림 5-3_ Succession Plan의 운영 프로세스 주요 포지션 및 인원계획

♟ Succession Plan 운영 프로세스의 주요 계획

운영 프로세스의 주요 계획 중 가장 먼저 시행해야 하는 것이 주요 포지션 및 인원계획을 수립하는 것이다. 포지션 계획의 경우 일반적으로 TMT_{Top Management Team} 단위, 담당급 임원단위, 팀단위 등으로 구분할 수 있다. TMT 단위의 경우 사업전략과 연계하여 TMT에서 선정주체가 되며 승계자 인원은 임원급과 핵심인재를 적당한 비율로 구성하면 된다. 담당급 임원단위의 경우도 사업전략과 연계하여 TMT에서 선정하고 임원급과 핵심인재에서 적당한 비율로 선정하는 것은 동일하나 규모는 TMT 단위보다는 작다. 팀단위의 경우에는 담당급 임원이 주관하며 핵심인재제도를 중심으로 운영한다.

인원계획의 경우에는 최초의 승계제도 운영시에는 선정 인원에 대하여 매년 사업전략과 연계하여 Review 후에 계획하는 것이 일반적이다. 승계자의 경우에는 동일 직군 내에서 추천을 우선하기도 하고, 중복추천이 가능하기도 하다. 주요 포지션이 공석일 경우에는 승계자 Pool 내에서 하는 것을 원칙으로 해야 한다. 다음은 승계자 풀을 구성하는 것이다. 이러한 풀의 구성은 각 기업의 조직특성이나 사업

특성, 인력 특성 등을 고려하여 합리적이고 체계적으로 선정하는 것이 바람직하다고 본다. 중간 Review 단계에서는 육성계획의 시행을 점검하고 선정된 승계자의 적합성을 모니터링하기도 한다. 마지막으로 평가 및 차기계획 수립단계에서는 논의된 육성계획의 결과를 점검하고 승계제도의 방향 재설정 작업 등을 실시한다.

♟ Succession Plan의 개선점과 대책

· 승계제도는 유용성에도 불구하고 여러 가지 부작용과 의도하지 않은 결과 등으로 인해 조심스러운 도입과 적용이 요구된다. Succession Plan의 예상되는 문제점으로 제도 본래 취지에서 벗어난 용도로 사용될 가능성이 항시 상존한다는 것이다. 또한 이는 새로운 줄 세우기 강요나 이를 제도화한 것으로 비춰질 수도 있으며, 이 경우 조직 구성원의 비전상실이나 사기저하 등이 우려되기도 한다. 또한 임원들의 리더십이 부족하여 인재를 육성하는 데에 있어 한계에 직면할 수도 있다. 이러한 문제점을 개선하기 위해서는 무엇보다도 CEO의 강력한 의지를 표현하는 노력이 필요하다. 다음은 비전 제시와 함께 임원들의 솔선수범하는 임원상 제시 등 지속적인 임원 역량강화 프로그램을 시행하는 것이 필요하다. 마지막으로 제도를 위한 제도가 아닌 실행을 위한 제도와 정책을 위해 조직 전반적으로 저항감을 줄이고 불평과 불만을 최소화하여야 한다. '한 명의 인재가 일만 명 아니 십만 명을 먹여 살린다.' 다음의 그래프는 한 명의 인재가 기업에게 주는 이윤을 추상적으로 나타내 보았다.

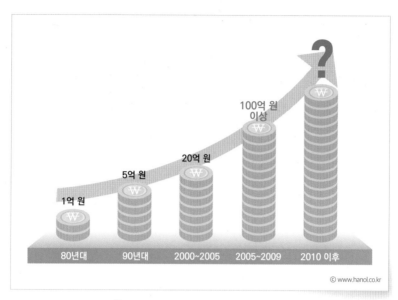

100억 원
이상

20억 원

5억 원

1억 원

| 80년대 | 90년대 | 2000~2005 | 2005~2009 | 2010 이후 |

© www.hanol.co.kr

▎그림 5-4_ 인재 한 명이 얻는 기업의 가치

최고 학습책임자CLO : Chief Learning Officer, 기업 내 학습을 담당하는 최고 책임자인 해당 직함은 1989년 GE에서 처음 시작됐다. GE 컨설턴트였던 스티브커는 당시 GE 최고경영자였던 故 잭 웰치에게 "직원 자기개발과 역량 향상 지원을 담당하는 임원이 있으면 좋겠다"고 건의했다. 해당 아이디어를 마음에 들어 한 잭 웰치 전 CEO는 포지션 명칭을 스티브커가 제안한 '최고 교육책임자Chief Education Officer'가 아닌 '최고 학습책임자'라고 정하고, 스티브커를 초대 CLO로 임명했다. 이렇게 시작된 CLO 주요 역할은 기업의 교육 프로그램을 통한 직원 자기개발과 역량 향상이다. 하지만 디지털 시대에 접어들면서 CLO는 단순히 기업교육 프로그램 개발과 직원 자기개발에만 중점을 두지 않는다. 시드니 사비온 에어뉴질랜드 CLO는 지난해 미국의 인재교육 전문지 트레이닝 인더스트리Training Industry와 인터뷰하면서 CLO

역할이 "전통적 기업 교육 프로그램을 개발하는 것에서 기업의 사업 목표에 맞춘 학습 방식learning solutions을 찾고 제공하는 비즈니스 파트너로 바뀌고 있다"고 말했다.

승계전략과
핵심인재육성

에필로그 [epilogue]

　초고액자산가 가문의 다음 세대는 종종 가문의 지도자 역할을 맡을 준비가 되어 있지 않다. 세계 최대 규모 패밀리오피스 협회인 'FOXFamily Office Exchange'의 조사에 따르면 조사 대상 가문의 41%는 "다음 세대가 생산적인 성인이 되도록 돕는 것을 최우선 과제"로 꼽았다. 78%는 "다음 세대를 훌륭한 지도자로 만드는 교육의 부재"를 아쉬워했으며, 가업 승계 이후 4~6년이 지난 가문 중 62%가 "여전히 가문 내 교육 프로그램을 갖고 있지 않다"고 답했다. 가업승계 시 필요한 소득세 절세 등의 문제를 해결하는 것이 승계의 전부가 아니라 가문을 유연하게 이끌어갈 수 있는 성숙한 리더십이 필요한 것이다.

　성공적인 가업승계전략의 프로세스를 철저하게 준비했을 삼성그룹도 "남은 상속세 10조, 부동산 팔고 주식도 파는 삼성 일가"라는 뉴스가 보도 되었다중앙일보, 2021.10.10. 故 이건희 삼성그룹 회장의 유가족이 보유 중인 삼성 계열사 주식 일부를 매각했다. 시가로는 2조 원이 넘는 규모로서 앞으로 남은 10조 원대 상속세를 내기 위해서다.

　재계와 금융감독원 공시 등에 따르면 이건희 회장의 부인 홍라희 전 리움미술관 관장은 삼성전자 주식 1천994만 1천860주0.33%에 대해 KB국민은행과 유가증권 처분신탁 계약을 했다. 이건희 회장의

장녀인 이부진 호텔신라 사장도 같은 날 삼성SDS 주식 150만 9천 430주1.95%에 대해 국민은행과 처분신탁 계약을 맺었다. 이서현 삼성 복지재단 이사장은 삼성생명 주식 345만 9천940주1.73%와 삼성SDS 주식 150만 9천430주1.95%를 팔겠다고 공시했다. 다만 이재용 삼성전 자 부회장은 이날까지 주식 매각 관련한 공시가 없었다. 삼성 일가에 서 처분하겠다고 밝힌 삼성 계열사 지분은 시가 2조 1천575억 원8일 종가어치다. 처분신탁의 목적은 '상속세 납부'이다. 이건희 삼성그룹 회 장의 유족 측은 지난 4월 말 세무당국에 12조 원대에 이르는 상속세 를 신고하고 1회분약 2조 원을 납부하면서, 앞으로 5년간 5회에 걸쳐 연 부연납하겠다고 밝힌 바 있다. 지금까지 삼성 일가는 가용 현금과 주 식 배당, 대출 등을 통해 상속세 재원을 마련한 것으로 알려졌다. 이 후 부동산 매각을 한 적은 있어도 주식 처분에 나서는 건 처음이다. 이와 별개로 이 부회장 등은 삼성전자, 물산, 생명 등 보유 주식 5조

故 이건희 회장 보유 지분 ※ 추정치

삼성전자 4.18%

삼성전자 우선주 0.08%

삼성생명 20.76%

삼성물산 2.88%

삼성SDS 0.01%

상속세 납부
12조 원 이상

약 19조 원

상속세
약 12조 원
올해 4월부터 5년간
여섯 차례에 걸쳐 분납

원어치를 법원에 납세 담보로 공탁한 상태다. 故 이건희 회장은 주식과 부동산, 미술품 등 26조 원 규모의 유산을 남긴 것으로 알려졌다. 이 가운데 삼성 계열사 주식의 상속 재산가액은 18조 9천633억 원이다. 이에 따른 상속세만 11조 3천억 원대에 이른다.

국세청에 따르면 최근 5년간2016~2020년 연평균 8천100여 명에게 2조 8천400억 원의 상속세가 부과되었다. '이건희 상속세'가 그의 네 배라는 얘기다. 지금까지 국내 최고 상속세액은 故 구본무 회장의 상속인이 신고한 9천215억 원이었다. 일각에서는 삼성 일가가 추가로 일부 계열사 지분을 매각할 수 있다고 관측한다. 다만 익명을 원한 재계 관계자는 "일부에서는 경영권 약화 우려를 제기하지만, 내부에서 충분한 논의를 거쳐 판단했을 것"이라고 말했다. "재계에 상속·증여세 납부는 '비상'이다." 최근 국내 재계는 상속·증여세 납부에 '비상'이 걸렸다. 정용진 신세계 부회장은 지난달 광주 신세계 주식 83만 3천330주52.08%를 2천285억 원을 받고 신세계에 팔았다. 이명희 신세계 회장에게 증여받은 이마트 지분에 대해 증여세를 내기 위한 것으로 알려졌다.

신동빈 롯데그룹 회장은 지난 5월 롯데케미칼 주식 9만 705주 0.26%, 약 251억 원를 롯데지주에 매각했다. 신 회장은 지난해 1월 故 신격호 롯데 명예회장이 타계한 이후 4천500억 원대 상속세를 분할 납부하고 있다. 조현아 전 대한항공 부사장도 최근 4개월 새 열 차례에 걸쳐 보유 중이던 한진칼 주식 411억 원어치를 처분했다. 역시 상속세 재원을 마련하기 위한 것으로 보고 있다. 국내 상속세 최고 세율은 50%이며 최대주주 할증률20%이 적용되면 60%다. 경제협력개발기구OECD에 가입한 36개국 중 스웨덴, 캐나다, 노르웨이, 이스라엘

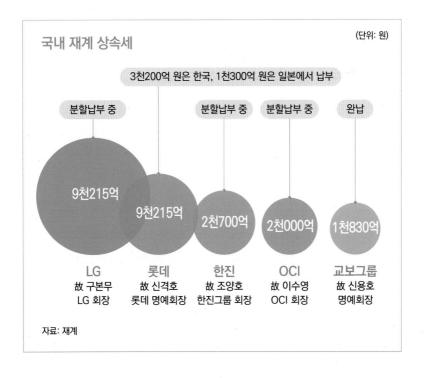

국내 재계 상속세   (단위: 원)

3천200억 원은 한국, 1천300억 원은 일본에서 납부

분할납부 중   분할납부 중   분할납부 중   완납

9천215억

9천215억

2천700억

2천000억

1천830억

LG   롯데   한진   OCI   교보그룹
故 구본무   故 신격호   故 조양호   故 이수영   故 신용호
LG 회장   롯데 명예회장   한진그룹 회장   OCI 회장   명예회장

자료: 재계

등 13개국은 상속세가 0원이며, 상속세 최고 세율은 평균 27.1%다.

전국경제인연합회와 대한상공회의소, 경영자총협회 등은 "OECD 회원국 중 일본55% 다음으로 높은 수준"이라며 "과도한 상속세 때문에 창업·승계 의지가 꺾이고 있다"고 주장한다. 세계 1위 손톱깎이 업체 쓰리세븐, 콘돔 제조업체 유니더스, 국내 최대 종자기업 농우바이오 등은 상속세 고민 끝에 회사를 매각한 사례로 꼽힌다. 반대로 2세 승계를 위해 '꼼수'를 부리는 경우도 있다. 예컨대 2·3세가 세운 회사에 일감을 몰아주고, 모기업의 가치를 깎아내려 상속세 부담을 줄이는 식이다.

"연부연납 기간을 5에서 10년으로 연장해야한다"는 주장도 많다. 연부연납은 상속·증여세액이 2천만 원을 넘었을 때 납세 담보를 제공하고 일정 기간 세금을 나눠서 내는 제도이다. 대신 연 1.2%의 이자를 내야 한다. 한국은 연부연납 기간이 5년이다. 미국과 독일, 일본 등은 10~20년간 연부연납이 가능하다. 하상우 경총 경제조사본부장은 "상속세 최고 세율은 OECD 평균 수준으로 낮추고, 안정적인 경영권 유지를 지원하기 위해 상속세 연부연납 기간도 늘려야 한다"고 말했다. 그러나 경제개혁연대는 "상속세가 없다는 캐나다의 소득세 최고세율은 60%에 육박하며, 스웨덴·이스라엘 등도 소득세율이 상당하다"며 "국민 0.1%만을 위한 제도 개편에 반대한다"고 밝혔다.

인간이 무병장수를 바라는 것처럼 기업 역시 오랫동안 살아남아 번창하기를 꿈꾼다. 그런데 우리나라 중소기업의 평균연령은 10.8년으로 매우 짧은 수준이다. 20년 이상 장수하는 중소기업의 비율은

승계전략과 핵심인재 육성

13.4%에 불과한 실정이다. 가업승계가 순조롭지 못한 것이 큰 이유 중의 하나이다. 가업승계가 제때 이루어지지 않으면 경쟁력이 약화되어 기업이 장수하지 못하고 단명하는 경향을 보이게 된다. 가업승계를 통해 세계시장을 누비는 '히든챔피언Hidden Champion'들이 많이 탄생하는 선진국과는 대비된다고 할 수 있다. 중소기업의 가업승계는 국민경제에 매우 중대한 사안이므로 단순히 개별기업의 경영과제로 치부할 수 없다. 가업승계가 원활하지 못해 폐업으로 이어질 경우에는 기업 내부에 축적된 기술과 경영 노하우 등 소중한 무형자산이 소멸되고 고용유지와 고용창출, 생산설비 등이 상실되어 국가경제에도 적지 않은 손실을 초래하게 된다. 선진국에서는 가업승계의 원활화가 국민경제의 안정적 성장과 중소기업 경쟁력 제고를 위해 매우 중요하다는 인식하에 세제 및 금융지원 등에 관한 획기적인 정책변화를 시도하고 있다. 다행히 우리나라도 최근 들어 상속세 공제 등 가업승계 지원제도를 시행하고 있지만 기업 현장에서는 턱없이 미흡하다고 느끼고 있다.

가족기업은 비가족기업에 비해 여러 가지 경쟁우위를 갖고 있다. 「세계 장수 기업Centuries of Success」의 저자인 윌리엄 오하라William Ohara에 의하면, 가족기업은 가족 고유의 가치와 사업에 대한 열정을 갖고 있으며 멀리 내다보고 장기적인 관점에서 경영하며 변화에 순발력 있게 대응할 줄 알고, 그러면서 한편으로 보수적인 회계처리를 한다고 했다. 우선 가족기업은 단기적인 성과보다 장기적인 관점에서 경영을 할 수 있는 강점을 갖고 있다. 또한 가족기업의 경영자는 자기 책임하에 과감하게 도전하는 것이 가능하다. 가족기업의 최대 강점은 바로

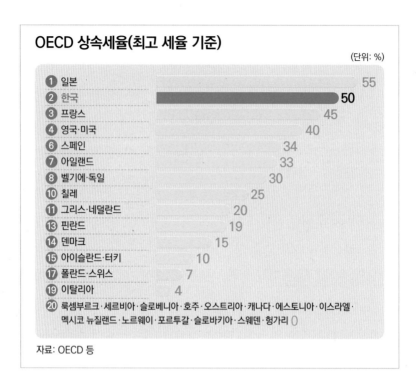

OECD 상속세율(최고 세율 기준)

(단위: %)

	국가	세율
❶	일본	55
❷	한국	**50**
❸	프랑스	45
❹	영국·미국	40
❻	스페인	34
❼	아일랜드	33
❽	벨기에·독일	30
❿	칠레	25
⓫	그리스·네덜란드	20
⓭	핀란드	19
⓮	덴마크	15
⓯	아이슬란드·터키	10
⓱	폴란드·스위스	7
⓲	이탈리아	4
⓴	룩셈부르크·세르비아·슬로베니아·호주·오스트리아·캐나다·에스토니아·이스라엘·멕시코 뉴질랜드·노르웨이·포르투갈·슬로바키아·스웨덴·헝가리	0

자료: OECD 등

이러한 기업가정신_{Entrepreneurship}에 있다. 그래서 가족기업은 도전과 모험정신을 장려하는 조직 분위기를 만들고 유지하기가 쉽다. 그러나 강점 못지않게 가족기업이 필연적으로 극복해야 할 과제도 많이 있다. 우수한 인재의 영입과 유지에 한계가 있을 수 있다. 특히 비가족 구성원의 경우 회사 내 고위직으로 승진할 가능성이 낮다는 인식을 갖게 되면 이로 인해 사기가 저하되고, 나아가 이직으로 이어질 우려가 크다. 물론 애초부터 우수한 신입사원의 확보 자체가 곤란할 수도 있다. 또한 가족기업의 속성상 재산 상속과 관련하여 가족 간 갈등이 발생할 소지가 크다. "천석꾼은 천 가지 걱정, 만석꾼은 만 가지 걱정"이라는 말처럼, 사업만 순조롭게 되면 모든 일이 만사형통일 것 같은 가족기업도 실상 내부적으로는 많은 문제가 발생된다. 특히 가족들의 이해관계에 사업 이슈가 더해져 복합적이고 다양한 문제의 소지가 생기게 된다. 그중 대표적이고 가장 흔한 갈등이 바로 '재산 내지 기업 소유권의 상속'과 관련한 문제일 것이다. 그리고 가족기업의 경우 승계의 어려움으로 인해 장기적 생존에 실패할 확률이 높다. 가족기업의 가장 큰 실패 이유가 가업승계의 실패라고 한다.

미국 기업을 대상으로 한 조사에서도 "창업 후 다음 세대에서 3분의 1만이 살아남고 3세대에서는 그중 13%만이 생존한다"고 한다. 우리나라 기업 역시 높은 상속세율로 인해 창업자가 애초에 경영권 상속을 포기하거나 승계를 시키고 싶어도 후계자의 의지와 능력 부족 등으로 순조롭게 다음 세대로 승계되지 못하는 경우도 있다. 따라서 장수기업이 되기 위해서는 경영권의 승계가 잘 이루어져야 한다. 가족기업 연구의 대가인 댄코Danco는 "승계계획을 세우지 않는 것은 가족기업을 안락사시키는 것"이라고까지 표현하기도 했다. 연구조사에 의하면 우리나라도 중소기업 중 업력業歷이 20년 이상이면서 경영자의 연령이 50세를 넘긴 기업이 전체 중소기업 중 69%에 이른다고 한다. 후계자를 선정하고 준비하는 데 오랜 세월이 소요된다는 점을 감안하면 우리나라도 잠재적 승계업체의 비중이 높아지고 있다는 것을 알 수 있다.

사회과학 분야가 그러하듯 가족기업의 승계에도 최선의 방안이나 정답을 찾기가 쉽지 않다. 따라서 가족기업의 사업 특성, 가족관계, 비가족구성원의 인식, 기업문화 등 많은 변수에 따라 최적의 선택을 해야 한다. 특히 가족기업의 가업승계는 감정적인 부분까지도 고려해야 하는 매우 복잡한 문제가 도사리고 있다. 이러한 문제를 맞춤식으로 해결해 나가기 위해서는 창업자의 선견지명과 노력이 무엇보다 필요하며, 이를 체계적으로 지원할 수 있는 전문기관과 인력도 보다 더 많이 육성되어야 한다. 스웨덴의 인베스터 AB사는 ABB, 일렉트로룩스, 사브 등 세계적인 기업을 자회사로 거느리고 있으면서 국민들의 사랑과 존경을 받고 있는 기업이다. 국내 가족기업도 미래에는 인베스터 AB와 같이 탁월한 기업성과를 내면서도 존경받는 기업 그리고 장수하는 가족기업이 많이 탄생하기를 기대해 본다.

참고 문헌 및 자료

- 伊藤 俊一, Q&A 中小, 零細企業のための事業承繼戦略, ロギカ書房, 2019.
- ダイヤモンド社, M&A による賢い事業承繼戦略, 2018.
- CEO Report, '사례를 통해 본 가족기업의 성공전략', 2004.
- LG Business Insight, '중소 가족경영 기업의 승계성공 포인트', 2009.
- Astrachan. J. S., 'Family firm and community culture', Family Business Review, 1, 1998.
- Bellet, William, Barbara D. R. K. Z. Heck, P. Parady, J. Powell & N. B.
- Upton, 'Family business as a field of study: Task force of international family business program association', The Cornell university family research institute, 1998.
- Cameron, K. S.&Whetten, D. A., Perception of Organizational Effectiveness over Organizational Life Cycles, Administrative Science Quarterly, Vol. 26, 1983.
- Fombrun, C. J., Tichy, N. M.&Devanna, M. A., Strategic Human Resource Management, New York: John Wily&Sons. Inc., 1984.
- Handler, W. C. Methodological Issues and Considerations in Studying Family Businesses, 'Family Business Review', 2(3), 1989.
- Kreitner, R.&Kinicki, A., Organizational Behavior, 5th ed., NewYork: McGraw-Hill, 2001.
- Lussier, R, N.&Achua, C. F. Leadership: Theory, Application, and Skill Development, Development, South-Western College Pub, 2001.
- Schein, E. H., Organizational Culture and Leadership, San Francisco, CA: Jossey-Bass, 1988.
- Shanker. M. C.&J. H. Astran, 'Myths and Realities: Family business contribution to the US economy-A Framework for assessing family business statistics', Family Business Review, 1996.

- Ward John L, 'Keeping The Family Business Healthy', San Francisco: CA., Jossey-Bass, 1987.
- 고경일, 「가족기업, 마음을 잇다」, 북랩, 2021.
- 고윤성, '가족지배기업의 경영성과 및 투자성과', 한국경제연구원, 2016.
- 곽수일, '가족기업형 소기업의 육성방향', 財經春秋, 1990.
- 권상술, '상사의 변혁적 리더십과 거래적 리더십이 조직구성원의 태도 및 지각에 미치는 영향', 서강대 대학원 박사학위 논문, 1996.
- 김남현·이주호, '조직의 문화유형, 최고경영자의 리더십 유형 및 행동성과에 관한 실증연구, 인사·조직연구', 제5권 제1호, 1997.
- 김선화, 「100년 기업을 위한 승계전략」, 쌤앤파커스, 2013.
- 김성철, '우리나라 중소기업 경영자의 승계실태에 관한 연구: 가족기업을 중심으로', 중소기업, 제6권, 한국기업정책연구소, 1989.
- 김승범, '중소기업의 기업승계에 대한 고찰-경영자 의식조사를 근거로', 아주경영리뷰, 아주대학교 경영연구소, 제1권, 1994. 2.
- 김영민, '보험세금 및 가업승계 전략', KG패스원, 2012.
- 김유경, 한국도 '대폐업 시대' 맞나⋯ 높은 상속세 장벽 "부동산이나 살걸", 이코노미스트, 2019.
- 남영호, '가족기업의 승계계획에 관한 연구', 산업경제연구, 제18권 제1호, 2005.
- 남영호, '기업가 정신과 가족기업', 벤처경영연구, 한국중소기업학회, 1999.
- 남영호·박근서, 「가족기업론」, 청목출판사, 2006.
- 남영호·진현식, 「전략적 M&A 실무」, 세명서관, 2018.
- 매일경제, 가업승계 종합 뉴스, 2009, 2010, 2011.
- 문성수, 「기업의 성공적 발전 모델」, 행복에너지, 2015.
- 박경록, '가족기업의 승계전략이 조직유효성에 미치는 영향에 관한 연구', 건국대학교 대학원 박사학위 논문, 2008.
- 박경록, 「생각, 디자인하라」, 우리책, 2012.
- 박경록·이상진·박종찬, 「4차 산업혁명시대 스마트팩토리 운영전략과 이해」, 한올출판사, 2020.
- 박경록, 「조직행동과 심리의 이해」, 이모션티피에스, 2013.
- 박경록·이해수·양승희, 「Core 핵심리더십 개발」, 한올출판사, 2021.
- 박경록·이상진, 「HRM & HRD를 위한 전략적 인적자원관리」, 동방의 빛, 2013.
- 박상언·김영조, '조직문화 프로필과 조직유효성 간의 관계에 관한 연구', 경영학

연구, 제24권 제3호, 1995.

- 박소연, 상속세 9,200억 구광모 LG 회장 이름값이 1,200억원, MT리포트, 2018.
- 박헌준, 「한국의 가족기업경영」, 연세대학교 대학출판문화원, 2008.
- 배옥란, 「불황에도 살아남는 가족기업경영」, 학현사, 2018.
- 삼성생명FP센터, 「CEO를 위한 절세전략과 사업승계」, 새로운 제안, 2014.
- 서울교육방송, 「북유럽 가족친화 기업문화: 덴마크 핀란드 노르웨이 스웨덴」, 미디어북, 2017.
- 송기철, '한국 대기업의 경영자에 관한 고찰: 특히 그의 승계를 중심으로', 경영논총, 34집, 고려대 경영대학, 1991.
- 송재상·이동국, '가업승계의 비밀', 절세전략연구원, 2010.
- 신유근, '기업문화와 조직성과', 경영논집, 서울대 경영연구소, 1985.
- 신은진, 가업승계 쉬워야 큰다, 美英佛獨 상속세 낮추기 경쟁, 2019.
- 신철우, '기업문화가 조직유효성에 미치는 영향에 관한 연구', 중앙대학교 대학원, 박사학위 논문, 1987.
- 안하늘, 한국 세계 최고수준 상속세… 기업 해외 이전에 국부유출, 2018.
- 오영표, 「가족신탁 이론과 실무」, 조세통람, 2020.
- 윌리엄 J.로스웰, 「효과적 승계계획」, 이재영·김기덕 옮김, 피에스아이컨설팅, 2009.
- 이소연, 故 조양호 전 한진그룹 회장 상속세 2,700억 원대 신고, 2019.
- 이은정, 中企가업승계 상속공제·고용창출 주고받기… 독일서 답 찾다, 2013.
- 이철규·박경록, 「NCS 기반 대인관계능력」, 한올출판사, 2019.
- 임동원, '원활한 기업승계를 위한 상속세제 개편방향', 한국경제연구원, 2019.
- 임방진·노일석·임방조, 「최고집 사장의 가업승계 분투기」, 매일경제, 2014.
- 장두기, 「승계전략의 기법과 세무 2021」, 삼일인포마인, 2021.
- 정인석, 상속세 11조 삼성家… 영국 기업이었다면 3조 6000억, 2020.
- 조남철, 「중소기업 가업승계와 상속증여세」, 삼일인포마인, 2020.
- 조동성·이지환, '한국재벌의 기업승계유형이 다각화전략에 미친 영향', 경영학연구, 제22권 제2호, 1993.
- 조병선, 「가족기업의 성공승계 전략」, 피앤씨미디어, 2021.
- 조창배·문혜영, 「수성·가족기업의 두번째 이야기」, 서울엠, 2015.
- 중소기업중앙회, '중소기업 1-2세대 가업승계 실태조사 보고서', 2010.
- 켄 무어스·메리 배럿, 「가업승계의 패러독스와 해법」, 남영호 옮김, 한올출판사, 2011.

- 크레이그 아라노프, 「가족기업의 승계전략」, 남영호 옮김, 명경사, 2000.
- 파이낸셜뉴스, 가업승계 관련 뉴스, 2010, 2011.
- 피터 드러커, 「미래사회를 이끌어가는 기업가정신」, 이재규 옮김, 한국경제, 2004.
- 한국경제, 가업승계 종합뉴스, 2009, 2010, 2011.
- 한정화, 「벤처창업과 경영전략」, 홍문사, 2018.
- 홍재화, 「사회 안전망으로서 가족기업 육성(EPUB)」, 유페이퍼, 2018.

추천의 글

지 성 배
한국벤처캐피탈협회 회장
IMM인베스트먼트 대표이사

'명문 장수기업長壽企業'은 기업인CEO의 꿈이다. 기업인이라면 자신이 일군 기업이 세대가 바뀌어도 영속적으로 성장하기를 바란다. 특히 남보다 핏줄이 더 당기는 게 인지상정이어서 가업승계의 대상은 '핏줄'로 이어지기 마련이다. 그러나 가업승계 환경은 호락호락하지 않다. "부자가 삼대三代를 못 간다"는 말이 쉽게 생겨난 것이 아니다. 가업 대代물림은 가업승계와 지분승계 등 상속·증여세 어느 것 하나 소홀함 없이 함께 이뤄져야 하지만 현실은 냉혹하기만 하다. '부富의 대물림'으로만 바라보는 반기업적 정서가 만만치 않다. 가시적인 경영성과 없이는 2세라는 이유만으로 승계가 이뤄진 게 아니냐는 색안경에서 자유로울 수 없다.

중소기업 창업세대가 경영 일선에서 대거 은퇴하는 시점이 다가오면서 경영공백의 우려가 산업계의 화두로 떠오르고 있다. 부모님이 힘들게 '월화수목금금금' 생활하는 것을 보며 자란 2세들은 같은 어려움을 반복하기 싫어하고 "휴일 없이 일하는 모습이 싫다"며 가업승계를 꺼리기도 한다. 따라서 장기적인 기업승계전략을 마련하고 세대 간 교감을 이룰 수 있는 체계적인 후계자 육성 프로그램이 제도적으로나 정책적으로 마련되어야 한다. 승계전략의 일환으로 최고경영자의 선임은 기업의 중요한 의사결정이다. 우리나라 전체 기업 중 "중소기업은 99%를 차지하면서 고용의 82%를 담당"하는 중요한 경제주체이다. 이들 중소기업이 강한 경쟁력을 바탕으로 선전해 준다면 투자활성화, 고용창출 등을 통해 경제의 활력을 높여줄 수 있다. 이 책은 명문 장수기업으로 나아갈 수 있는 승계전략과 후계자 육성의 중요성을 깨닫게 해준다는 측면에서 참으로 고무적이다.

김 분 희
한국여성벤처협회회장
메씨인터네셔널 대표이사

　1000년 기업을 어떻게 만들 것인가? 오늘날 기업들은 소규모 기업으로 창업해 규모가 커지면서 대부분 가족기업으로 발전한다. 우리나라의 가족기업은 보통 창업자를 중심으로 관리되고 있다. 또한 이들은 기업의 지속적인 성장과 발전을 바라면서 자신의 경영권과 소유권이 유지되기를 바란다. 영·미식 지배구조와 가족기업의 지배구조는 상호 상충되면서도 시대에 따라 기업형태에 많은 시사점을 주고 있다.

　전 세계적으로 위기가 오면 가족기업은 위기경영에서 빛나는 성과를 창출하면서 어엿한 글로벌 기업의 한 유형이 될 수 있음을 보여주고 있다. 천년 고도古都 교토의 자존심 무라타 제작소, 닌텐도, 시마즈 제작소 등의 강소기업들이 주는 교훈도 새겨보아야 한다. 첫째도 승계, 둘째도 승계, 셋째도 승계라는 말이 새삼 귀에 맴돈다.

　국내외 가족기업들의 성공사례는 이제 떳떳한 기업으로서 사회적 역할과 책임을 감당하고 있다. 따라서 승계전략으로 중요한 것은 ① 승계계획은 수립되어 있는가? ② 경영자는 현재의 지위에서 물러날 의지가 있는가? ③ 물러난 후 오너가 할 수 있는 활동은 무엇인가? ④ 후계자를 위한 교육프로그램은 있는가? ⑤ 후계자를 결정하는 요소는 무엇인가? ⑥ 가족구성원 간의 이해관계는 어떠한가? 에 관한 것이다. 기업의 장수

長壽는 초우량 기업으로 성장하기 위한 기초가 된다. 오랜 시간을 버티며 수많은 위험요인을 극복하는 과정에서 만들어지는 강한 체질과 기업문화는 어느 것과도 바꿀 수 없는 재산이 된다. 이 책은 많은 기업들이 우수한 자질과 능력을 갖춘 후계자를 양성해 가업승계를 미리 준비하고 명문 장수기업長壽企業으로 거듭나는 데 좋은 지침서로 활용될 수 있을 것이다.

 추천의 글

김 영 태
삼성생명 강남법인지역단 단장

"가업승계는 제2의 창업"이라는 말이 있듯이 가업승계에 대한 치밀한 전략이 중요하다. 피터드러커P. Drucker는 "위대한 영웅인 최고경영자가 치러야 할 마지막 시험은 얼마나 후계자를 잘 선택하는가와 그의 후계자가 회사를 잘 경영할 수 있도록 양보할 수 있는가"라며 승계의 중요성을 강조했다. '삼성패밀리오피스Samsung Family Office'는 '한국형 록펠러·카네기' 모델을 국내 첫 도입하여 지원하며 '명문가문'을 만들고 있다. 금융회사들은 초고액자산가들, 일명 'VVIP 고객'을 어떻게 관리하고 있을까? 삼성생명은 삼성패밀리오피스 서비스를 도입하여 "부자는 삼대를 가지 못한다"는 격언을 깨고자 고액자산 유지에만 치중한 자산관리만으로는 사상누각에 지나지 않는다는 관점에서 출발하여 100년 부자를 위한 가문의 자산관리Wealth Management라는 기본을 철저히 지키는 한편 2세·후계자 양성의 인적자산과 사회공헌의 명예를 단단히 쌓아올리며 한국형 명문가의 탄생을 후원하고 있다. 삼성패밀리오피스는 2012년 1월 국내에 처음으로 도입한 '초부유층VVIP 가문관리 시스템'이다. 모든 기업에서 승계는 조직의 발전과 퇴보를 좌우하는 매우 중요한 전략이다. 이 책은 오랫동안 가업승계에 대한 연구와 강의 등 이 분야에서 꾸준히 역량을 키워온 전문가의 저서로서 명문 장수기업으로 나아갈 수 있는 가업승계전략과 최적의 솔루션을 제공해 줄 것이다.

 추천의 글

김 효 주
세무그룹 한별 대표세무사

"가업승계와 증여·상속세, 아는 만큼 혜택도 커진다." 2019년 기준 창업주가 회사를 운영 중인 중소·중견기업은 약 5만 1천256개 정도' 된다. 이 중 60세를 넘는 CEO가 1만 7천21개로 33%에 이르고 있다. 하지만 이 가운데 가업승계를 완료한 기업은 전체의 3.5%의 수준에 머물고 있다. 그만큼 중소기업 CEO들이 가업승계를 준비하다가 과도한 증여·상속세 때문에 결국 M&A를 고려하는 추세이다. 이러한 어려움을 타개하기 위해 '가업상속공제제도'가 있다.

그러나 '가업상속공제제도'가 모든 기업에 해당하는 것도 아니며, 모든 기업이 진행할 수 있는 것도 아니다. 가업승계 준비 시 최대주주 지분율상장사 30%, 비상장사 50% 10년 이상 보유와 근로자수 유지 등 까다로운 요건과 증여·상속세 과세특례를 받아도 과도한 세금 부담 때문에 가업승계를 포기하는 사례가 증가하고 있다. 하지만 증여·상속세 때문에 수십 년간 성장시켜 놓은 기업을 매각하다는 것은 너무나 안타까운 일이다. 따라서 가업승계 관련 전문가를 통해서 확실한 가업승계 절세 방법을 찾아 증여·상속세로부터 해방될 수 있도록 준비를 해야 한다. 가업승계는 기업을 후계자에게 물려주는 일로서 기업이 동일성을 유지하면서 상속이나 증여를 통해 소유권과 경영권을 다음 세대로 이전하는 것이다. 이 책은 성공적인 가업상속, 기업승계, 사업승계, 사업계승을 할 수 있는 좋은 지침서가 될 것이다.

추천의 글

장 성 수

다승합동법무사무소 대표법무사

전)사법연수원 부이사관(연수국장)

초일류 명문 장수기업에는 체질로 내화된 독특한 생존 DNA가 있고, 이는 세대를 거쳐 유전된다. 세계에서 가장 오래된 회사는 일본의 곤고구미金岡組다. 578년에 설립돼 무려 1430년이나 건재하다. 그뿐이랴, 일본에는 1000년 이상 된 기업이 7개, 500년 이상은 32개, 100년 이상은 무려 5만 개나 된다.

오사카 상인들은 "돈을 남기는 것은 下, 가게를 남기는 것은 中, 사람전문가을 남기는 것은 上"이라 할 정도로 인재와 후계자 양성을 중요시했기 때문에 일본기업들은 경영권을 넘길 때 혈연보다 능력을 중시한다. 그래서 "3대째는 양자에 넘긴다"는 말도 있다. 양자가 친자식보다 경영능력이 우수하다면 미련 없이 친자식을 버린다. 그만큼 후계자양성을 '기업의 생명력'으로 중요하게 여기니 장수기업이 줄줄이 생겨난 것이다. 또한 어떤 상황에서도 매년 성장세를 보이는 장수기업은 가업승계를 통해 자연스레 대물림된 기업만이 갖고 있는 특별한 DNA가 있다. 명문 장수기업으로 발전한 국내외 가족기업들의 성공사례는 이제 떳떳한 기업으로서 사회적 역할과 책임을 감당하고 있다. 이 책은 가업승계의 전반적인 문제를 점검해 합법적이고 성공적인 승계전략을 세우는 데 필요한 좋은 지침서로 활용될 수 있을 것이다.

저자소개

벤처기술경영학 박사 / 기술지도사

박 경 록 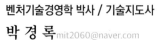mit2060@naver.com

글로벌승계전략컨설팅 대표컨설턴트로서 서강대, 경영대학원 MBA 와 성균관대 경영대학원에서 경영컨설턴트 과정을 수료하고 건국대에서 벤처기술경영학박사(가업승계전략 전공) 학위를 취득하였다. 정부연구기관인 한국생산기술연구원, 충주MBC '출발새아침' 방송진행 등을 거쳐 경희대학교 글로벌미래교육원 경영학과 교수, 건국대학교 신산업융합학과&대학원 겸임교수, 휴넷평생교육원&(GB)글로벌이노에듀 교육부 인정 학점은행제 '리더십' 책임교수로 활동하고 있으며 (주)Most HR 그룹 CEO, 노동부 한국산업인력관리공단 HRD 우수기관 인증심사위원, 한국벤처캐피탈협회 M&A 전문가 활동, 중소벤처기업부 창업기획자(액셀러레이터)&한국벤처캐피탈협회 벤처기업인증 및 창업진흥원, 금융감독원 투자자문사 관련 업무 등 정부기관의 프로젝트를 진행하고 있다.

중소벤처기업진흥공단 연수원에서 〈스마트기획 능력개발〉, 〈BSC 성과관리와 목표관리〉, 〈사업계획서 작성 및 사업타당성 분석〉, 〈중장기전략 수립과정〉, 〈승계전략과 후계자 육성〉 등 교육프로그램으로 강의를 진행하고 있다. 중소기업청, 충주MBC, 한국GM, 성균관대학교 경영대학원, 매일경제 지식마스터, KSA(한국표준협회), 국토교통부산하 (재)건

설산업교육원에서 공로상을 수상했으며, 2013년도 한국HRD협회 주최 BEST 리더십 강사로 선정되었다.

주요 저서로 「4차 산업혁명 스마트팩토리 운영과 전략」, 「Core 핵심리더십 개발」, 「블록체인과 SNS 혁명」, 「HRM&HRD를 위한 전략적 인적자원관리」, 「조직행동과 심리의 이해」, 「NCS(국가직무능력표준)기반 대인관계론」, 「Fun(뻔)Fun(뻔)으로 혁신」, 「디지털시대 간부진화론」 등이 있으며 번역서로는 「학교장 현장리더십」, 「위대한 교장은 무엇이 다른가」, 「Developing 교사리더십」 등 다수가 있다.

경북상주시 홍보대사, 서귀포시 희망프로젝트 멘토, 국세청, 서울시청, 전남도청, 경북도청 등 공무원 교육기관, 삼성그룹(인력개발원)과 기업체 및 중소벤처기업진흥공단, KPC(한국생산성본부), 서울대행정연수원, 서울시교육청, 경기도교육청, 경남교육연수원, 제주탐라연수원, 초중등 장학사 및 교장자격 연수과정 등에서 교수로도 활동하고 있다. 또한 가업승계전략, 증여세 및 상속세 플랜, 가지급금 해소방안, 명의신탁주식 해지, 비상장주식 가치평가분석, 법인정관 변경, 중대재해처벌(산업재해사고) 예방, 벤처기업인증, 연구소 설립, 특허등록, 정부정책자금 및 고용지원금 활용 등 컨설팅을 수행하고 있다.

저자소개

기계공학 박사 / 경영지도사
오 세 헌 zanete58@naver.com

한국여성벤처협회 상근부회장으로서 한밭대 대학원 기계공학석사 과정을 이수하고 충남대 대학원 기계공학박사(생산기기계 전공) 학위를 취득하였다. 공직 시절인 중소벤처기업부(전 중소기업청)에서 중소·벤처기업의 경쟁력을 강화하고 기업들이 보유한 핵심기술을 보호하기 위한 법적·제도적 기반을 확충하는 '중소기업기술 보호지원에 관한 법률'을 제정한 바 있다.

국내 최초로 정부가 추진하는 R&D사업에 시장의 선별기능(성공 벤처인)을 도입하여 보육·투자·멘토링을 연계하는 '민관공동창업자발굴 육성 사업(TIPS 프로그램)'을 기획하여 런칭시켰고 중소·벤처기업들이 가까이 있는 대학에 기업부설연구소를 집적화하여 기술의 융·복합화를 촉진하고 우수인력 확보 및 연구개발(R&D) 환경개선을 위해 '연구마을 조성사업'을 도입하였다. 구직에서 창직으로 패러다임을 변환하는 '1인 창조기업 육성계획'을 기획하여 창업마인드 확산 및 공정한 기업환경 조성을 위해 규제를 완화하였으며 전국 일부대학에 '컨설팅대학원 설립'을 추진하여 컨설팅산업 분야 글로벌 전문인력 양성과 재교육 등에 노력하였다.

중소벤처기업부 협력기관인 한국벤처캐피탈협회 상근부회장으로 재직 시 중소·창업·벤처기업의 벤처투자 활성화를 통해 벤처투자규모 4조 3천45억 원(2020년, 2천130개 기업)의 성과를 달성시켰다. 벤처투자 IR 및 벤처투자사랑방을 개최하여 지방에 소재한 기업들의 투자를 확대하였고 투자받은 기업의 엑싯(exit) 등을 촉진하기 위해 M&A 지원센터를 운영하였으며 벤처통계 알림, 벤처캐피탈리스트 전문교육 등을 실시하여 투자전문가 양성에 이바지하였다.

- 매일경제신문 MK바이오골드 클럽 멘토 (2018)
- 중소벤처기업부 규제심사위원회 위원 (2018.04.13~2021.12.3)
- 경기도 기술개발사업 평가위원 (2018.06.15~2022.06.14)
- 창업진흥원 비상임 이사 (2019.01.29~2021.01.28)
- 중소벤처기업부 창업벤처분과전문위원 (2019.06.19~2021.06.18)
- (사)정부조달우수제품협회 자문위원 (2019.11.25~현재)

승계전략과
핵심인재육성

명문 장수기업

승계전략과
핵심인재 육성

초판 1쇄 인쇄 2022년 1월 10일
초판 1쇄 발행 2022년 1월 15일

저　　자　박경록·오세헌
편 집 인　임순재
펴 낸 곳　(주)한올출판사
등　　록　제11-403호
주　　소　서울시 마포구 모래내로 83(성산동, 한올빌딩 3층)
전　　화　(02)376-4298(대표)
팩　　스　(02)302-8073
홈페이지　www.hanol.co.kr
e - 메 일　hanol@hanol.co.kr
I S B N　979-11-6647-161-2

승계전략과
핵심인재육성